于晓辉　张强／著

基于模糊合作对策的
虚拟企业收益分配策略

Profit Allocation Strategy of Virtual Enterprises
Based on
Fuzzy Cooperative Game

社会科学文献出版社
SOCIAL SCIENCES ACADEMIC PRESS (CHINA)

本书受教育部人文社会科学研究青年基金项目

"模糊信息下的供应链协作收益分配策略研究"的资助

摘　要

　　虚拟企业是一种为追求经济利益而形成的契约合作关系，合作伙伴参与组建虚拟企业的根本动力是寻求自身收益的最大化，不合理的收益分配方案是虚拟企业中局中人产生冲突最普遍和最直接的原因，也是导致虚拟企业中途瓦解的重要因素之一。将虚拟企业与对策论对比可以发现，虚拟企业模式是一个典型的多人合作对策问题，而虚拟企业的收益分配问题实质上是合作对策的求解问题。然而，已有文献大多利用经典合作对策研究确定环境下的虚拟企业收益分配问题，对于不确定环境下的虚拟企业收益分配问题研究较少。

　　作为经典合作对策理论与模糊集理论的有机结合，模糊合作对策为解决不确定环境下的虚拟企业收益分配问题提供了一个有效的途径。近年来，模糊合作对策作为对策论的一个重要理论分支，已受到越来越多国内外学者的重视。但是，如何定义一种更加合理、有效的对策解仍是模糊合作对策研究中的一个难点问题。

　　基于上述考虑，本书通过三条研究主线——模糊联盟合作对策、模糊支付合作对策、具有模糊联盟和模糊支付的合作对策，对模糊合作对策及其解进行了深入、系统的研究，并初步开展了模糊合作对策理论在虚拟企业收益分配中的应用研究，主要研究工作如下。

　　（1）研究了模糊联盟合作对策及其在虚拟企业收益分配中的应用。第一，由于经典合作对策不能解决局中人部分参与合作的虚拟企业收益分配问题，笔者给出了由经典合作对策扩展的模糊联盟合作对策的一般形式；第二，指出由 Tsurumi 提出的 Shapley 值公理可适用于任何形式的模糊联盟合作对策，并将 Butnariu、Tsurumi 定义的 Shapley 值分别应用在虚拟企业收益分配问题中；第三，提出了 Owen 定义的多线性扩展对策的 Shapley 值，并证明了该 Shapley 值满足 Tsurumi 提出的 Shapley 值公理；第四，定义了模糊联盟合作对策的核心，重点研究了 Owen、Butnariu 和 Tsurumi 定义的模糊联盟合作对策中核心的求解方法以及核心与 Shapley 值的关系，并提出了基于模糊联盟合作对策的虚拟企业收益分配策略；第五，研究了多目标线性生产规划合作对策模型及其求解方法。

（2）研究了模糊支付合作对策及其在虚拟企业收益分配中的应用。首先，由于经典合作对策不能解决联盟的收益为模糊信息的虚拟企业收益分配问题，笔者介绍了 Mareš 定义的模糊 Shapley 值和基于 Hukuhara 差的模糊 Shapley 值，并以区间 Shapley 值为例，分析了两种模糊 Shapley 值的性质以及它们之间的关系；其次，总结了 Mareš、Nishizaki 和 Sakawa 在模糊核心方面的研究成果，分析了他们研究存在的问题及其相互关系；最后，针对已有模糊核心研究存在的问题，定义了两种模糊最大序核心，分析了模糊最大序核心的性质及其与模糊 Shapley 值的关系，并提出了三角模糊向量属于模糊最大序核心的充要条件，在此基础上，给出了基于模糊最大序核心和模糊 Shapley 值的虚拟企业收益分配策略。

（3）研究了具有模糊联盟和模糊支付的合作对策及其在虚拟企业收益分配中的应用。由于模糊联盟合作对策和模糊支付合作对策都不能解决局中人组成的联盟和联盟的支付都为模糊信息的虚拟企业收益分配问题，笔者遵循 Borkotokey 的研究思路，定义了具有模糊联盟和模糊支付的合作对策及其广义模糊 Shapley 值，重点讨论了广义 Choquet 积分模糊对策的广义模糊 Shapley 值，并证明了该广义模糊 Shapley 值的唯一存在性，在此基础上，提出了基于广义模糊 Shapley 值的虚拟企业收益分配策略。

Abstract

Virtual Enterprises (VE) can be seen as a kind of cooperation relationship pursuing economic profit based on the contract. The motivation for the partners to take part in VE is to obtain the maximum return under given conditions. The unfair allocation scheme which is the usual reason for the conflict between the players in VE is also one of the important reasons for making VE fall by the wayside. Compared with game theory, the cooperation relationship of VE is a typical cooperative game problem, and the profit allocation problem in VE is equal to the solution searching problem in the cooperative game. However, most of learners use cooperative crisp game to undertake research on the profit allocation problem of VE under certainty, while few learners consider the profit allocation problem of VE under uncertainty.

As an excellent combination of cooperative crisp game theory and fuzzy sets, the cooperative fuzzy game provides an efficient method for profit allocation problem in VE. In recent years, cooperative fuzzy game has been developed to be an important branch of game theory, and it has been focused on by more and more researchers. However, it is still a difficult issue to seek a reasonable and effective solution of cooperative fuzzy game.

In view of the observations above, we make a systematical and intensive research on cooperative fuzzy game through three routes, i. e. , cooperative game with fuzzy coalitions, cooperative game with a fuzzy characteristic function, cooperative game with fuzzy coalitions and a fuzzy characteristic function simultaneously. The main work in this book can be concluded as follow.

(a) The cooperative game with fuzzy coalitions and its application in the profit allocation problem of VE. Firstly, Considering the fact that the cooperative crisp game can not solve the profit allocation problem on condition that the participation rates of the partners in VE are fuzzy information, we propose the general expression of cooperative game with fuzzy coalitions extended by cooperative crisp game. Secondly, we point out that the Shapley value axioms defined by Tsurumi can be adopted for any class of cooperative games with fuzzy coalitions. Two explicit Shapley values, which are applicable to the fuzzy game defined by Butnariu and Tsurumi respectively, are used for the profit allocation problem of VE. Thirdly, the explicit Shapley value of Owen's multilinear extension is given, and the Shapley value is proved to satisfy the Shapley axioms defined by Tsurumi. Then, the fuzzy core of cooperative game with fuzzy coalitions is proposed, and the explicit cores of cooperative fuzzy game defined by Owen, Butnariu and Tsurumi and the relationship between fuzzy core and Shapley value are studied. Moreover, the allocation schemes in VE based on cooperative game with fuzzy coalitions are proposed. Finally, we take research on multiobjective linear production programming game with fuzzy coalition and its solution.

(b) The cooperative game with a fuzzy characteristic function and its application in the profit allocation problem of VE. For the reason that the cooperative crisp game can not solve the profit allocation problem on condition that the expected profits of VE are fuzzy information, we introduce the fuzzy Shapley value given by Mareš and the fuzzy Shapley value based on Hukuhara-difference. By a special kind of fuzzy Shapley, i. e., interval Shapley value, we discuss the properties of two fuzzy Shapley values as well as the relationship between them. Secondly, the fuzzy cores proposed by Mareš, Nishizaki and Sakawa are discussed, and the deficiencies of the fuzzy cores and the relationship between them are pointed out. Finally, considering the deficiencies of two kinds of fuzzy cores, we define two fuzzy max order cores. Also, the properties of fuzzy max order cores, the relationship between the fuzzy max order cores and fuzzy Shapley value, and the necessary and sufficient conditions that triangular fuzzy number vector belongs to fuzzy max order cores are studied. Besides, the allocation schemes in VE based on fuzzy max order cores and fuzzy Shapley value are proposed.

(c) The cooperative game with fuzzy coalitions and a fuzzy characteristic function and its application in the profit allocation problem of VE. In view of that neither the cooperative game with fuzzy coalitions nor the cooperative game with a fuzzy characteristic function can solve the profit allocation problem on condition that the participation rate of partner and the expected profits of VE are both fuzzy information, we extend the cooperative crisp game to cooperative game with fuzzy coalitions and a fuzzy characteristic function by Borkotokey's method. We define the general fuzzy Shapley value in order to solve cooperative game with fuzzy coalitions and a fuzzy characteristic function. The explicit form of general fuzzy Shapley value for the general cooperative game with Choquet form is presented, and it is shown that the general fuzzy Shapley value is uniquely defined for such games. Finally, based on the general fuzzy Shapley value, the profit allocation schemes in VE are proposed.

符号注释

$\widetilde{A}$	模糊集或模糊数
$\widetilde{A}(x)$	模糊集 $\widetilde{A}$ 的隶属函数
$\mathcal{F}(X)$	论域 X 上全体模糊集构成的集合
$\mathcal{P}(X)$	X 上全体经典集合构成的集合
$\widetilde{A}_{\lambda}$	模糊集 $\widetilde{A}$ 的 λ 截集
$\widetilde{A}_{\overline{\lambda}}$	模糊集 $\widetilde{A}$ 的 λ 强截集
$\ker \widetilde{A}$	模糊集 $\widetilde{A}$ 的核 $\widetilde{A}_1$
$\mathrm{Supp}\ \widetilde{A}$	模糊集 $\widetilde{A}$ 的支撑集
R	实数集
R_+	非负实数集
IR	全体区间数构成的集合
IR_+	全体非负区间数构成的集合
$\overline{a}$	区间数
$\overline{a} -_H \overline{b}$	区间数 $\overline{a}$ 和区间数 $\overline{b}$ 的 Hukuhara 差（简称 H – 差）
FR	全体有界模糊数构成的集合
FR_+	全体非负有界模糊数构成的集合
R_T	所有三角模糊数组成的集合
R_{ST}	所有对称三角模糊数组成的集合
$(a,l,r)_T$	三角模糊数
$(a,l)_T$	对称三角模糊数
$\widetilde{A} -_H \widetilde{B}$	模糊数 $\widetilde{A}$ 和模糊数 $\widetilde{B}$ 的 Hukuhara 差（简称 H – 差）
$\mathrm{Pos}(\widetilde{A} \geqslant \widetilde{B})$	模糊数 $\widetilde{A}$ 优于模糊数 $\widetilde{B}$（即 $\widetilde{A} \geqslant \widetilde{B}$）的可能性

$x \gtreqless y$	$x, y \in R^n$，且 $x_i \geqslant y_i$，$i = 1, 2, \cdots, n$
$x > y$	$x, y \in R^n$，且 $x_i > y_i$，$i = 1, 2, \cdots, n$
$\widetilde{A}_{[0]}$	集合 $\{x \in R \mid \widetilde{A}(x) > 0\}$ 的闭包
$\succeq$	模糊最大序
$\succ$	强模糊最大序
$\widetilde{\rho}(\widetilde{A}, \widetilde{B})$	模糊数 $\widetilde{A}$ 和模糊数 $\widetilde{B}$ 的模糊距离
μ	模糊测度
$(c)\int f \mathrm{d}\mu$	非负函数 $f: X \to [0, +\infty)$ 关于 μ 的 Choquet 积分
α_f	函数 f 的一个分解
$(I)\int f \mathrm{d}\mu \mid \alpha_f$	函数 f 关于 μ 在分解 α_f 上的不确定积分
(N, v) 或 v	经典 n - 人合作对策
$G_0(N)$	全体超可加的经典 n - 人合作对策构成的集合
$E(N, v)$	对策 (N, v) 的分配的全体
$C(N, v)$	经典合作对策 (N, v) 的核心
$C_\varepsilon(N, v)$	经典合作对策 (N, v) 的 ε - 核心
$\mathcal{L}C(N, v)$	经典合作对策 (N, v) 的最小核心
$C(W \mid v)$	经典合作对策 (N, v) 在联盟 W 中所有承载的集合
$\varphi(v)(W)$	经典合作对策 (N, v) 的子对策 (W, v) 的 Shapley 值
(N, w) 或 w	模糊联盟合作对策
$G_F(N)$	全体超可加的模糊联盟合作对策构成的集合
$E(U, w)$	(N, w) 在模糊联盟 U 中的分配的全体
$G_m(N)$	全体多线性扩展对策构成的集合
$G_p(N)$	全体比例模糊对策构成的集合
$G_c(N)$	全体 Choquet 积分模糊对策构成的集合
$G_I(N)$	全体由 (N, v) 扩展的模糊联盟合作对策 (N, w) 构成的集合
$G_R(N)$	全体关联模糊联盟合作对策 (N, w) 构成的集合

$FC(U \mid w)$	对策 (N, w) 在模糊联盟 U 中的全体 f - 承载构成的集合
$\phi(w)(U)$	模糊联盟合作对策 (N, w) 在 U 中的 Shapley 值
$C(N, w)$	Aubin 提出的模糊联盟合作对策的核心
$C(U, w)$	模糊联盟合作对策 (N, w) 在模糊联盟 U 中的核心
$e(K, x, w)$	对策 (N, w) 中模糊联盟 K 关于分配 $x(U)$ 的超出值
$SC(U, w)$	对策 (N, w) 在模糊联盟 U 中的强核心
$e_m(K, x, w)$	多线性扩展对策 (N, w) 中模糊联盟 K 关于分配 $x(U)$ 的超出值
$C_m(U, w)$	多线性扩展对策 (N, w) 在模糊联盟 U 中的核心
$e_p(K, x, w)$	比例模糊对策 (N, w) 中模糊联盟 K 关于分配 $x(U)$ 的超出值
$C_p(U, w)$	比例模糊对策 (N, w) 在模糊联盟 U 中的核心
$e_c(K, x, w)$	Choquet 积分模糊对策 (N, w) 中模糊联盟 K 关于分配 $x(U)$ 的超出值
$C_c(U, w)$	Choquet 积分模糊对策 (N, w) 在模糊联盟 U 中的核心
$(N, \tilde{v})$ 或 $\tilde{v}$	模糊支付合作对策
$\tilde{G}(N)$	全体超可加的模糊支付合作对策 $(N, \tilde{v})$ 构成的集合
$\tilde{E}(W, \tilde{v})$	对策 $(N, \tilde{v})$ 在联盟 W 中的分配的全体
$\mathring{f}(\tilde{v})$	Mareš 提出的模糊 Shapley 值（或称 M-Shapley 值）
$\tilde{C}(W \mid \tilde{v})$	对策 $(N, \tilde{v})$ 在联盟 W 中所有承载的集合
$\tilde{\varphi}(\tilde{v})(W)$	对策 $(N, \tilde{v})$ 的子对策 $(W, \tilde{v})$ 的 Hukuhara-Shapley 值（H-Shapley 值）
$\tilde{G}_H(N)$	全体 H - 模糊支付合作对策构成的集合（见定义5.8）
C_F	Mareš 提出的对策 $(N, \tilde{v})$ 的模糊核心（或称 M - 核心）
$\lambda - C(N, \tilde{v})$	Nishizaki 和 Sakawa 定义的模糊核心（或称 λ - 核心）
$\tilde{G}_\lambda(N)$	满足式（5.24）的模糊支付合作对策的集合
$\tilde{E}_a(N, \tilde{v})$	对策 $(N, \tilde{v})$ 的有效模糊分配的全体
$\tilde{C}_s(N, \tilde{v})$	对策 $(N, \tilde{v})$ 的强模糊核心

$\widetilde{C}_a(N,\tilde{v})$	对策 $(N,\tilde{v})$ 的有效模糊核心
$\widetilde{G}_T(N)$	全体具有三角模糊数支付的合作对策构成的集合
$\widetilde{G}_{ST}(N)$	全体具有对称三角模糊数支付的合作对策构成的集合
$(N,\tilde{w})$ 或 $\tilde{w}$	具有模糊联盟和模糊支付的合作对策或广义模糊合作对策
$\widetilde{G}_B(N)$	全体 Borkotokey 模糊合作对策构成的集合
$\widetilde{G}_{B_0}(N)$	$\widetilde{G}_B(N)$ 中满足超可加性的合作对策集合
$F\widetilde{C}(U\mid\tilde{w})$	对策 $\tilde{w}$ 在模糊联盟 U 中的全体 f – 承载构成的集合
$\widetilde{G}_B^\delta(N)$	全体 δ – 模糊合作对策构成的集合（见定义 6.6）
$\widetilde{G}_F(N)$	全体模糊超可加的广义模糊合作对策构成的集合
$\widetilde{E}(U,\tilde{w})$	广义模糊合作对策 $(N,\tilde{w})$ 在模糊联盟 U 中的模糊分配的全体
$\widetilde{G}_{FH}(N)$	全体广义 Choquet 积分模糊对策构成的集合
$\tilde{\phi}(\tilde{w})(U)$	广义 Choquet 积分模糊对策 $\tilde{w}$ 在联盟 U 中的广义模糊 Shapley 值

目　录

第一章

绪论

合作对策（cooperative game），也称联盟对策，是局中人通过合作共同取得尽可能大的利益的决策分析模型。合作对策理论研究的中心问题是：什么是合作对策的解、解的存在性以及如何求解。虚拟企业模式是一个典型的多人合作对策问题，而虚拟企业的收益分配问题实质上是合作对策的求解问题。

本书主要研究模糊合作对策理论及其在虚拟企业收益分配中的应用，本章首先阐述课题的研究背景及意义，然后通过总结国内外研究现状，分析课题的研究趋势，最后提出本书的研究内容和研究框架。

一 研究背景及意义

（一）模糊合作对策是对策论多元化发展的趋势之一

对策论（game theory），也称博弈论，是研究利益冲突情况下决策主体理性行为选择和决策分析的理论，即研究理性的决策者之间冲突与合作的理论，是"交互的决策论"[1-3]。对策论是一门研究竞争局势的数学理论，以该理论为基础可以进一步分析和研究各种竞争现象，为决策奠定理论基础和提供方法依据。

1944 年，美国数学家 Von Neumann 与 Morgenstern[1]合著的经典著作《对策论和经济行为》一书的出版，标志着系统的对策理论的初步形成。该书汇集了当时对策论的研究成果，将其框架首次完整而清晰地表述出来，使其作为一门学科获得了应有的地位。同时，身为经济学家的 Morgenstern 首先清楚而全面地确认，经济行为者在决策时应考虑经济学上的利益冲突性质。该书详尽地讨论了二人零和对策，并对合作对策做了深入探讨，开辟了一些新的研究领域。更重要的是，它将对策论加以空前广泛的应用，尤其是在经济学上，由于对策论数学上的严整性与经济学应用上的广泛性，一些经济学家将该书的出版视为数理经济学确立的里程碑。

20 世纪 50 年代是对策论的成长期，Nash[4-7] 发表了四篇论文，提出了 Nash 均衡理论和 Nash 讨价还价模型，标志着对策理论新时代的开始。1950 年，Tucker[8] 提出了著名的"囚徒困境"问题。20 世纪 50 年代中叶以后，研究对策论的人不再限于数学家，有许多经济学家、统计学家为对策论的进步做出了贡献，其中最有名的是 Selten[9] 和 Harsanyi[10]。Selten 提出了博弈精练 Nash 均衡的概念，对动态对策和不完全信息动态对策进行了开拓性研究；Harsanyi 则提出了 Bayes Nash 均衡的概念，对不完全信息对策进行了深入的研究，并与 Selten 一起探讨了均衡选择的一般理论。由于 Nash、Selten、Harsanyi 等人的努力，对策理论逐渐成熟并进入实用领域。尤其是在经济领域，对策论引发了经济学的"对策论革命"，Nash、Selten 和 Harsanyi 三位对策论专家也因此获得了 1994 年的诺贝尔经济学奖。20 世纪 50 年代也是合作对策发展的辉煌时期，Shapley[11-12] 的 Shapley 值解以及 Gillies[13] 的核心解（core），都出自这一时期。20 世纪 50 年代后期到 70 年代，Aumann[14-23] 和其合作者对重复对策、非转移效用对策（games without side payments）、缺原子对策（non-atomic games）和非合作对策做了大量的研究，Aumann 也因此与非数理博弈理论的代表人物 Schelling[24-26] 同时获得了 2005 年的诺贝尔经济学奖。

自 20 世纪 70 年代起，对策论进入了快速发展时期。对策论不仅在经济学中得到了广泛的应用，而且逐渐与其他理论相结合，呈现多元化发展的趋势，形成了许多分支，如微分对策[27-28]（differential games）、缺原子对策[17-23]、进化对策[29]（evaluation games）、模糊对策（fuzzy games）[30-34] 等。其中，模糊对策是 Aubin 于 1974 年正式提出的，它是模糊集理论与对策论的结合，已成为近年来对策论研究中的一个热点问题。

对策论在 20 世纪 40 年代产生时，最初是运筹学的一个分支，是较纯粹的数学方法。经过半个多世纪的发展，对策论的理论体系逐步形成，并且在实践中得到了广泛而深入的应用，已成为整个社会科学特别是经济学的核心。诺贝尔经济学奖多次垂青对策论（除了 1994 年和 2005 年的诺贝尔经济学奖授予了对策论外，James A. Mirrlees 和 William Vickrey 也曾由于在信息经济学和对策论领域的杰出成就获得了 1996 年诺贝尔经济学奖），有力地证明了对策论在现代经济学研究中的地位，也进一步激发了人们了解对策论的热情，同时也促进了模糊对策的发展。

近年来，模糊合作对策作为模糊对策最活跃的研究课题之一，已受到越来越多国内外学者的重视。模糊合作对策是经典合作对策理论与模糊集理论的有机结合，是分析不确定环境下利益冲突的理性决策者之间竞争与合作的理论。目前模糊合作对策主要分为以下三种：（1）局中人参与联盟程度模糊化条件下的合作对策，即具有模糊联盟的合作对策，简称模糊联盟合作对策；（2）支付函数模糊化条件下的合作对策，即具有模糊支付的合作对策，简称模糊支付合作对策；（3）局中人参与联盟程度和支付函数均模糊化条件下的合作对策，即具有模糊联盟和模糊支付的合作对策。我们将这些具有模糊信息的合作对策统称为模糊合作对策。前两种模糊合作对策已经受到越来越多学者的关注[30-67]，而具有模糊联盟和模糊支付的合作对策研究尚处于起步阶段[68]。

因此，如何定义一种更加合理、有效的对策解仍是模糊合作对策研究的重要方向之一。本书主要在对策论多元化发展的背景下，将 Aubin 提出的模糊合作对策进行扩展，研究和探讨合作对策理论与模糊集理论交叉融合而产生的三种模糊合作对策——具有模糊联盟的合作对策、具有模糊支付的合作对策和具有模糊联盟与模糊支付的合作对策。因此，本书针对模糊合作对策及其解的研究将进一步完善模糊合作对策的理论，推动对策论的多元化发展。

（二）公平合理的收益分配策略是虚拟企业成功的重要保障

20 世纪 80 年代以来，随着全球市场经济竞争的日益激烈，许多企业意识到单凭自己的力量很难获得较强的竞争优势，于是企业之间通过组建

"虚拟企业"以优化整合企业的外部资源。

虚拟企业（virtual enterprises），又称动态联盟，是指由两个以上（包括两个）各自在研发、制造、营销等领域具有独特核心能力的企业，为了实现技能共享和成本分担，把握快速变化的市场机遇，而相互联合起来形成的暂时性联盟。[69]虚拟企业的建立意味着一个新的利益分配格局的形成，合作伙伴间收益分配的公平性会直接影响企业合作的积极性，从而影响虚拟企业的合作效率。

虚拟企业旨在抓住市场机遇、整合内部资源，以获取更高的收益。虚拟企业建立的动力是追求准超额利润。准超额利润是企业通过合作创造的高于独立经营利润的利润，它是虚拟企业内众多成员企业争夺的焦点。如果虚拟企业的整体收益低于未组建虚拟企业之前企业独立经营的总收益，那么企业之间是不会组建虚拟企业的，即使组建虚拟企业也具有很强的不稳定性。因此，合作的目的是"双赢"或者"多赢"，准超额利润是实现双赢或者多赢的前提和基础。

企业通过虚拟企业模式创造了准超额利润，这就意味着一个新的利益分配格局的形成。因此，如何分配准超额利润是虚拟企业合作伙伴需要考虑的重要问题。如果准超额利润分配得公平、合理，就会进一步巩固和加强现有的虚拟企业合作关系；反之，如果准超额利润分配得不够公平、合理，就会对现有的虚拟企业合作关系产生负作用，从而直接影响虚拟企业合作的效率，导致虚拟企业的不稳定甚至瓦解。

虚拟企业可看作一种为追求经济收益的契约合作关系，合作伙伴参与组建虚拟企业的根本动力是寻求自身的收益最大化。从一定意义上说，不合理的收益分配方案是虚拟企业中局中人产生冲突最普遍和最直接的原因，也是导致虚拟企业中途瓦解的重要因素之一。因此，为了更好地调动合作企业的积极性，巩固虚拟企业合作关系，设计公平、合理的收益分配策略是至关重要的。

（三）利用模糊合作对策解决虚拟企业收益分配问题的合理性

合作对策是局中人通过合作共同取得尽可能大的利益的决策分析模

型，其中局中人合作的收益用支付函数（payoff function，或称特征函数）表示，并且假设支付函数满足超可加性（superadditive），即局中人合作取得的总收益应该高于他们各自单干的收益之和。合作对策理论研究的中心问题是：什么是合作对策的解、解的存在性以及如何求解。这里的"解"用分配函数（imputation）表示，分配函数是满足群体合理性（group rationality）和个体合理性（individual rationality）的。群体合理性是指局中人合作取得的总收益必须分光；个体合理性是指局中人参与合作分得的收益应该不低于他自己单干取得的收益。

将上述合作对策及其解的定义与虚拟企业的基本思想比较，我们可以发现：由于虚拟企业内部存在准超额利润，因此虚拟企业合作取得的收益是满足超可加性的；寻找公平、合理的虚拟企业分配策略相当于寻找一个或者一组每个局中人均满意的合作对策解。因此，虚拟企业模式是一个典型的多人合作对策问题，而虚拟企业的收益分配问题实质上是合作对策的求解问题。

已有文献大多利用经典合作对策解决虚拟企业收益分配问题。经典的合作对策基于两个假设：（1）局中人完全参与到一个特定的联盟之中，即每个局中人要么参加某个联盟，要么不参加某个联盟，不存在局中人以一定的参与率参加某个联盟的情况；（2）局中人在合作之前完全清楚地知道不同的合作策略所产生的预期收益，以及自身参与特定联盟的所得分配。但是现实问题中的对策原型往往不满足以上两个假设，现实中更多的情况是局中人分别以不同的参与率参加多个联盟，并且他们对不同合作策略下的预期收益，以及自己在特定联盟下的所得分配知道得不精确，甚至不确定。

在现实的不确定环境下，合作伙伴的参与合作程度以及合作后的收益一般为模糊信息，从而增加了虚拟企业组建和运营过程的不确定因素，加大了合作的风险。因此，有必要为模糊环境下的虚拟企业提供公平、合理的收益分配策略。但是，经典合作对策并不能解决成员参与联盟程度模糊、未来合作的预期收益模糊以及成员参与联盟程度和未来合作的预期收益同时模糊三种不确定条件下的虚拟企业收益分配问题，由此引出了模糊合作对策在虚拟企业收益分配问题中的应用,即具有模糊联盟的合作对策、具有模糊支付的合作对策以及具有模糊联盟和模糊支付的合作对策在虚拟企业收益分配问题中的应用。

综上所述,不确定环境下的虚拟企业收益问题实质上是模糊合作对策的求解问题,而研究模糊合作对策的目的正是为虚拟企业提供公平、合理的收益分配策略,这就更加进一步地证实了研究模糊合作对策的必要性和紧迫性。因此,开展模糊合作对策理论及其在虚拟企业收益分配问题中的应用研究具有重要的理论意义和实用价值。

二 研究现状及分析

(一) 模糊合作对策的国内外研究现状

最初开展模糊合作对策研究的是 Aumann 和 Shapley[22],他们在研究缺原子对策时,隐含地使用了最初的模糊合作对策概念,不过在那里它被称为"理想集函数"。1972 年,Owen[30] 在《对策的多线性扩展》一文中也隐约地使用了模糊联盟的概念。1974 年,Aubin[31-34] 正式提出了模糊联盟的概念,指出局中人可以以不同的参与率参加多个联盟,这个参与率用一个 [0,1] 的实数表示。1978 年,Butnariu[35] 提出了与 Aubin 大致相同的模糊合作对策的概念,随后研究了具有模糊联盟的合作对策的核心[36]和 Shapley 值[37-38]。Butnariu 和 Klement[39-40] 从模糊关系角度提出了一类具有模糊联盟的合作对策,并提供了一整套基于三角模测度来研究模糊合作对策的方法,得到了合作环境中关于平衡、均衡分析的许多启发性成果。Mertens[41-42]以模糊联盟合作对策为工具将关于 PNA 空间的 Aumann-Shapley 值拓展到更大的对策空间。1992 年,Sakawa 和 Nishizaki[43] 提出了具有模糊支付(或称模糊联盟值)的 n – 人合作对策,即具有清晰联盟和模糊支付函数的合作对策。1994 年,Sakawa 和 Nishizaki[44] 提出了关于清晰合作对策的字典解(lexicographical solution)概念,并将其推广到 n – 人模糊合作对策之中。2000 年,Nishizaki 和 Sakawa[45] 从 λ 截集角度提出了具有模糊支付的合作对策的 λ – 核心,并将之应用到具有模糊参数的线性生产规划所派生出的合作对策中。2001 年，Nishizaki 和 Sakawa[46]出版了关于模糊合作对策和多目标合作对策的专著，总结了他们之前的工作。Mareš[47-50]对 Butnariu 和 Klement 的工作提出了不同看法，给出了具有模糊支付的联盟结构及其 Shapley 函数，并于 2001 年出版了以模糊合作对策命名的专著[51]。2002 年，Molina 和 Tejada[52]研究了模糊联盟合作对策的字典解的性质。2003 年，Branzei 等[53]将经典合作对策的单调分配策略扩展到具有模糊联盟的合作对策中。2004 年，Branzei 等[54]定义了模糊联盟合作对策的折中解（compromise value）和路径解（path solution）。2007 年，陈雯[55]扩展了模糊联盟的概念，将局中人的参与程度由［0，1］的任意实数延拓为一般的模糊数，从而定义了具有二型模糊值的模糊联盟合作对策。2008 年，Borkotokey[68]以 Aubin 定义的模糊联盟为基础，提出了一种特殊的具有模糊联盟和模糊支付的合作对策，并讨论了此模糊合作对策的模糊 Shapley 值，但是此模糊合作对策不具有明显的实际意义。

综上所述，若按照合作对策的模糊化程度归类，目前模糊合作对策的研究大体可以分为三类：其一，局中人参与联盟程度模糊化条件下的合作对策，即具有模糊联盟的合作对策，简称模糊联盟合作对策；其二，支付函数模糊化条件下的合作对策，即具有模糊支付的合作对策，简称模糊支付合作对策；其三，局中人参与联盟程度和支付函数均模糊化条件下的合作对策，即具有模糊联盟和模糊支付的合作对策。虽然三类模糊合作对策的研究方法各有千秋，但是最终目标都是在模糊环境下寻找一个或者一组使每个局中人都满意的分配方案，即寻找模糊合作对策的解。就目前来看，还没有一个得到普遍认可的模糊合作对策的解。尤其是对于具有模糊联盟和模糊支付的合作对策，目前国内外的研究均处于起步阶段，有很多问题值得进一步探讨。

（二）　模糊 Shapley 值的研究现状

Shapley 值是 Shapley[11-12]于 1953 年提出的一种求解经典合作对策的公理化方法。Shapley 值按照各个局中人的边际贡献来分配联盟的收益，这种方法体现了分配的合理性和公平性；当经典合作对策满足凸性时，Shapley 值包含在核心中，这体现了分配的稳定性；Shapley 值是唯一存在的，这又保证了求解的必要性。Shapley 值的这些优良性质使其最终成为合作对策非常重要的求解方法，因此，为了求解模糊合作对策问题，不少学者自然地想到了拓展经典 Shapley 值的方法。

首先，在模糊联盟合作对策解的研究中，Butnariu 在 Aubin 提出的模糊联盟概念的基础上，定义了模糊联盟合作对策的 Shapley 值[37-38]，然而他提出的 Shapley 值仅能求解一种特殊的模糊联盟合作对策，该模糊联盟合作对策既不单调非减又不连续，不能很好地适应现实的应用要求；Tsurumi 等[56]定义了一种单调非减且连续的模糊联盟合作对策，它弥补了 Butnariu 提出的模糊联盟合作对策的不足，并且 Tsurumi 提出了可适用于任何模糊联盟合作对策的 Shapley 值公理。然而，与 Butnariu 相同，Tsurumi 最终仅仅给出了一种模糊联盟合作对策的 Shapley 值，并没有讨论一般意义下模糊联盟合作对策的 Shapley 值。2008 年，基于 Tsurumi 提出的 Shapley 值公理，李书金和张强[57]证明了 Butnariu 与 Tsurumi 分别提出的两种模糊联盟合作对策的 Shapley 值可用相同的函数表示。Huang 和 Liao[58]通过势函数（potential function）研究了模糊联盟合作对策 Shapley 值的性质。

其次，在模糊支付合作对策解的研究中，Mareš[47-51]仿照经典的 Shapley 函数，定义了模糊支付合作对策的模糊 Shapley 值。虽然他提出了模糊 Shapley 值应该满足的公理体系，但是 Mareš 给出的模糊 Shapley 值并不满足有效性公理。2006 年，陈雯和张强[59]利用模糊数学的表现定理，重新构造了模糊支付合作对策的模糊 Shapley 值。与 Mareš 的方法相比，该模糊 Shapley 值能够满足类似于经典 Shapley 值的三条公理，但是此模糊 Shapley 值的存在性不能得到保证。2007 年，黄礼健等[60]定义了支付函数为区间数的 α - 对策，并以此 α - 对策为纽带给出了模糊支付合作对策的模糊 Shapley 值，此模糊 Shapley 值的表达式与 Mareš 定义的模糊 Shapley 值大致相同。2007 年，黄礼健[61]通过区间数的 Hukuhara 差运算，提出了一种新的区间 Shapley 值，然后通过将区间 Shapley 值拓展为模糊数，构造了模糊支付合作对策的 Hukuhara-Shapley 值。

最后，基于 Tsurumi 提出的 Shapley 值公理，Borkotokey[68]提出了具有

模糊联盟和模糊支付的合作对策及其模糊 Shapley 值公理，并且重点讨论了一种特殊的具有模糊联盟和模糊支付的合作对策，给出了该类模糊合作对策的模糊 Shapley 值。

就目前来看，模糊联盟合作对策的 Shapley 值、模糊支付合作对策的模糊 Shapley 值已经有相对较为完善的研究，而对于 Borkotokey 提出的联盟和支付同时模糊化的合作对策，其模糊 Shapley 值的研究才刚刚起步，因此如何利用现有理论基础进一步完善模糊 Shapley 值的研究仍是以后工作的重点。

（三）模糊核心的研究现状

1953 年，Gillies[13] 在他的博士论文中提出了核心（core）的概念，并将其作为多人合作对策问题一种求解的方法。核心是从 Pareto 最优性和个体合理性角度定义的一种合作对策解。为了求解模糊合作对策，有些学者也将核心的概念扩展到模糊支付合作对策中。

首先，Aubin[31,34] 在提出模糊联盟的同时，拓展了核心的概念，提出了模糊联盟合作对策 (N,w) 的核心 $C(N,w)$：

$$C(N,w) = \left\{ x \in R^n \mid \sum_{i \in N} x_i = w(N), \sum_{i \in N} K(i)x_i \geq w(K), \forall K \subseteq N \right\}$$

其中 N 为局中人的集合，K 为任意的模糊联盟，x 是 n 维向量，n 是局中人的个数，R 为实数集。可以看出，Aubin 定义的核心实际上仍是分配大联盟 N 的收益 $w(N)$，并且局中人 i 在模糊联盟 K 中的分配取决于他在大联盟 N 中的分配 x_i 和在模糊联盟 K 中的参与率 $K(i)$。1979 年，Butnariu[36-37] 从"优超"关系的角度，提出了模糊联盟合作对策的另一种核心，但是与 Aubin 的方法相同，Butnariu 也是利用经典分配来构造模糊联盟合作对策的核心。随后，模糊联盟合作对策的核心研究主要是基于上述两种核心（即 Aubin 和 Butnariu 定义的核心）展开的：2001 年，在 Aubin 定义的核心基础上，Nishizaki 与 Sakawa[46] 提出了模糊联盟合作对策的最小核心，并从线性规划角度给出了最小核心的求解方法；2004 年，Tijs 等[62] 研究了 Aubin 定义的核心性质，并讨论了模糊联盟合作对策中核心与稳定集

(stable set) 的相互关系；Azrieli 与 Lehrer[63]研究了几类具有特殊性质的模糊联盟合作对策的核心；Hwang[64]、Hwang 和 Liao[65]从公理化角度刻画了模糊联盟合作对策的核心，研究了核心的一致性与反一致性；Butnariu 和 Kroupa[66]从三角模角度定义了模糊联盟合作对策的扩大核心 (enlarged core)；高作峰等[67]以模糊联盟为工具提出了重复模糊合作对策及其核心和稳定集，讨论了核心和稳定集之间的关系及凸重复模糊合作对策的一些性质。

其次，对于具有模糊支付的合作对策，Nishizaki 和 Sakawa[45-46]从 λ 截集角度讨论了模糊支付合作对策的 λ - 核心，并将之应用到具有模糊参数的线性生产规划所派生出的合作对策中。Mareš[51]基于 Dubios 和 Prade[70-72]的模糊数排序方法定义了另一种模糊核心，但此模糊核心的计算相当困难。2007 年，黄礼健[61]基于区间数的序关系定义了具有区间支付合作对策的核心。

截至 2010 年，还没有学者将核心扩展到具有模糊联盟和模糊支付的合作对策中。

可以看出，模糊核心的研究还不是很完善，无论是对于模糊联盟合作对策还是对于模糊支付合作对策，都不存在一种真正意义上的模糊核心。因此，如何更加合理地将经典核心扩展到模糊联盟合作对策、模糊支付合作对策以及具有模糊联盟和模糊支付的合作对策中仍将是以后工作的重点。

（四）虚拟企业收益分配的国内外研究现状

1. Shapley 值在虚拟企业收益分配问题中的应用

目前，基于 Shapley 值的虚拟企业收益分配问题引起不少国内外学者的关注。

在国外，Robinson[73]最早将 Shapley 值应用到虚拟企业问题中，他将虚拟企业的供应链合作模式看作一个合作对策模型，并且把基于 Shapley 值的供应链库存成本分配值与 Gerchak 等的文章[74]中的按比例 (fractional) 分配结果做了对比。Hartman 和 Dror[75]建立了集中控制下的 n 个商店的利益（或成本）分配模型，他们提出了三个分配法则——稳定性、公平性和计算简易性，在检验了众多分配方法后，他们证实只有 Shapley 值和核仁（nucleolus）是同时满足稳定性和公平性的分配方法，但是计算复杂度为 $O(2^n)$。2003 年，Raghunathan[76]分析了由一个制造商和 n 个零售商组成的供应链中需求信息共享的价值及需求相关性对供应链的影响，并利用 Shapley 值对共享需求信息取得的收益进行分配。结果表明，随着需求相关性的增大，制造商的分配值将逐渐增大，而零售商的分配值将逐渐减少；同时，由于零售商信息的边际价值随着需求相关性的增大而减小，制造商将限制需求相关性较大的零售商加入信息共享的行列。Granot 和 Sošić[77]建立了 n 个零售商共享库存的离散配送模型，并利用 Shapley 值对合作利益进行了分配，结论为：局中人在大联盟 N 中的 Shapley 值不一定包含在核心中。Reinhardt 和 Dada[78]将 n 家公司投入关键资源的虚拟生产模式看作一个合作对策模型，并且提出了基于 Shapley 值的收益分配策略。Kemahhoğlu Ziya[79]研究了随机需求下由一个供应商和 n 个零售商组成的供应链中的库存共享问题，证明了基于 Shapley 值的分配策略是满足个体合理性的。Leng 和 Parlar[80]研究了由一个供应商、一个制造商和一个零售商所组成的三级供应链，此供应链内部共享需求信息，并且信息共享后的利润利用 Shapley 值和核仁进行分配。Tsurumi 等在文献中将其提出的具有 Choquet 积分形式的模糊对策及其 Shapley 值应用到合作生产收益分配问题中，提出了局中人部分参与合作时的收益分配策略。[56]

在国内，叶飞、郭东风与孙东川[81]针对动态联盟收益分配问题，提出了 Shapley 值法等四种分配方法。戴建华和薛恒新[82]将 Shapley 值应用于动态联盟伙伴企业间的利益分配问题中，然后分析了用 Shapley 值法进行动态联盟利益分配的成功与不足，并针对其不足提出了一种基于风险因子的修正算法；叶飞[83]为了解决由一个分销商和两个供应商组建的供应链协作利益分配问题，提出采用合作对策理论中的 Shapley 值法、核心法、MRCS 法及 Nash 协商模型来协调合作各方的收益，并利用 TOPSIS 思想把基于四种不同方法的分配值加权求和，以此得到综合的分配结果；马士华和王鹏[84]将 Shapley 值法用于解决供应链合作伙伴间的收益分配问题，并考虑到激励企业进行技术创新对提高供应链竞争力的重要性，对各成员企业的收益分配额进行了调整；刘浪、唐海军与陈仲君[85]将 Shapley 值法用于解决动态联盟利益分配问题，结果表明 Shapley 值可以克服 Nash-Harsany 谈判模型的不足，即 Shapley 值能够解决核心为空的动态联盟的利益分配问题；吴辉球[86]给出基于 Shapley 值的虚拟企业收益分配模型，并将 Shapley 值法与其提出的最大熵解法做了对比；林琳[87]将 Shapley 值应用到企业动态联盟的窜货模型中，并提出了窜货模型的改进 Shapley 值法；刘卫华和赵潘[88]将 Shapley 值法应用到供应链伙伴企业的利益分配问题中，并验证了分配结果的有效性；沙亚军[89]在其硕士毕业论文《供应链上合作博弈解研究》中，研究了一种特殊的模糊联盟合作对策，并将其 Shapley 值应用到供应链合作的利益分配问题中；张润红和罗荣桂[90]分析了由 Shapley 提出的用于解决 $n-$ 人合作对策问题的 Shapley 值法，并用此方法解决了共同配送企业之间的利益分配问题，并根据 Shapley 值法的不足提出了修正方案；孙世民、张吉国与王继永[91]提出了"以 Shapley 值法为基础、多因素综合修正、理想点原理确定修正系数"的优质猪肉供应链合作伙伴利益分配的研究思路和具体方法；李震等[92]分析了用于解决 $n-$ 人合作对策问题的 Shapley 值法模型，并应用该模型来解决供应链联盟企业间利益分配问题，最后根据 Shapley 值法的不足提出了结合企业努力程度、面临的风险和资本增值能力等影响因素进行利益分配调整的修正算法；陈雯和张强等[93]提出了具有模糊支付的合作对策的模糊 Shapley 值，并给出了基于模糊 Shapley 值的虚拟企业利益分配策略；杜河建[94]分析了 Mareš 定义的模糊 Shapley 值的性质，并将其应用到动态联盟利益分配问题中。

可见，已有文献大多利用经典 Shapley 值解决确定环境下的虚拟企业收益分配问题，而很少有学者将模糊 Shapley 值应用到不确定环境下的虚拟企业收益分配问题中。由第一节第三小节的分析可知，不确定环境下的虚拟企业收益问题实质上是模糊合作对策的求解问题，而模糊 Shapley 值的研究目前还不是很完善。因此，开展模糊 Shapley 值及其在虚拟企业收益分配中的应用研究具有重要的理论意义和应用价值。

2. 核心在虚拟企业收益分配问题中的应用

合作对策的核心有可能是空集，因此在利用核心进行虚拟企业利益分配时，很多国外学者重点讨论了一些特殊的合作对策模型及其核心的非空性。1993 年，Robinson[73] 证明了 Gerchak 和 Gupta[74] 提出的合作对策的核心是非空的，并指出按比例分配值不属于核心，而基于 Shapley 值和核仁的分配值包含于核心。Hartman 和 Dror[75] 提出了三种分配法则——稳定性、公平性和计算简易性，其中符合 "稳定性" 的分配集合等价于核心。Hartman 等[95] 利用合作对策解决供应链中 n 个零售商共享库存的收益分配问题，并证明了两种供应链库存共享模型的核心存在性。Hartman 和 Dror[96] 研究了由 n 个零售商组成的、需求函数为相关正态分布的一阶库存共享模型，并证明了该合作对策的核心是非空的。Müller 等[97] 证明了无论联合需求服从什么分布，其所提出的库存共享模型的核心都是非空的，并给出了核心为单点集的条件。Slikker 等[98] 提出了允许零售商转运货物的库存共享模型，证明了当零售商们的零售价和批发价不同时，该对策模型的核心是非空的。Chen 和 Zhang[99] 利用随机线性规划（LP）描述了集中控制下的库存共享问题，并指明核心的非空性取决于随机线性规划的强对偶问题。他们在文献[99] 中还讨论了订货成本是凹函数的报童模型，并证明了该模型的核心是存在的，但是验证分配是否属于核心是一种 NP-hard 问题。Hartman 和 Dror[100] 研究了 n 个零售商面对随机相关需求的库存集中控制模型，并讨论了该模型的核心存在性。Hartman 和 Dror[101] 提出了联合订货的模型，并分析了该模型的核心存在性。Klijn 和 Slikker[102] 建立了由 m 个顾客、n 个分销中心组成的库存选址模型，此模型允许分销中心之间组成联盟以最小化库存成本，在一定的假设条件下此模型的核心是非空的。Özen 等[103] 研究了 n 个零售商、m 个仓库和 1 个供应商的合作对策问题，其中零售商的货物由仓库供应，并且在需求实现后零售商可以向仓库要求退货或者调整初始的订货量，这样的对策模型的核心是非空的。Özen 和 Sošić[104] 扩展了上述文献[103] 中的对策模型，分析了两种契约机制（批发价契约和退货契约）在三个模型中（不合作的零售商、合作的零售商、制造商重新销售退回货物）对制造商利润产生的影响，最后得出结论：两种契约机制下的模型都有非空的核心。Leng 和 Parlar[80] 证明了在需求信息共享条件下供应商、制造商和零售商所组成的三级供应链的核心是非空的。Ben-Zv[105]、

Ben-Zv 与 Gerchak[106]建立了由多个具有不同缺货成本的零售商组成的报童模型，并证明了在集中控制零售商库存的条件下模型的核心是存在的。Özen 等[107]分析了一些简单的报童模型，证明了当该模型为凸对策时，对策的边际向量是核心的极点，谈判集（bargaining set）与核心重合，Shapley 值与核心的重心（barycenter）重合。Luis A. Guardiola 等[108]研究了由一个供应商和多个零售商组成的供应链的补货模型，并证明了集中控制下合作对策的核心是非空的。杜河建[94]分析了 Mareš 定义的模糊核心的性质，并将其应用到动态联盟利益分配问题中。Nishizaki 和 Sakawa[45]从 λ 截集角度讨论了模糊支付合作对策的 λ – 核心，并将之应用到具有模糊参数的多目标线性生产规划所派生出的多目标合作对策中。

可以看出，绝大部分国外学者利用核心解决供应链中的库存共享问题，并且着重讨论了核心的存在性。目前来看，国内将核心用于解决虚拟企业利益分配问题的研究并不是很多，尹钢等[109]、王春琦和雷勋平[110]以线性规划和对策论为基础，研究了供应链中的合作生产问题，并提出了基于核心的供应链收益分配策略；杨金钢[111]研究了基于核心的库存成本分摊问题。

3. 其他方法在虚拟企业收益分配中的应用

除了 Shapley 值和核心，国内外很多学者[112-121]将 Nash 谈判解应用到供应链利益分配问题中；有文献[122-124]通过改变契约参数来实现合作利益在虚拟企业间的合理分配；还有文献[81,83,125]采用合作对策理论中最小费用剩余资金法（minimum costs remaining savings method，MCRS）及 Nash 协商模型来协调合作各方的收益；刘松等[126-127]利用可拓理论解决供应链的收益分配问题；吴育华等[128]采用 ι 值法给出了供应链库存效益分配模型；陈菊红等[129]分析了虚拟企业收益分配过程应考虑的因素，在此基础上应用博弈论建立了虚拟企业收益分配的博弈模型；叶春等[130]、李晔[131]、兰天和徐剑[132]、闫威和陈林波[133]利用基于风险、贡献度等的比例法解决虚拟企业的收益分配问题；韩建军和郭耀煌[134]、张向阳等[135]、姜大鹏与和炳全[136]运用委托 – 代理理论分析虚拟企业的收益分配问题；王晓萍和赵晓军[137]运用 K – S 解法分配逆向供应链成员的合作利润；Sakawa 等[138]建立了生产与运输协调的模糊规划模型，并利用对策论中的核仁给出了生产与运输部门之间的收益分配策略；杨晶等[139]、叶飞[83]等综合利用多种分配方法对虚拟企业的收益进行分配；张捍东等[140]分析了企业动态联盟利益分配过程中应考虑的相关因素，讨论了几种常见的基于对策论的企业动态联盟利益分配策略。

三　研究内容、创新点与结构

（一）研究内容

本书主要研究引入模糊信息的合作对策理论及其在虚拟企业收益分配中的应用。概括起来，主要研究内容如下。

第一，模糊联盟合作对策理论及其在虚拟企业收益分配问题中的应用。

这一部分的关键问题是定义和求解模糊联盟合作对策。首先，介绍 Owen、Butnariu、Tsurumi 定义的模糊联盟合作对策，并提出由经典合作对策扩展的模糊联盟合作对策的一般形式；其次，介绍 Butnariu、Tsurumi 定义的模糊联盟合作对策的 Shapley 值，指出 Tsurumi 定义的 Shapley 值公理适用于任何形式的模糊联盟合作对策，并将 Butnariu 和 Tsurumi 的方法分别应用到虚拟企业收益分配问题中；再次，基于 Butnariu、Tsurumi 定义的模糊联盟合作对策的 Shapley 值，给出 Owen 定义的多线性扩展对策的 Shapley 值，证明该 Shapley 值满足 Tsurumi 定义的四条 Shapley 值公理，并提出基于多线性扩展对策的 Shapley 值的虚拟企业收益分配策略；然后，定义了模糊联盟合作对策的核心，并给出了 Owen、Butnariu 和 Tsurumi 定义的模糊联盟合作对策中核心与经典核心的转换关系以及核心与 Shapley 值的包含关系；最后，研究具有多目标和模糊联盟的合作对策，即多目标 n–人模糊合作对策。结合 Choquet 积分和多目标对策的求解方法，对经典的多目标合作对策进行扩展，以此给出了多目标 n–人模糊合作对策的利益分配方案。

第二，模糊支付合作对策理论及其在虚拟企业收益分配问题中的应用。

这一部分的关键问题是定义和求解模糊支付合作对策。首先，介绍模糊支付合作对策及其模糊 Shapley 值，分析 Mareš 定义的模糊 Shapley 值与 Hukuhara-Shapley 值（简称 H-Shapley 值）的区别与联系，并将两种模糊 Shapley 值分别应用在虚拟企业收益分配问题中；其次，介绍 Mareš 定义的模糊核心、Nishizaki 和 Sakawa 定义的 λ - 核心，分析两者之间的对应关系，指出 Mareš 定义的模糊核心、Nishizaki 和 Sakawa 定义的 λ - 核心都不是真正意义上的模糊核心，并通过实例分析两种模糊核心存在的问题；针对现有模糊核心的不足，采用模糊最大序（fuzzy max order）定义了两种模糊最大序核心，即强模糊核心和有效模糊核心，分析了模糊最大序核心的存在性、性质及与其他模糊核心的对应关系，并且给出了模糊最大序核心和 H-Shapley 值的关系；最后，综合考虑基于模糊最大序核心和 H-Shapley 值的分配方案，提出了合作伙伴对未来合作产生的预期收益不确定条件下的虚拟企业收益分配策略。

第三，具有模糊联盟和模糊支付的合作对策理论及其在虚拟企业收益分配问题中的应用。

这一部分的关键问题是定义和求解具有模糊联盟和模糊支付的合作对策。首先，分析了 Borkotokey 定义的模糊合作对策及其模糊 Shapley 值，指出 Borkotokey 定义的模糊合作对策是一种特殊的模糊对策，并且 Borkotokey 定义的模糊 Shapley 值公理体系也仅是 Tsurumi 定义的 Shapley 值公理体系的部分推广；其次，针对 Borkotokey 定义的模糊合作对策存在的问题，利用模糊数表示模糊支付函数，定义了广义模糊合作对策，并指出广义模糊合作对策包括经典合作对策、模糊联盟合作对策、模糊支付合作对策以及具有模糊联盟和模糊支付的合作对策；再次，针对 Borkotokey 定义的模糊 Shapley 值存在的问题，重新定义了广义模糊合作对策的广义模糊 Shapley 值公理体系，指出该公理体系可适用于经典合作对策、模糊联盟合作对策、模糊支付合作对策以及具有模糊联盟和模糊支付的合作对策；最后，利用模糊数学的相关理论，对 Tsurumi 定义的模糊联盟合作对策进行模糊延拓，定义了一类广义模糊合作对策，给出了该类广义模糊合作对策的广义模糊 Shapley 值，并且证明了该广义模糊 Shapley 值的唯一存在性，在此基础上，提出了基于广义模糊 Shapley 值的虚拟企业收益分配策略。

（二）框架结构及创新点

根据主要研究内容，全书分为七章，具体安排如下。

第一章"绪论"中，笔者总结模糊合作对策及虚拟企业收益分配问题的研究现状，在此基础上，分析本书研究的必要性和意义，概括说明本书的研究内容和研究框架。

第二章"模糊数学的基础理论"中，笔者介绍了模糊集、模糊数和 Choquet 积分等相关知识，其中重点介绍了分解定理、表现定理、扩张原理、集合套、模糊数的序及运算、Hukuhara 差的存在性、模糊测度、Choquet 积分、不确定积分等概念，这些概念是本书后续章节进行深入研究的理论基础和依据。

第三章"基于经典合作对策理论的虚拟企业收益分配策略"中，笔者首先介绍了经典合作对策的基础理论、虚拟企业的概念和收益分配的模式、原则，以及利用经典合作对策进行虚拟企业收益分配的合理性；其次，以虚拟生产的收益分配问题为例，给出了利用经典合作对策进行虚拟企业收益分配的过程和方法；最后，分析了利用经典合作对策解决虚拟企业收益分配问题的不足。

第四章"基于模糊联盟合作对策的虚拟企业收益分配策略"中，笔者首先结合 Owen、Butnariu、Tsurumi 在模糊联盟合作对策上的研究成果，提出了由经典合作对策扩展的模糊联盟合作对策的一般形式，并讨论了该类对策的超可加性；其次，介绍了 Butnariu、Tsurumi 定义的模糊联盟合作对策的 Shapley 值，并将其分别应用在虚拟企业收益分配问题中；再次，为了求解 Owen 定义的多线性扩展对策，给出了多线性扩展对策的 Shapley 值，证明了该 Shapley 值满足 Tsurumi 定义的四条 Shapley 值公理，并提出了基于多线性扩展对策 Shapley 值的虚拟企业收益分配策略；最后，定义了模糊联盟合作对策的核心，并且给出了 Owen、Butnariu 和 Tsurumi 定义的模糊联盟合作对策中核心与经典核心、核心与 Shapley 值的关系，在此结论基础上，提出了基于模糊联盟合作对策的虚拟企业收益分配策略。

第五章 "基于模糊支付合作对策的虚拟企业收益分配策略" 中，笔者以区间 Shapley 值为例，分析了 Mareš 定义的模糊 Shapley 值的性质，并讨论了 H-Shapley 值的存在性、实际意义及其与 Mareš 定义的模糊 Shapley 值之间的区别和联系，进而将两种模糊 Shapley 值分别应用到合作伙伴对未来合作产生的预期收益不确定条件下的虚拟企业收益分配问题中；总结了 Mareš、Nishizaki 和 Sakawa 在模糊核心方面的研究成果，并指出了 Mareš、Nishizaki 和 Sakawa 方法存在的问题；基于模糊数的模糊最大序，重新定义了模糊合作对策的模糊核心，研究了模糊最大序核心的存在性、性质及与其他模糊核心的对应关系，并分析了模糊最大序核心和 H-Shapley 值的关系，在此基础上，提出了基于模糊支付合作对策的虚拟企业收益分配策略。

第六章 "基于具有模糊联盟和模糊支付的合作对策的虚拟企业收益分配策略" 中，笔者分析了 Borkotokey 定义的模糊合作对策存在的问题，利用模糊数表示模糊支付函数，定义了广义模糊合作对策，并指出广义模糊合作对策包括经典合作对策、模糊联盟合作对策、模糊支付合作对策以及具有模糊联盟和模糊支付的合作对策；针对 Borkotokey 定义的模糊 Shapley 值存在的问题，重新定义了具有模糊联盟和模糊支付的合作对策的广义模糊 Shapley 值；基于已有模糊支付合作对策的研究成果，将 Tsurumi 定义的模糊联盟合作对策进行推广，定义了广义 Choquet 积分模糊对策，给出了广义 Choquet 积分模糊对策的广义模糊 Shapley 值，并证明了广义模糊 Shapley 值是唯一存在的，在此基础上，提出了基于广义模糊 Shapley 值的虚拟企业收益分配策略。

第七章 "多目标线性生产规划的模糊合作对策及其分配策略" 中，针对多目标生产规划中的模糊联盟对策问题，笔者提出了一种 Shapley 值分配方法。首先，提出了多目标线性生产规划的模糊联盟对策模型，并给出多目标对策转化为 l 个单目标对策的权重分析法。其次，结合单目标模糊联盟合作对策的模糊 Shapley 值法，给出了求解多目标模糊联盟对策的方法。最后，结合多目标线性生产规划问题的实例，给出不同权重系数下局中人合作的分配策略。

　　基于上述构思，本书的研究重点集中在第三、第四、第五、第六、第七章，重点章节的写作思路可参见图 1.1，其中"虚线框"部分表示本书的主要方法创新之处。从图 1.1 可以看出，本书主要采用层层深入、逐步逼近现实的研究思路，重点研究了四类合作对策，分别为经典合作对策、模糊联盟合作对策、模糊支付合作对策、具有模糊联盟和模糊支付的合作对策，四类合作对策的主要特征请参见表 1.1。

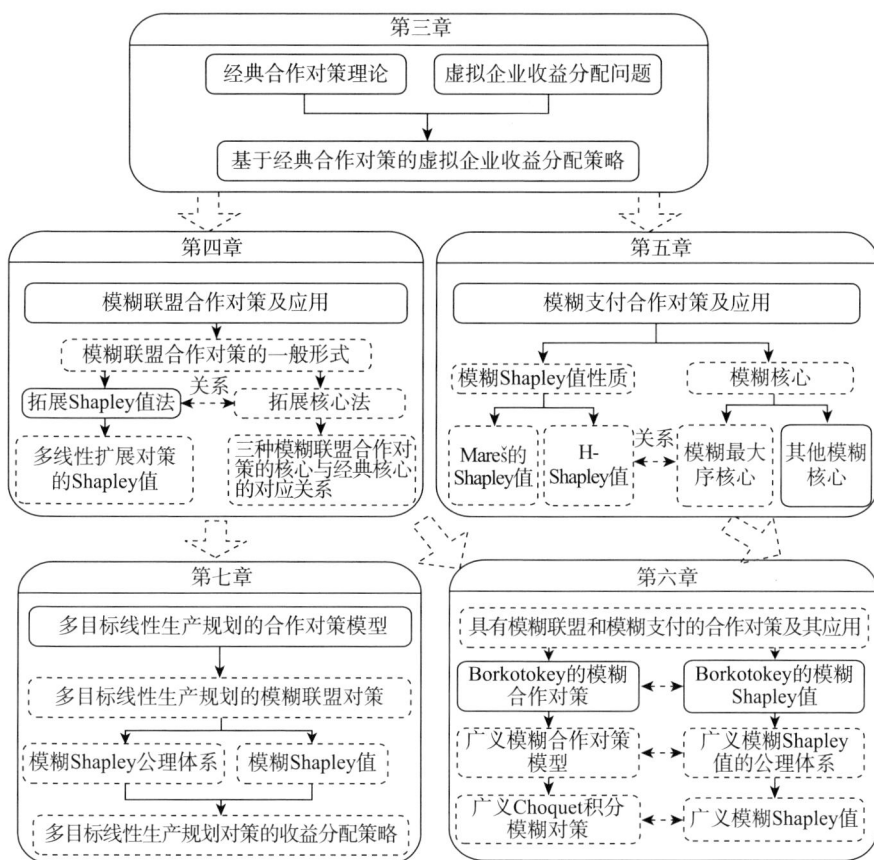

图 1.1　本书主要章节研究内容及创新点

　　归纳起来，本书的创新可分为方法创新和应用创新两部分。

　　首先，方法创新主要包括以下四点。（1）在第四章的第一节和第二节，提出了由经典合作对策扩展的模糊联盟合作对策的一般形式，并且给

表 1.1　四类合作对策的主要特征

合作对策 性质	经典 合作对策	模糊联盟 合作对策	模糊支付 合作对策	具有模糊联盟和 模糊支付的合作对策
联盟	清晰	模糊	清晰	模糊
支付函数	实数	实数	模糊数	模糊数

出了该类模糊联盟合作对策满足超可加性的条件；同时，提出了多线性扩展对策的 Shapley 值，并证明该 Shapley 值满足 Tsurumi 定义的四条 Shapley 值公理。

（2）在第四章的第三节，提出了模糊联盟合作对策的核心，并分析了 Owen、Butnariu 和 Tsurumi 定义的三种模糊联盟合作对策中核心与经典核心的对应关系。

（3）在第五章，以区间 Shapley 值为例，分析了 Mareš 定义的模糊 Shapley 值的性质，并讨论了 H-Shapley 值的存在性、实际意义及其与 Mareš 定义的模糊 Shapley 值之间的区别和联系；同时，利用模糊最大序，提出了模糊支付合作对策的两种模糊最大序核心，即强模糊核心与有效模糊核心，分析了模糊最大序核心的存在性、性质及与其他模糊核心的对应关系，并给出了模糊最大序核心和模糊 Shapley 值的关系。

（4）在第六章，指出了 Borkotokey 定义的模糊合作对策及其模糊 Shapley 值存在的问题，利用模糊数表示模糊支付函数，定义了广义模糊合作对策及其广义模糊 Shapley 值，并指出广义模糊合作对策包括经典合作对策、模糊联盟合作对策、模糊支付合作对策以及具有模糊联盟和模糊支付的合作对策；与此同时，推广了 Tsurumi 定义的模糊联盟合作对策，以此提出了广义 Choquet 积分模糊对策，给出了广义 Choquet 积分模糊对策的广义模糊 Shapley 值计算式，并证明了广义模糊 Shapley 值的唯一存在性。

（5）在本书第七章，是研究具有多目标和模糊联盟的合作对策，即多目标 n-人模糊合作对策。我们结合 Choquet 积分和多目标对策的求解方法，对经典的多目标合作对策进行扩展，以此给出了多目标 n-人模糊合作对策的利益分配方案。

其次，应用创新方面主要是将模糊联盟合作对策理论、模糊支付合作对策理论以及具有模糊联盟和模糊支付的合作对策理论应用到虚拟企业收益分配问题中，以此提出了成员参与联盟程度模糊、未来合作的预期收益模糊以及成员参与联盟程度和未来合作的预期收益同时模糊三种不确定条件下的虚拟企业收益分配策略。

第二章

模糊数学的基础理论

本章将简要介绍相关的模糊数学理论，包括模糊集、区间数、模糊数、模糊测度及 Choquet 积分等。模糊数学是本书研究模糊合作对策的主要理论工具，是将经典合作对策推广到模糊合作对策的主要依据。因此，本章对模糊数学相关概念做简单回顾是十分必要的，这将为后续几章的研究提供理论基础。

一　模糊集

本节重点介绍模糊集的定义、模糊集的运算、模糊集与经典集合的互相转化关系（分解定理与表现定理）及模糊集的扩张原理等。

（一）模糊集的概念与运算

在经典集合论中，论域 X 上的子集 A 可以由特征函数

$$\chi_A(x) = \begin{cases} 1, & x \in A \\ 0, & x \notin A \end{cases}$$

唯一确定。该特征函数指明了 X 中每个元素 x 的隶属程度，若 $x \in A$，则特征函数 $\chi_A(x) = 1$；若 $x \notin A$，则 $\chi_A(x) = 0$。也就是说，对于 X 中的每个元素 x，要么 $x \in A$，要么 $x \notin A$，二者必居其一。这说明，经典集合只能表现具有明确外延的概念，然而现实生活中很多现象（或者概念）都具有模糊的性质，因此经典集合论在模糊概念面前显得无能为力。

为了定量地刻画模糊现象和模糊概念，Zadeh[141] 在经典集合论的基础

上将集合、运算的概念加以扩充，相应地把特征函数取值范围从值域 $\{0,1\}$ 推广到区间 $[0,1]$，其具体定义如下。

定义 2.1[141]　设 X 为论域，x 为 X 中的元素，$\tilde{A}$ 是 X 到 $[0,1]$ 的一个映射，即

$$\tilde{A}:X\rightarrow[0,1], \quad x\mapsto\tilde{A}(x)$$

称 $\tilde{A}$ 是 X 上的模糊集（fuzzy set），$\tilde{A}(x)$ 称为模糊集 $\tilde{A}$ 的隶属函数（membership function）[或将 $\tilde{A}(x)$ 称为元素 x 对模糊集 $\tilde{A}$ 的隶属度（grade of membership）]。

设论域 X 上全体模糊集构成的集合为 $\mathcal{F}(X)$，X 上全体经典集合构成的集合为 $\mathcal{P}(X)$。若 $\tilde{A}\in\mathcal{F}(X)$，且 $\tilde{A}:X\rightarrow\{0,1\}$，则 $\tilde{A}$ 为经典集合，即 $\tilde{A}\in\mathcal{P}(X)$，因此经典集合可视为模糊集的特例，即有 $\mathcal{F}(X)\subset\mathcal{P}(X)$。

将经典集合间的关系和运算进行拓展，可定义模糊集的相等、包含关系及并集、交集、补集[141-149]。下面我们用取大（$\vee$）和取小（$\wedge$）运算定义模糊集间的各种运算。

定义 2.2　设 $\tilde{A}$，$\tilde{B}$ 是论域 X 上的模糊集，则模糊集的相等、包含关系及并集、交集、余集表示为：

$$(1)\ \tilde{A}=\tilde{B}\Leftrightarrow\tilde{A}(x)=\tilde{B}(x),\quad \forall x\in X \tag{2.1}$$

$$(2)\ \tilde{A}\supseteq\tilde{B}\Leftrightarrow\tilde{A}(x)\geq\tilde{B}(x),\quad \forall x\in X \tag{2.2}$$

$$(3)\ \tilde{A}\cup\tilde{B}\Leftrightarrow\tilde{A}(x)\vee\tilde{B}(x),\quad \forall x\in X \tag{2.3}$$

$$(4)\ \tilde{A}\cap\tilde{B}\Leftrightarrow\tilde{A}(x)\wedge\tilde{B}(x),\quad \forall x\in X \tag{2.4}$$

$$(5)\ \tilde{A}^{c}(x)=1-\tilde{A}(x),\qquad \forall x\in X \tag{2.5}$$

在研究和处理时，我们往往希望对模糊概念有个明确的认识和归属，这就涉及模糊集与经典集合的互相转化问题，模糊集的截集和强截集[141-149]是处理这种转化问题的两种比较满意的手段。

定义 2.3　设 $\tilde{A}\in\mathcal{F}(X)$，任取 $\lambda\in[0,1]$，记

$$\tilde{A}_{\lambda}=\{x\in X\,|\,\tilde{A}(x)\geq\lambda\}$$

称 $\tilde{A}_\lambda$ 为模糊集 $\tilde{A}$ 的 λ 截集（λ-cut set）或 λ 水平集（λ-level set）。而称

$$\tilde{A}_{\bar{\lambda}} = \{x \in X \mid \tilde{A}(x) > \lambda\}$$

为模糊集 $\tilde{A}$ 的 λ 强截集（strong λ-cut set）或 λ 开截集；λ 称为阈值（threshold value）或置信水平（brief level）。特别地，称 $\tilde{A}_1$ 为模糊集 $\tilde{A}$ 的核，记作 $\ker \tilde{A}$，即

$$\ker \tilde{A} = \tilde{A}_1 = \{x \in X \mid \tilde{A}(x) = 1\}$$

而称 0 强截集 $\tilde{A}_{\bar{0}}$ 为模糊集 $\tilde{A}$ 的支撑集（support set），记为 $\mathrm{Supp}\tilde{A}$，即

$$\mathrm{Supp}\,\tilde{A} = \tilde{A}_{\bar{0}} = \{x \in X \mid \tilde{A}(x) > 0\}$$

根据以上定义，λ 截集和 λ 强截集具有下列性质[141～149]。

性质 2.1 设 $\tilde{A}$，$\tilde{B}$ 是论域 X 上的模糊集，对于任意的 $\lambda \in [0,1]$，则有：

$$(1)\ (\tilde{A} \cup \tilde{B})_\lambda = \tilde{A}_\lambda \cup \tilde{B}_\lambda, \quad (\tilde{A} \cap \tilde{B})_\lambda = \tilde{A}_\lambda \cap \tilde{B}_\lambda$$

$$(2)\ (\tilde{A} \cup \tilde{B})_{\bar{\lambda}} = \tilde{A}_{\bar{\lambda}} \cup \tilde{B}_{\bar{\lambda}}, \quad (\tilde{A} \cap \tilde{B})_{\bar{\lambda}} = \tilde{A}_{\bar{\lambda}} \cap \tilde{B}_{\bar{\lambda}}$$

注意：性质 2.1 对任意可列个或有限个模糊集运算均成立。

性质 2.2 设 $\tilde{A}$，$\tilde{B}$ 是论域 X 上的模糊集，对于任意的 $\lambda, \beta \in [0,1]$，则有：

$$(1)\ \lambda < \beta \Rightarrow \tilde{A}_{\bar{\beta}} \subseteq \tilde{A}_\beta \subseteq \tilde{A}_{\bar{\lambda}} \subseteq \tilde{A}_\lambda$$

$$(2)\ \tilde{A}_0 = X, \ \tilde{A}_{\bar{1}} = \varnothing$$

$$(3)\ \tilde{A} \subseteq \tilde{B} \Leftrightarrow \forall \lambda \in [0,1], \ \tilde{A}_\lambda \subseteq \tilde{B}_\lambda$$

$$(4)\ \tilde{A} \subseteq \tilde{B} \Leftrightarrow \forall \lambda \in [0,1], \ \tilde{A}_{\bar{\lambda}} \subseteq \tilde{B}_{\bar{\lambda}}$$

（二）分解定理、表现定理和扩张原理

分解定理、表现定理和扩张原理是模糊集理论的三个基本定理与原理，也是本书后续几章解决模糊合作对策问题的基本方法。为此，本小节

将逐一介绍模糊集的分解定理、表现定理和扩张原理[141-149]，首先我们引入模糊集的数积和集合套的概念。

定义 2.4 设 $\lambda \in [0,1]$，$\widetilde{A} \in \mathcal{F}(X)$，定义 $\lambda\widetilde{A} \in \mathcal{F}(X)$，其隶属函数为

$$(\lambda\widetilde{A})(x) = \lambda \wedge \widetilde{A}(x), \ \forall x \in X$$

称 $\lambda\widetilde{A}$ 为 λ 与 $\widetilde{A}$ 的数积（scalar product）。

定义 2.5 设有映射 $H:[0,1] \rightarrow \mathcal{P}(X)$，若对于 $\forall \lambda_1, \lambda_2 \in [0,1]$，$H$ 具有性质

$$\lambda_1 < \lambda_2 \Rightarrow H(\lambda_1) \supseteq H(\lambda_2)$$

则称 H 是 X 上的集合套（nest of sets）。

根据性质 2.2 可知，模糊集 $\widetilde{A}$ 的截集族 $\{\widetilde{A}_\lambda\}_{\lambda \in [0,1]}$ 和强截集族 $\{\widetilde{A_{\overline{\lambda}}}\}_{\lambda \in [0,1]}$ 都是集合套。

定理 2.1 （分解定理）设 $\widetilde{A} \in \mathcal{F}(X)$，则

$$\widetilde{A} = \bigcup_{\lambda \in [0,1]} \lambda\widetilde{A}_\lambda, \ \widetilde{A} = \bigcup_{\lambda \in [0,1]} \lambda\widetilde{A_{\overline{\lambda}}}$$

定理 2.2 （表现定理）设映射 $H:[0,1] \rightarrow \mathcal{P}(X)$ 为 X 上的集合套，记

$$\widetilde{A} = \bigcup_{\lambda \in [0,1]} \lambda H(\lambda) \tag{2.6}$$

则 $\widetilde{A} \in \mathcal{F}(X)$，而且对于 $\forall \lambda \in [0,1]$，有：

$$(1) \ \lambda \neq 0 \Rightarrow \widetilde{A}_\lambda = \bigcap_{\alpha < \lambda} H(\alpha)$$

$$(2) \ \lambda \neq 1 \Rightarrow \widetilde{A_{\overline{\lambda}}} = \bigcup_{\alpha > \lambda} H(\alpha)$$

分解定理表明，一个模糊集 $\widetilde{A}$ 可由集合套（$\{\widetilde{A}_\lambda\}_{\lambda \in [0,1]}$ 或 $\{\widetilde{A_{\overline{\lambda}}}\}_{\lambda \in [0,1]}$）表示，因此可将模糊集转化为经典集合来处理；表现定理说明，任何一个集合套都刻画了一个模糊集，因此可通过求得的经典问题的解来研究模糊问题的求解方法。因此，分解定理和表现定理为我们求解模糊问题提供了有效的途径。

模糊集理论中，两个模糊集之间的关系是通过下面的扩张原理[141-151]来实现的。

定义 2.6 （扩张原理 I）设论域为 X 和 Y，由映射 $f:X \to Y$ 可以诱导出如下两个映射，分别记为：

$$f:\mathcal{F}(X) \to \mathcal{F}(Y), \quad \widetilde{A} \mapsto f(\widetilde{A})$$

$$f^{-1}:\mathcal{F}(Y) \to \mathcal{F}(X), \quad \widetilde{B} \mapsto f^{-1}(\widetilde{B})$$

其中

$$f(\widetilde{A})(y) = \begin{cases} \bigvee\limits_{f(x)=y} \widetilde{A}(x), & f^{-1}(y) \neq \varnothing \\ 0, & f^{-1}(y) = \varnothing \end{cases}$$

$$f^{-1}(\widetilde{B})(x) = \widetilde{B}[f(x)]$$

称 $f(\widetilde{A})$ 是 $\widetilde{A}$ 在 f 下的像，而 $f^{-1}(\widetilde{B})$ 是 $\widetilde{B}$ 关于 f 的逆像。

由定义 2.6 可知，扩张原理 I 是通过经典集合 X 和 Y 的映射关系来研究模糊集 $\mathcal{F}(X)$ 与 $\mathcal{F}(Y)$ 的对应关系的。进一步，可将扩张原理 I 推广到多元情形中去，为此，首先给出模糊集的笛氏积集的定义[141-151]。

定义 2.7 设 $X_1, X_2, \cdots, X_n$ 为 n 个论域，$\widetilde{A}_i \in \mathcal{F}(X_i)$，$i=1,2,\cdots,n$，则 $\widetilde{A}_1, \widetilde{A}_2, \cdots, \widetilde{A}_n$ 的笛氏积集记作

$$\widetilde{A}_1 \times \widetilde{A}_2 \times \cdots \times \widetilde{A}_n = \prod_{i=1}^{n} \widetilde{A}_i \in \mathcal{F}\left(\prod_{i=1}^{n} X_i\right)$$

定义为

$$\left(\prod_{i=1}^{n} \widetilde{A}_i\right)(x_1, x_2, \cdots, x_n) = \bigwedge_{i=1}^{n} \widetilde{A}_i(x_i), \forall (x_1, x_2, \cdots, x_n) \in \prod_{i=1}^{n} X_i$$

定义 2.8 （扩张原理 II）设 $X_1, X_2, \cdots, X_n$ 和 $Y_1, Y_2, \cdots, Y_m$ 均为论域，多元映射 $f:X_1 \times X_2 \times \cdots \times X_n \to Y_1 \times Y_2 \times \cdots \times Y_m$，

$$x = (x_1, x_2, \cdots, x_n) \mapsto f(x_1, x_2, \cdots, x_n) = y = (y_1, y_2, \cdots, y_m)$$

则 f 可诱导出映射

$$f:\mathcal{F}(X_1) \times \mathcal{F}(X_2) \times \cdots \times \mathcal{F}(X_n) \to \mathcal{F}(Y_1 \times Y_2 \times \cdots \times Y_m)$$

$$(\widetilde{A}_1, \widetilde{A}_2, \cdots, \widetilde{A}_n) \mapsto f(\widetilde{A}_1, \widetilde{A}_2, \cdots, \widetilde{A}_n)$$

和映射

$$f^{-1}: \mathcal{F}(Y_1) \times \mathcal{F}(Y_2) \times \cdots \times \mathcal{F}(Y_m) \to \mathcal{F}(X_1 \times X_2 \times \cdots \times X_m)$$

$$(\widetilde{B}_1, \widetilde{B}_2, \cdots, \widetilde{B}_m) \mapsto f^{-1}(\widetilde{B}_1, \widetilde{B}_2, \cdots, \widetilde{B}_m)$$

且对于 $\forall y \in Y_1 \times Y_2 \times \cdots \times Y_m$，有

$$f(\widetilde{A}_1, \widetilde{A}_2, \cdots, \widetilde{A}_n)(y) = \begin{cases} \bigvee\limits_{f(x_1, x_2, \cdots, x_n) = y} \left(\bigwedge\limits_{i=1}^{n} \widetilde{A}_i(x_i) \right), & f^{-1}(y) \neq \varnothing \\ 0, & f^{-1}(y) = \varnothing \end{cases}$$

对于 $\forall x \in X_1 \times X_2 \times \cdots \times X_n$，有

$$f^{-1}(\widetilde{B}_1, \widetilde{B}_2, \cdots, \widetilde{B}_m)(x) = \bigwedge\limits_{j=1}^{m} \widetilde{B}_j(y_j), \quad (y_1, y_2, \cdots, y_m) = f(x)$$

由定义 2.6、定义 2.7 和定义 2.8 可知：

$$f(\widetilde{A}_1, \widetilde{A}_2, \cdots, \widetilde{A}_n) = f(\widetilde{A}_1 \times \widetilde{A}_2 \times \cdots \times \widetilde{A}_n)$$

$$f^{-1}(\widetilde{B}_1, \widetilde{B}_2, \cdots, \widetilde{B}_m) = f^{-1}(\widetilde{B}_1 \times \widetilde{B}_2 \times \cdots \times \widetilde{B}_m)$$

　　根据扩张原理Ⅱ，可构造实数域 R 上的模糊集的加（ + ）、减（ - ）、乘（ · ）、除（ ÷ ）、取大（ ∨ ）和取小（ ∧ ）6 种二元运算[141-149]。

　　定义 2.9　设 R 为实数域，R 上全体模糊集构成的集合为 $\mathcal{F}(R)$，$\widetilde{A}, \widetilde{B} \in \mathcal{F}(R)$，$* \in \{ +, -, \cdot, \div, \vee, \wedge \}$，则模糊集 $\widetilde{A} * \widetilde{B}$ 的隶属函数为

$$(\widetilde{A} * \widetilde{B})(z) = \bigvee\limits_{z=x*y} [\widetilde{A}(x) \wedge \widetilde{B}(y)], \quad \forall z \in R$$

二　区间数与模糊数

　　在实际问题中，由于所涉及的数据本身带有模糊性或者希望用带模糊性的数字进行刻画，人们很难用精确的数字表示模糊信息，因此往往使用诸如下列的表达：总收益大约是 20 万，预计销售量在 200 件左右，投资总额不低于 80 万，等等。为了保证在实际问题中既得到包含精确结果的范

围，又能不丢失模糊信息，人们提出了"区间数"和"模糊数"。本节主要介绍区间数和模糊数的相关概念，以便后续几章表示和处理模糊信息。

（一）区间数及其运算

模糊数是区间数的推广，而区间数是模糊数的特例，因此在讨论模糊数之前，我们先简单介绍区间数及其相关运算[141-151]。

定义 2.10 设 R 为实数域，R 上的有界闭集

$$[a^-, a^+] = \{x \in R | a^- \leq x \leq a^+\}$$

称为区间数（interval number），记为 $\bar{a} = [a^-, a^+]$。

若 $0 \leq a^- \leq a^+$，则 $\bar{a}$ 为非负区间数。我们将全体区间数记为 IR，全体非负区间数记为 IR_+。如不特别声明，n 维区间向量是指每个分量均为区间数的 n 维向量。

一般意义下，我们可定义区间数的序关系和基本运算[141-151]如下。

定义 2.11 若 $\bar{a} = [a^-, a^+]$，$\bar{b} = [b^-, b^+]$，则有下面性质成立：

（1）$\bar{a} \subseteq \bar{b} \Leftrightarrow a^- \geq b^-$ 且 $a^+ \leq b^+$；

（2）$\bar{a} \leq \bar{b} \Leftrightarrow a^- \leq b^-$ 且 $a^+ \leq b^+$；

（3）$\bar{a} = \bar{b} \Leftrightarrow a^- = b^-$ 且 $a^+ = b^+$。

定理 2.3 若 $\bar{a} = [a^-, a^+]$，$\bar{b} = [b^-, b^+]$，则由扩张原理 II 可得：

（1）加法：$\bar{a} + \bar{b} = [a^- + b^-, a^+ + b^+]$；

（2）减法：$\bar{a} - \bar{b} = [a^- - b^+, a^+ - b^-]$；

（3）乘法：$\bar{a} \times \bar{b} = [a^- b^- \wedge a^- b^+ \wedge a^+ b^- \wedge a^+ b^+, a^- b^- \vee a^- b^+ \vee a^+ b^- \vee a^+ b^+]$；

（4）除法：$\bar{a}/\bar{b} = [a^-, a^+] \times [1/b^+, 1/b^-]$，$0 \notin \bar{b}$；

（5）数乘：$m(\bar{a} + \bar{b}) = m\bar{a} + m\bar{b}$，$\forall m \in R$；

（6）取大：$\bar{a} \vee \bar{b} = [a^- \vee b^-, a^- \vee b^-]$；

（7）取小：$\bar{a} \wedge \bar{b} = [a^- \wedge b^-, a^- \wedge b^-]$。

特别地，若 $\bar{a}, \bar{b} \in IR_+$，$m > 0$，则有：

（3'）乘法：$\bar{a} \times \bar{b} = [a^- b^-, a^+ b^+]$；

（4'）除法：$\bar{a}/\bar{b} = [a^-/b^+, a^+/b^-]$，$0 \notin \bar{b}$；

（5′）数乘：$m(\overline{a}+\overline{b})=[ma^{-}+mb^{-},ma^{+}+mb^{+}]$。

一般来说，区间数的运算不满足可逆性。例如，对于区间数 $[1,2]$，$[2,3]$，$[3,5]$，根据定理 2.3 可知：

$$[1,2]+[2,3]=[3,5]$$
$$[3,5]-[2,3]=[0,3]\neq[1,2]$$

为此，我们给出区间数的另一种减法运算——Hukuhara 差[151-163]。

定义 2.12 设 $\overline{a},\overline{b}\in IR$，若存在 $\overline{c}\in IR$，使得 $\overline{a}=\overline{b}+\overline{c}$，则 $\overline{c}$ 称为 $\overline{a}$ 和 $\overline{b}$ 的 Hukuhara 差，简称 H – 差，记为 $\overline{a}-_{H}\overline{b}$。

需要说明的是，如果区间数 $[c^{-},c^{+}]$ 为区间数 $[a^{-},a^{+}]$ 和 $[b^{-},b^{+}]$ 的 H – 差，则根据区间数的加法运算可知

$$c^{-}=a^{-}-b^{-},\quad c^{+}=a^{+}-b^{+}$$

即

$$\overline{a}-_{H}\overline{b}=[a^{-}-b^{-},a^{+}-b^{+}] \tag{2.7}$$

可以看出，区间数的 H – 差是不一定存在的，因为无法保证 $a^{-}-b^{-}\leqslant a^{+}-b^{+}$。

定理 2.4 设 $\overline{a},\overline{b}\in IR$，则 $\overline{a}$ 和 $\overline{b}$ 的 H – 差存在的充要条件是

$$a^{-}-b^{-}\leqslant a^{+}-b^{+} \tag{2.8}$$

（二）模糊数及其运算

基于区间数的定义和基本运算，我们引入如下模糊数及其相关运算[141-151]。

定义 2.13 若实数域 R 上的模糊集 $\widetilde{A}$ 满足条件：

（1）$\widetilde{A}$ 是正规的，即存在 $x_{0}\in R$，使得 $\widetilde{A}(x_{0})=1$；

（2）对于 $\forall\lambda\in(0,1]$，$\widetilde{A}_{\lambda}$ 是闭区间。

则称 $\widetilde{A}$ 为模糊数（fuzzy number）。

若 $\mathrm{Supp}\,\widetilde{A}$ 为有限集，则模糊数 $\widetilde{A}$ 为有界模糊数。若 $\mathrm{Supp}\,\widetilde{A}\subseteq[0,+\infty)$，则称模糊数 $\widetilde{A}$ 为非负模糊数。全体有界模糊数构成的集合记为

FR，全体非负有界模糊数构成的集合记为 FR_+。

对于 $\forall \lambda \in (0,1]$，有界模糊数 $\widetilde{A}$ 的 λ 截集 $\widetilde{A}_\lambda$ 为区间数，表示为 $\widetilde{A}_\lambda = [\widetilde{A}_\lambda^-, \widetilde{A}_\lambda^+]$。如不特别声明，本书的模糊数皆为有界模糊数，$n$ 维模糊向量是指每个分量均为有界模糊数的 n 维向量。

下面的定理给出了用隶属函数判定模糊数的充要条件[141-151]。

定理 2.5 令模糊集 $\widetilde{A} \in FR$，当且仅当存在 $m, n \in R$，$m \leqslant n$，有：

(1) 在 $[m,n]$ 上，$\widetilde{A}(x) = 1$；

(2) 在 $(-\infty, m)$，$\widetilde{A}(x)$ 为右连续的增函数，$0 \leqslant \widetilde{A}(x) < 1$，$\lim\limits_{x \to -\infty} \widetilde{A}(x) = 0$；

(3) 在 $(n, +\infty)$，$\widetilde{A}(x)$ 为左连续的减函数，$0 \leqslant \widetilde{A}(x) < 1$，$\lim\limits_{x \to +\infty} \widetilde{A}(x) = 0$。

根据定理 2.5 可知，不同隶属函数所确定的模糊数是不同的，因此模糊数的类型是非常多的。在对实际问题的模糊信息进行表示时，一般采用区间数、三角模糊数、梯形模糊数。其中，区间数和三角模糊数可被看作特殊的梯形模糊数，为此，我们先介绍梯形模糊数的定义[142-149,155,161-163]。

定义 2.14 设 $\widetilde{A} \in FR$，$a, b, l, r \in R$，$a \leqslant b$，$l, r \geqslant 0$，若 $\widetilde{A}$ 的隶属函数满足

$$\widetilde{A}(x) = \begin{cases} \dfrac{x-a+l}{l}, & a-l \leqslant x < a \\[2mm] 1, & a \leqslant x \leqslant b \\[2mm] \dfrac{b+r-x}{r}, & b < x \leqslant b+r \\[2mm] 0, & 其他 \end{cases}$$

则称 $\widetilde{A}$ 为梯形模糊数 (trapezoidal fuzzy number)，记为 (a,b,l,r)。特别地，若 $l = r = 0$，则梯形模糊数 $\widetilde{A}$ 退化为区间数 $[a,b]$。

由梯形模糊数的定义可知，区间数是一种特殊的梯形模糊数，而梯形模糊数可被看作区间数的推广。

定义 2.15 设 $\widetilde{A} = (a,b,l,r)$ 为梯形模糊数，若 $a = b$，即 $\widetilde{A}$ 的隶属函数满足

$$\tilde{A}(x) = \begin{cases} \dfrac{x - a + l}{l}, & a - l \leqslant x \leqslant a \\[2mm] \dfrac{a + r - x}{r}, & a < x \leqslant a + r \\[2mm] 0, & \text{其他} \end{cases}$$

则称 $\tilde{A}$ 为三角模糊数（triangular fuzzy number），记为 $(a, l, r)_\mathrm{T}$。特别地，若 $l = r$，则称 $\tilde{A}$ 为对称三角模糊数（symmetric triangular fuzzy number），记为 $(a, l, l)_\mathrm{T}$ 或者 $(a, l)_\mathrm{T}$，其隶属函数为

$$\tilde{A}(x) = \begin{cases} 1 - \dfrac{|x - a|}{l}, & a - l \leqslant x \leqslant a + l \\[2mm] 0, & \text{其他} \end{cases}$$

进一步，若 $l = 0$，则对称三角模糊数 $\tilde{A}$ 的隶属函数为

$$\tilde{A}(x) = \begin{cases} 1, & x = a \\ 0, & x \neq a \end{cases}$$

此时对称三角模糊数 $\tilde{A}$ 退化为实数 a。我们将所有三角模糊数组成的集合记作 R_T，并将所有对称三角模糊数组成的集合记作 R_ST。

显然，$R \subset R_\mathrm{ST} \subset R_\mathrm{T} \subset FR$。因此，实数是一种特殊的模糊数，而模糊数可被看作实数的推广。

由于模糊数是实数域 R 上特殊的模糊集，因此根据模糊集的二元运算，可得到如下模糊数的扩张运算[141-149]。

定义 2.16　设 $\tilde{A}, \tilde{B} \in FR$，$* \in \{+, -, \cdot, \div, \vee, \wedge\}$，则 $\tilde{A} * \tilde{B}$ 的隶属函数为

$$(\tilde{A} * \tilde{B})(z) = \bigvee_{z = x * y} [\tilde{A}(x) \wedge \tilde{B}(y)], \quad \forall z \in R \tag{2.9}$$

分别称 $\tilde{A} + \tilde{B}$，$\tilde{A} - \tilde{B}$，$\tilde{A} \cdot \tilde{B}$，$\tilde{A} \div \tilde{B}$，$\tilde{A} \vee \tilde{B}$，$\tilde{A} \wedge \tilde{B}$ 为 $\tilde{A}$ 与 $\tilde{B}$ 的扩张加法、扩张减法、扩张乘法、扩张除法、扩张极大、扩张极小运算（extension addition, subtraction, multiplication, division, maximum, minimum）。

直接运用式（2.9）对模糊数进行运算并不是很容易，为了方便运算，下面我们介绍模糊数的一些运算性质[141-149]。

定理 2.6 设 $\tilde{A}, \tilde{B} \in FR$，$* \in \{+, -, \cdot, \div, \vee, \wedge\}$，则 $\tilde{A} * \tilde{B} \in FR$，且

$$\tilde{A} * \tilde{B} = \bigcup_{\lambda \in [0,1]} \lambda(\tilde{A}_\lambda * \tilde{B}_\lambda) \tag{2.10}$$

其中，除（$\div$）运算中 $\tilde{B}(0) = 0$。

通过模糊数的截集，可把模糊数的运算转化为区间数的运算[141-149]。

定理 2.7 设 $\tilde{A}, \tilde{B} \in FR$，$* \in \{+, -, \cdot, \div, \vee, \wedge\}$，$m \in R$ 且 $m > 0$，对于 $\forall \lambda \in (0,1]$，有：

(1) $(\tilde{A} * \tilde{B})_\lambda = \tilde{A}_\lambda * \tilde{B}_\lambda$； $\tag{2.11}$

(2) $(m\tilde{A})_\lambda = m\tilde{A}_\lambda$。

定理 2.8[141-149] 设 $\tilde{A}, \tilde{B}, \tilde{C} \in FR$，$m, n \in R$ 且 $m, n > 0$，则：

(1) 交换律：$\tilde{A} + \tilde{B} = \tilde{B} + \tilde{A}$，$\tilde{A} \cdot \tilde{B} = \tilde{B} \cdot \tilde{A}$；

(2) 结合律：$(\tilde{A} + \tilde{B}) + \tilde{C} = \tilde{A} + (\tilde{B} + \tilde{C})$，$(\tilde{A} \cdot \tilde{B}) \cdot \tilde{C} = \tilde{A} \cdot (\tilde{B} \cdot \tilde{C})$；

(3) 数乘与加法分配律：$m(\tilde{A} + \tilde{B}) = m\tilde{A} + m\tilde{B}$，$(m+n)\tilde{A} = m\tilde{A} + n\tilde{A}$。

类似于区间数，模糊数的运算也不满足可逆性，因此，我们引出模糊数的另一种减法运算——Hukuhara 差[151-163]。

定义 2.17 设 $\tilde{A}, \tilde{B} \in FR$，若存在 $\tilde{C} \in FR$，使得 $\tilde{A} = \tilde{B} + \tilde{C}$，则 $\tilde{C}$ 称为 $\tilde{A}$ 和 $\tilde{B}$ 的 Hukuhara 差，简称 H - 差，记为 $\tilde{A} -_H \tilde{B}$。

可以看出，模糊数的 H - 差运算是区间数 H - 差运算的推广，因此，与区间数相同，模糊数的 H - 差也不一定存在。有文献[151-163]从不同角度讨论了模糊数 H - 差的存在性及其运算性质，下面我们给出一些主要的结论。

定理 2.9 设 $\tilde{A}, \tilde{B} \in FR$，则 $\tilde{A} -_H \tilde{B}$ 存在当且仅当

$$\tilde{A}_\lambda^- - \tilde{B}_\lambda^- \leqslant \tilde{A}_\beta^- - \tilde{B}_\beta^- \leqslant \tilde{A}_\beta^+ - \tilde{B}_\beta^+ \leqslant \tilde{A}_\lambda^+ - \tilde{B}_\lambda^+, \ \forall \lambda, \beta \in (0,1], \beta > \lambda \tag{2.12}$$

定理 2.10 设 $\tilde{A}, \tilde{B} \in FR$，若 $\tilde{A} -_H \tilde{B}$ 存在，则必定唯一，且对于 $\forall \lambda \in (0,1]$，有

$$(\tilde{A} -_H \tilde{B})_\lambda = \tilde{A}_\lambda -_H \tilde{B}_\lambda = [\tilde{A}_\lambda^- - \tilde{B}_\lambda^-, \tilde{A}_\lambda^+ - \tilde{B}_\lambda^+] \tag{2.13}$$

定理 2.11　设 $\widetilde{A}, \widetilde{B}, \widetilde{C}, \widetilde{D} \in FR$，$m \in R$，$m > 0$，若 $\widetilde{A} -_H \widetilde{B}$ 和 $\widetilde{C} -_H \widetilde{D}$ 都存在，则：

（1）　$(\widetilde{A} + \widetilde{C}) -_H (\widetilde{B} + \widetilde{D}) = (\widetilde{A} -_H \widetilde{B}) + (\widetilde{C} -_H \widetilde{D})$；　　　　（2.14）

（2）　$m(\widetilde{A} -_H \widetilde{B}) = m\widetilde{A} -_H m\widetilde{B}$；　　　　　　　　　　　　（2.15）

（3）　$\widetilde{A} -_H 0 = \widetilde{A}$；　　　　　　　　　　　　　　　　　　　（2.16）

（4）　$\widetilde{A} -_H \widetilde{A} = 0$。　　　　　　　　　　　　　　　　　　（2.17）

（三）　模糊数的序与模糊距离

在实际问题中，人们往往会面临在众多事物中进行选择的情形，由于待选择事物本身的模糊性，因此往往涉及模糊数（或者模糊集）的比较与判别。模糊数的排序方法有很多[72,164]，我们主要介绍本书所涉及的三种排序方法。首先，我们引入 Dubois 和 Prade 的排序方法[70-72,164-165]。

定义 2.18　设 $\widetilde{A}, \widetilde{B} \in FR$，则 $\widetilde{A}$ 优于 $\widetilde{B}$（即 $\widetilde{A} \geqslant \widetilde{B}$）的可能性被定义为

$$\mathrm{Pos}(\widetilde{A} \geqslant \widetilde{B}) = \sup_{x,y \in R:\, x \geqslant y} \min[\widetilde{A}(x), \widetilde{B}(y)] \qquad (2.18)$$

特别地，当 $\widetilde{A}$ 为实数 a 时，$a \geqslant \widetilde{B}$ 的可能性为

$$\mathrm{Pos}(a \geqslant \widetilde{B}) = \sup_{y \in R:\, y \leqslant a} \widetilde{B}(y) \qquad (2.19)$$

当 $\widetilde{B}$ 为实数 b 时，$\widetilde{A} \geqslant b$ 的可能性为

$$\mathrm{Pos}(\widetilde{A} \geqslant b) = \sup_{x \in R:\, x \geqslant b} \widetilde{A}(x) \qquad (2.20)$$

需要说明的是，Dubois 和 Prade[71] 在可能性理论研究的基础上提出了四个模糊数排序指标，定义 2.18 只是其中的一个指标。下面，我们先介绍 n 维向量的序关系，然后引入两种模糊数的序关系[141-149,161-162,163,166-169]。

定义 2.19　设 R^n 为 n 维欧氏空间，$x = (x_1, x_2, \cdots, x_n)^{\mathrm{T}} \in R^n$，其中 $x_i \in R(i = 1, 2, \cdots, n)$。对于 $\forall x, y \in R^n$，$x \geqslant y$ 当且仅当 $x_i \geqslant y_i$，$i = 1, 2, \cdots, n$；$x > y$ 当且仅当 $x_i > y_i$，$i = 1, 2, \cdots, n$。

对于 $\forall \widetilde{A} \in FR$，记

$$\widetilde{A}_{[0]} = [\widetilde{A}_{[0]}^-, \widetilde{A}_{[0]}^+] = \mathrm{cl}\{x \in R \mid \widetilde{A}(x) > 0\}$$

其中 cl 表示集合的闭包（closure），$\tilde{A}_{[0]}^{-} = \inf \tilde{A}_{[0]}$，$\tilde{A}_{[0]}^{+} = \sup \tilde{A}_{[0]}$。下面，我们引入两种模糊数的序关系。

定义 2.20 设 $\tilde{A}, \tilde{B} \in FR$，则可定义模糊数的序关系如下：

（1）$\tilde{A} \geq \tilde{B} \Leftrightarrow (\tilde{A}_{[0]}^{-}, \tilde{A}_{[0]}^{+})^{\mathrm{T}} \geqq (\tilde{B}_{[0]}^{-}, \tilde{B}_{[0]}^{+})^{\mathrm{T}}$ 且 $(\tilde{A}_{\lambda}^{-}, \tilde{A}_{\lambda}^{+})^{\mathrm{T}} \geqq (\tilde{B}_{\lambda}^{-}, \tilde{B}_{\lambda}^{+})^{\mathrm{T}}$，

$\forall \lambda \in (0, 1]$；   (2.21)

（2）$\tilde{A} > \tilde{B} \Leftrightarrow (\tilde{A}_{[0]}^{-}, \tilde{A}_{[0]}^{+})^{\mathrm{T}} > (\tilde{B}_{[0]}^{-}, \tilde{B}_{[0]}^{+})^{\mathrm{T}}$ 且 $(\tilde{A}_{\lambda}^{-}, \tilde{A}_{\lambda}^{+})^{\mathrm{T}} > (\tilde{B}_{\lambda}^{-}, \tilde{B}_{\lambda}^{+})^{\mathrm{T}}$，

$\forall \lambda \in (0, 1]$。   (2.22)

称序关系"$\geq$"及"$>$"分别为模糊最大序（fuzzy max order）和强模糊最大序（strong fuzzy max order）。

由定义 2.20 可知，序关系"$\geq$"满足自反性、反对称性和传递性，故"$\geq$"为 FR 上的偏序，序关系"$>$"仅满足传递性，不满足自反性和反对称性。

注 2.1[169] 式（2.21）中的"$\geq$"等价于基于扩张原理定义的模糊最大序，即

$$\tilde{A} \geq \tilde{B} \Leftrightarrow \tilde{A} \vee \tilde{B} = \tilde{A} \qquad (2.23)$$

因此，根据定理 2.7 知

$$\tilde{A} \geq \tilde{B} \Leftrightarrow [\tilde{A}_{\lambda}^{-}, \tilde{A}_{\lambda}^{+}] \geq [\tilde{B}_{\lambda}^{-}, \tilde{B}_{\lambda}^{+}], \forall \lambda \in [0, 1] \qquad (2.24)$$

对于任意的 $\tilde{A}, \tilde{B} \in FR$，可以定义等价关系如下：

$$\tilde{A} = \tilde{B} \Leftrightarrow \tilde{A} \geq \tilde{B}, \quad \tilde{B} \geq \tilde{A} \qquad (2.25)$$

即

$$\tilde{A} = \tilde{B} \Leftrightarrow \tilde{A}_{\lambda} = \tilde{B}_{\lambda}, \quad \forall \lambda \in [0, 1] \qquad (2.26)$$

特别地，对于对称三角模糊数，下面的性质成立。

定理 2.12[169-170] 设 $\forall \tilde{A}, \tilde{B} \in R_{\mathrm{ST}}$，$\tilde{A} = (a, l)_{\mathrm{T}}$，$\tilde{B} = (b, m)_{\mathrm{T}}$，则有：

（1）$\tilde{A} \geq \tilde{B} \Leftrightarrow |l - m| \leqslant a - b$；   (2.27)

（2）$\tilde{A} > \tilde{B} \Leftrightarrow |l - m| < a - b$。   (2.28)

由模糊数序关系"$\geq$"，可将模糊数的模糊距离定义如下。

定义 2.21[166,171]　对于任意的 $\widetilde{A}$, $\widetilde{B}$, $\widetilde{C} \in FR$, 如果映射 $\rho: FR \times FR \rightarrow$
FR_+ 满足:

（1）$\rho(\widetilde{A}, \widetilde{B}) \geq 0$;

（2）$\rho(\widetilde{A}, \widetilde{B}) = 0$ 当且仅当 $\widetilde{A} = \widetilde{B}$;

（3）$\rho(\widetilde{A}, \widetilde{C}) + \rho(\widetilde{C}, \widetilde{B}) \geq \rho(\widetilde{A}, \widetilde{B})$。

则将 ρ 称为一个模糊数的模糊距离。

定理 2.13　对于 $\forall \widetilde{A}, \widetilde{B} \in FR$, 定义

$$\widetilde{\rho}(\widetilde{A}, \widetilde{B}) = \bigcup_{\lambda \in [0,1]} \lambda [\, |\widetilde{A}_1^- - \widetilde{B}_1^-|, \sup_{\lambda \leq \eta \leq 1} |\widetilde{A}_\eta^- - \widetilde{B}_\eta^-| \vee |\widetilde{A}_\eta^+ - \widetilde{B}_\eta^+|\,] \tag{2.29}$$

则 $\widetilde{\rho}$ 是一个模糊数的模糊距离。

如不特别指明, 本书中的模糊距离都是指由式（2.29）定义的 $\widetilde{\rho}$。

三　模糊测度、Choquet 积分与不确定积分

在实际应用中, 模糊测度的非可加性往往被用于描述目标对象属性间的相互作用, 而目标对象属性的集合一般是有限集, 因此, 本书只介绍有限集上的模糊测度定义[166,171-175]。

定义 2.22　设 X 为有限的非空集合, $\mathcal{P}(X)$ 是 X 所有子集组成的集合, 如果可测空间 $(X, \mathcal{P}(X))$ 上的集函数 $\mu: \mathcal{P}(X) \rightarrow [0, \infty)$ 满足下面两个条件:

（1）$\mu(\varnothing) = 0$;

（2）对于 $\forall A, B \in \mathcal{P}(X)$, $A \subseteq B$, 有 $\mu(A) \leq \mu(B)$。

那么称 μ 为定义在 $\mathcal{P}(X)$ 上的模糊测度（fuzzy measure）。

定义 2.23[166,171-175]　设 X 为有限的非空集合, μ 为定义在 $\mathcal{P}(X)$ 上的模糊测度, 非负函数 $f: X \rightarrow [0, +\infty)$ 关于 μ 的 Choquet 积分定义为

$$(c)\int f \mathrm{d}\mu = \int_0^{+\infty} \mu(F_\alpha) \mathrm{d}\alpha \tag{2.30}$$

其中, $F_\alpha = \{x \mid f(x) \geq \alpha, x \in X\}$, $\forall \alpha \in [0, +\infty)$。若非空有限集合 $X = \{x_1, x_2, \cdots, x_n\}$, 则函数 f 是离散值函数, 函数值为 $\{f(x_1), f(x_2), \cdots,$

$f(x_n)$ }，不失一般性，假设

$$f(x_1) \leqslant f(x_2) \leqslant \cdots \leqslant f(x_n)$$

则 f 关于 μ 的 Choquet 积分可表示为

$$(c)\int f \mathrm{d}\mu = \sum_{i=1}^{n} [f(x_i) - f(x_{i-1})] \mu(\{x_i, x_{i+1}, \cdots, x_n\}) \qquad (2.31)$$

其中 $f(x_0) = 0$。

可测函数关于模糊测度的 Choquet 积分，已经被广泛地应用到信息融合、数据挖掘、非可加决策和对策问题中。

下面我们先引入"分解"的概念，然后介绍不确定积分的定义[173]。

定义 2.24 设 X 为有限的非空集合，非负函数 $f: X \rightarrow [0, +\infty)$，如果集函数 $\alpha_f: \mathcal{P}(X) \rightarrow [0, \infty)$ 满足下面两个条件：

(1) $\alpha_f(\varnothing) = 0$；

(2) $\displaystyle\sum_{A \subseteq X : x \in A} \alpha_f(A) = f(x)$，$\forall x \in X$。

则称 α_f 是函数 f 的一个分解 (decomposition)。

定义 2.25 设 X 为有限的非空集合，μ 为定义在 $\mathcal{P}(X)$ 上的模糊测度，α_f 是非负函数 $f: X \rightarrow [0, +\infty)$ 的一个分解，则函数 f 关于 μ 在分解 α_f 上的不确定积分 (indeterminate integral) 定义为

$$(I)\int f \mathrm{d}\mu \mid \alpha_f = \sum_{A \subseteq X} \alpha_f(A) \mu(A) \qquad (2.32)$$

记函数 f 关于 μ 的不确定积分的全体为 $(I)\displaystyle\int f \mathrm{d}\mu$，即

$$(I)\int f \mathrm{d}\mu = \left\{ \sum_{A \subseteq X} \alpha_f(A) \mu(A) \;\middle|\; \sum_{A \subseteq X} \alpha_f(A) \chi_A = f \right\}$$

其中，有

$$\chi_A(x) = \begin{cases} 1, & x \in A \\ 0, & x \notin A \end{cases}$$

不确定积分是 Choquet 积分的推广，而 Choquet 积分是不确定积分的特例[173]。

定理 2.14 设 X 为有限的非空集合，μ 为定义在 $\mathcal{P}(X)$ 上的任意模糊测度，非负函数 $f\colon X \to [0, +\infty)$，则

$$(\text{c})\int f\mathrm{d}\mu \in (\text{I})\int f\mathrm{d}\mu$$

四　小结

本章主要介绍了模糊数学的基础理论，并着重介绍了模糊集及其截集、分解定理、表现定理、扩张原理、区间数与模糊数运算、模糊测度、Choquet 积分和不确定积分等。其中，分解定理、表现定理和扩张原理是我们研究模糊合作对策的基本工具，区间数和模糊数是本书表示和处理模糊信息的主要方式，模糊测度、Choquet 积分和不确定积分是后续章节进行方法创新与改进的理论依据。

第三章

基于经典合作对策理论的虚拟企业
收益分配策略

本章首先介绍经典合作对策的基础理论，其次结合虚拟企业的特征、收益分配的模式和原则，分析利用合作对策进行收益分配的合理性，并以虚拟生产为例，提出基于经典合作对策的虚拟企业收益分配策略。最后，分析利用经典合作对策进行虚拟企业收益分配所存在的问题。

一　经典合作对策的基础理论

（一）对策论的基本分类

对策的种类很多，可以按照不同的基准进行分类。

首先，根据参与对策的决策主体的数量可将对策分为二人对策（two-person game）和多人对策（n-person game）。其中二人对策是指只有两个局中人参与的对策，而多人对策是指两个以上局中人参与的对策。本书不限制所研究对策的决策主体数量。

其次，对策可以分为合作对策（cooperative game）和非合作对策（non-cooperative game）。合作对策和非合作对策的区别在于相互作用的局中人之间有没有一个具有约束力的协议或者约定，若有，则称为合作对策，若无，则称为非合作对策。合作对策理论强调的是局中人如何进行合作，以及合作之后的整体收益如何分配；非合作对策理论关注决策主体的可能行为是什么、如何进行行为选择，以及不同决策行为的后果是什么。本书主要研究合作对策。

再次，合作对策可分为可转移效用的合作对策（transferable utility game，tu-game）和不可转移效用的合作对策（non-transferable utility game，ntu-game）。可转移效用的合作对策假设联盟的效用（或称支付）可用统一的尺度进行度量，并且各联盟的支付可按任意方式分配给联盟中的决策主体，即效用可以自由地从一个局中人转移给另一个局中人。这一假设降低了合作对策问题的复杂性，使我们只需关注联盟的总收益。如不特别说明，本书中的合作对策均指可转移效用的合作对策。

另外，合作对策可分为经典合作对策（cooperative crisp game）、模糊联盟合作对策（cooperative game with fuzzy coalitions）、模糊支付合作对策（cooperative game with a fuzzy characteristic function）、具有模糊联盟和模糊支付的合作对策（cooperative game with fuzzy coalitions and a fuzzy character-istic function）。其中，经典合作对策假设条件最严格，它假设：①联盟中的局中人均需完全参与合作；②局中人在合作之前完全清楚地知道不同的合作策略所产生的预期收益。模糊联盟合作对策打破了经典合作对策的假设①，保留了经典合作对策的假设②，即它允许联盟中的局中人部分参与合作，但是联盟的支付必须是清晰的。模糊支付合作对策打破了经典合作对策的假设②，保留了经典合作对策的假设①，即它允许联盟的支付为模糊信息，但是联盟中的局中人都需完全参与合作。具有模糊联盟和模糊支付的合作对策完全打破了经典合作对策的限制条件，它不但允许局中人部分参与联盟，而且允许联盟的支付为模糊信息。本书将采取循序渐进的方法对上述四种合作对策依次进行研究，其中经典合作对策理论是模糊联盟合作对策和模糊支付合作对策的研究基础，而模糊联盟合作对策和模糊支付合作对策的研究又为具有模糊联盟和模糊支付的合作对策研究奠定了理论基础。

最后，还有其他的对策分类方法：按照参与人对其他参与人的了解程度分为完全信息对策和不完全信息对策；根据每个局中人的策略是否可以在对策开始之前确定分为策略型对策和展开型对策；根据局中人的策略是否有限分为有限对策和无限对策，等等。由于篇幅有限，本书不对这些对策分类做详细讨论。

（二）经典合作对策的基本概念

为了描述合作对策，我们屡次提到了局中人、联盟、支付函数、超可加性、分配等概念，这些概念都是经典合作对策的基本概念，下面我们对这些概念逐一加以介绍。

局中人（player）是指对策中参与决策的各方。记 $N=\{1,2,\cdots,n\}$ 为全体局中人的集合，并用 i 表示第 i 个局中人，$i=1,2,\cdots,n$。N 中局中人的人数为 $|N|=n$，本书限定 n 是有限的自然数。

联盟（coalition）是指部分或者全体局中人组成的集合。若将 N 的所有子集所组成的集合记作 $\mathcal{P}(N)$，则 $\mathcal{P}(N)$ 中的任意元素都为一个联盟。需要注意的是，空集 $\varnothing$ 是一个特殊的联盟。

支付函数（payoff function，或称特征函数）v 是指从集合 $\mathcal{P}(N)$ 到实数集 R 的映射，且满足 $v(\varnothing)=0$。对于任意的联盟 $S\in\mathcal{P}(N)$，支付函数 $v(S)$ 表示联盟 S 中的所有局中人共同合作可能取得的总体收益。

一般来说，给定了局中人集合 N 和支付函数 v，就可以确定一个合作对策[2,176-182]。

定义 3.1 经典 n – 人合作对策一般定义为二元组 (N,v)，其中 $N=\{1,2,\cdots,n\}$ 为局中人的集合，$n=|N|$ 为局中人的人数，支付函数 $v:\mathcal{P}(N)\rightarrow R$，满足 $v(\varnothing)=0$。

给定局中人集合 N，可用 v 表示一个经典 n – 人合作对策。考虑到实际收益一般取值为非负的情况，本书只讨论支付函数取值为非负的经典合作对策，即支付函数 $v\in R_+$，其中 $R_+=[0,+\infty)$。很多情况下，经典合作对策都是满足超可加性的[2,176-182]。

定义 3.2 若经典 n – 人合作对策 (N,v) 满足

$$v(S\cup T)\geqslant v(S)+v(T),\quad \forall S,T\in\mathcal{P}(N),\quad S\cap T=\varnothing \tag{3.1}$$

则称 (N,v) 是超可加的（superadditive）合作对策，或称 (N,v) 是满足超可加性。

超可加性的意义是两个不相交的联盟合作之后，大联盟的收益值要大于或者等于两个子联盟的收益值之和，即合作之后的能量要更大些。若一

个经典合作对策不满足超可加性，那么联盟之间便失去了合作的意义，合作对策的研究也就没什么必要了。

因此，本书主要讨论超可加的经典合作对策，并将全体超可加的经典 n – 人合作对策构成的集合记为 $G_0(N)$。若 $v \in G_0(N)$，则表示经典 n – 人合作对策 (N,v) 是满足超可加的。下面，我们介绍一类特殊的超可加合作对策——凸合作对策[2,176-182]。

定义 3.3 若合作对策 $v \in G_0(N)$ 满足

$$v(S \cup T) + v(S \cap T) \geq v(S) + v(T), \quad \forall S,T \in \mathcal{P}(N) \tag{3.2}$$

则称 v 为经典凸（convex）合作对策，或称 v 满足凸性。

正如第一章介绍，合作对策理论研究的中心问题是：什么是合作对策的解、解的存在性以及如何求解，这里的"解"是指合作对策的分配[2,176-182]。

定义 3.4 对于合作对策 $v \in G_0(N)$，如果存在向量 $x = (x_1, x_2, \cdots, x_n)$ 满足：

(1) $\sum x_i = v(N)$； $\tag{3.3}$

(2) $x_i \geq v(\{i\})$，$\forall i \in N$。 $\tag{3.4}$

则称 $x = (x_1, x_2, \cdots, x_n)$ 为 v 的分配（imputation），其中 x_i 表示局中人 i 的分配值。记对策 v 的分配的全体为 $E(N,v)$。

条件（3.3）称为群体合理性条件，它表示 N 中所有局中人的分配之和等于大联盟 N 的总体收益 $v(N)$；条件（3.4）称为个体合理性条件，它表示任意局中人 i 在大联盟 N 中得到的分配值应该不少于他单干所能得到的支付。

（三）经典合作对策的核心

分配是合作对策中支付的分配方式，一般来说，它不是唯一的，故如何在分配中选择更加合理的解是一个非常重要的问题。迄今为止，求解合作对策的方法很多，如稳定集、核、核仁、Shapley 值等，下面介绍的核心[13]就是其中一个很重要的方法。

为了表述方便，对于合作对策 $v \in G_0(N)$，$\forall x \in R^n$，$\forall S \in \mathcal{P}(N)$，$S \neq \varnothing$，我们记：

$$x(S) = \sum_{i \in S} x_i$$

$$\mathcal{P}(S) = \{T \in \mathcal{P}(N) \mid T \subseteq S\}$$

$$\mathcal{P}_0(S) = \{T \in \mathcal{P}(S) \mid T \neq \varnothing, T \neq S\}$$

$$X(S,v) = \left\{ x \in R^n \ \middle| \ \sum_{i \in N} x_i = v(S) \right\}$$

下面，我们引入分配的优超概念[2,13,176-182]。

定义 3.5 设 x，y 是合作对策 $v \in G_0(N)$ 的两个分配，$S \in \mathcal{P}(N)$，$S \neq \varnothing$，如果：

(1) $x_i > y_i$，$\forall i \in S$；

(2) $v(S) \geq x(S)$。

则称 x 关于 S 优超（dominate）y，记为 $x >_S y$。对于任意两个分配 x 和 y，如果存在一个非空联盟 S，使得 $x >_S y$，则称 x 优超 y。

定义 3.6 在合作对策 $v \in G_0(N)$ 中，所有不被优超的分配的全体称为对策 v 的核心（core），记作 $C(N,v)$。

核心是 Gillies[13] 从分配优超的角度定义的，它表示任何联盟都不能对核心中的分配提出异议，即没有一个联盟能提出一个对自己更有利的分配，因此核心具有较强的稳定性，且已经成为合作对策中重要的求解方法之一。

定义 3.7 设经典合作对策 $v \in G_0(N)$，$S \in \mathcal{P}(N)$，$\forall x \in R^n$，则称

$$e(S,x,v) = v(S) - x(S) \tag{3.5}$$

为经典合作对策 $v \in G_0(N)$ 中联盟 S 关于 x 的超出值（excess）。

下面，我们给出核心的一种等价性定义[2,13,176-182]。

定理 3.1 经典合作对策 $v \in G_0(N)$ 的核心 $C(N,v)$ 为

$$C(N,v) = \{x \in X(N,v) \mid e(S,x,v) \leq 0, \forall S \in \mathcal{P}(N)\} \tag{3.6}$$

显然，核心是一个凸集，并且 $C(N,v) \subseteq E(N,v)$。

定理 3.2[2,13,176-182]　　经典凸合作对策 $v \in G_0(N)$ 的核心是非空的。

虽然经典凸合作对策的核心是非空的，但并不是所有经典合作对策的核心都是存在的。为了保证分配的存在性，我们引入 ε – 核心和最小核心的概念[2,13,176-182]。

定义 3.8　　设合作对策 $v \in G_0(N)$，$\varepsilon \in R$，则称

$$C_\varepsilon(N,v) = \{x \in X(N,v) \mid e(S,x,v) \leqslant \varepsilon, \forall S \in \mathcal{P}_0(N)\} \qquad (3.7)$$

为对策 v 的 ε – 核心（ε – core）。

根据 ε – 核心定义知：如果 $\varepsilon' < \varepsilon$，则 $C_{\varepsilon'}(N,v) \subseteq C_\varepsilon(N,v)$；如果 $\varepsilon = 0$，则 $C_0(N,v) = C(N,v)$，即合作对策 v 的核心 $C(N,v)$ 就是 0 – 核心 $C_0(N,v)$。

定义 3.9　　对于合作对策 $v \in G_0(N)$，设

$$\varepsilon_0 = \min_{x \in X(N,v)} \max_{S \in \mathcal{P}_0(N)} e(S,x,v) \qquad (3.8)$$

则称 $C_{\varepsilon_0}(N,v)$ 为 v 的最小核心（least core），记作 $\mathcal{LC}(N,v)$。

根据最小核心定义知：最小核心 $\mathcal{LC}(N,v) \neq \varnothing$，且 $\mathcal{LC}(N,v)$ 是所有非空 ε – 核心 $C_\varepsilon(N,v)$ 的交集；当 $\varepsilon_0 \leqslant 0$ 时，$C(N,v) \neq \varnothing$，并且 $C_{\varepsilon_0}(N,v) \subseteq C_0(N,v)$；当 $\varepsilon_0 > 0$ 时，$C(N,v) = \varnothing$。

定理 3.3[2,13,176-182]　　设合作对策 $v \in G_0(N)$，$x = (x_1, x_2, \cdots, x_n)$，则 $x \in C_{\varepsilon_0}(N,v)$ 的充分必要条件是 $(\varepsilon_0, x_1, x_2, \cdots, x_n)$ 为下面线性规划的最优解：

$$\begin{cases} \min & \varepsilon \\ \text{s. t.} & e(S,x,v) \leqslant \varepsilon, \quad \forall S \in \mathcal{P}_0(N) \\ & x_1 + x_2 + \cdots + x_n = v(N) \end{cases} \qquad (3.9)$$

（四）经典合作对策的 Shapley 值

与核心不同，Shapley 值[11-12]是一种求解经典合作对策的公理化方法，并且作为经典合作对策的解，它是唯一存在的。下面我们介绍 Shapley 值公理中的一些概念。

定义 3.10[56]　设合作对策 $v \in G_0(N)$，且 $W \in \mathcal{P}(N)$。若存在联盟 $T \in \mathcal{P}(W)$ 满足

$$v(S \cap T) = v(S), \quad \forall S \in \mathcal{P}(W)$$

则称 T 为对策 v 在联盟 W 中的承载或支柱（carrier）。特别地，将对策 v 在联盟 N 中的承载简称为对策 v 的承载。记对策 v 在联盟 W 中所有承载的集合为 $C(W|v)$，即有

$$C(W|v) = \{T \in \mathcal{P}(W) | v(S \cap T) = v(S), \quad \forall S \in \mathcal{P}(W)\}$$

定义 3.11[56]　设合作对策 $v \in G_0(N)$，且 $W \in \mathcal{P}(N) \backslash \varnothing$。若存在局中人 $i \in W$ 满足

$$v(S \cup \{i\}) = v(S), \quad \forall S \in \mathcal{P}(W \backslash \{i\})$$

则称局中人 i 为对策 v 在联盟 W 中的零元（null-player）。特别地，将对策 v 在联盟 N 中的零元简称为对策 v 的零元。

注 3.1　一般意义上的承载和零元是指对策 $v \in G_0(N)$ 的承载和零元，即为合作对策 v 在联盟 N 中的承载和零元，而定义 3.10 和定义 3.11 不仅指明了对策 v 的承载和零元，而且给出了对策 v 在任意联盟 W 中的承载和零元。不难看出，如果 $T \in C(W|v)$，则任意 $i \notin T$ 都是对策 v 在联盟 W 中的零元。

定义 3.12[2,176-182]　设 (N,v) 为经典合作对策，并设 π 是 N 的任意置换，对于任意的非空联盟 $S = \{i_1, i_2, \cdots, i_s\}$，若对策 $(\pi N, \pi v)$ 满足

$$\pi v(\{\pi(i_1), \pi(i_2), \cdots, \pi(i_s)\}) = v(S)$$

则称 $(\pi N, \pi v)$ 为 (N,v) 的置换对策，简记为 πv。

定义 3.13[11-12]　设合作对策 $v \in G_0(N)$，如果 n 维向量 $\varphi(v) = (\varphi_1(v), \varphi_2(v), \cdots, \varphi_n(v))$ 满足以下三条公理：

公理 1（有效性）：如果 T 是对策 v 的承载，则 $\sum_{i \in T} \varphi_i(v) = v(T)$；

公理 2（对称性）：如果局中人 $i \in N$，π 是 N 的置换，则 $\varphi_{\pi(i)}(\pi v) = \varphi_i(v)$；

公理 3（可加性）：对于任意的两个对策 (N, μ) 和 (N, ω)，定义对

策 $(N,\mu+\omega)$ 为：对于 $\forall T \in \mathcal{P}(N)$，$(\mu+\omega)(T)=\mu(T)+\omega(T)$，则 $\varphi_i(\mu+\omega)=\varphi_i(\mu)+\varphi_i(\omega)$，$i \in N$，则称向量 $\varphi(v)=(\varphi_1(v),\varphi_2(v),\cdots,\varphi_n(v))$ 为对策 $v \in G_0(N)$ 的 Shapley 值，或 $G_0(N)$ 上的 Shapley 函数。

需要说明的是，Shapley 值的有效性公理可等价地表示为：

（1）$\sum_{i \in N}\varphi_i(v)=v(N)$；

（2）若局中人 $i \in N$ 是对策 v 的零元，则 $\varphi_i(v)=0$。

同时，Shapley 值的对称性公理也可等价表示为：如果局中人 $i,j \in N$，且对于任意的联盟 $S \in \mathcal{P}(N\backslash\{i,j\})$，总有 $v(S\cup\{i\})=v(S\cup\{j\})$，则 $\varphi_i(v)=\varphi_j(v)$。

定理 3.4[11-12]　对于合作对策 $v \in G_0(N)$，存在唯一满足定义 3.13 中三条公理的 Shapley 值 $\varphi(v)=(\varphi_1(v),\varphi_2(v),\cdots,\varphi_n(v))$，具有形式

$$\varphi_i(v)=\sum_{S \in \mathcal{P}(N\backslash\{i\})}\gamma_{S;N}[v(S\cup\{i\})-v(S)], \quad \forall i \in N \qquad (3.10)$$

其中 $\gamma_{S;N}=(n-|S|-1)!|S|!/n!$。

在式（3.10）中，$v(S\cup\{i\})-v(S)$ 表示局中人 i 对联盟 S 的边际贡献，$\gamma_{S;N}$ 表示联盟 S 出现的概率。因此，第 i 个局中人的 Shapley 值实质上是其在对策 v 中边际贡献的期望值。对于超可加或者凸合作对策，Shapley 值还满足以下两个性质。

定理 3.5[2,11-12,176-182]　合作对策 $v \in G_0(N)$ 的 Shapley 值 $\varphi(v)$ 是 v 的分配，即 $\varphi(v) \in E(N,v)$。

定理 3.6[2,11-12,176-182]　若 $v \in G_0(N)$ 为经典凸合作对策，则 Shapley 值包含在核心中，即 $\varphi(v) \in C(N,v)$。

从上面的介绍可知，Shapley 值按照各个局中人的边际贡献来分配联盟的收益，这种方法体现了分配的合理性和公平性；当经典合作对策满足凸性时，Shapley 值包含在核心中，这体现了分配的稳定性；Shapley 值是唯一存在的，这又保证了求解的必要性。Shapley 值的这些优良性质使其最终成为合作对策中的重要求解方法。

定义 3.14[183]　设 $v \in G_0(N)$，$W \in \mathcal{P}(N)$，$W \neq \varnothing$，则 v 的子对策 (W,v^W) 定义为：

$$v^W(S)=v(S), \quad \forall S \in \mathcal{P}(W)$$

子对策 (W, v^W) 也可表示为 (W, v)。

不难看出,经典 Shapley 值和核心不但适用于分配大联盟 N 的收益 $v(N)$,同时也适用于分配 v 的子对策 (W, v) 的收益 $v(W)$,其中 $W \in \mathcal{P}(N) \setminus \emptyset$。

注 3.2 设 $v \in G_0(N)$,$W \in \mathcal{P}(N) \setminus \emptyset$,则 v 的子对策 (W, v) 的分配是 $|W|$ 维向量 $(x_i)_{i \in W}$。为了后续章节表述方便,我们将子对策 (W, v) 的分配 $(x_i)_{i \in W}$ 统一表示成 n 维向量 $x = (x_1, x_2, \cdots, x_n)$,其中 $x_i = 0$,$\forall i \in N \setminus W$。另外,本书将子对策 (W, v) 核心和 Shapley 值分别记为 $C(W, v)$,$\varphi(v)(W) = (\varphi_1(v)(W), \varphi_2(v)(W), \cdots, \varphi_n(v)(W))$,即:

$$C(W, v) = \{x \in R_+^n \mid x \in X(W, v), e(S, x, v) \leq 0, \quad \forall S \in \mathcal{P}(W)\} \quad (3.11)$$

$$\varphi_i(v)(W) = \begin{cases} \sum_{S \in \mathcal{P}(W \setminus i)} \gamma_{S;W}[v(S \cup \{i\}) - v(S)], & i \in W \\ 0, & 其他 \end{cases} \quad (3.12)$$

其中 $\gamma_{S;W} = (|W| - |S| - 1)! |S|! / |W|!$。显然,$\varphi(v)(N) = \varphi(v)$。

定理 3.7[184] 若 $v \in G_0(N)$ 为经典凸合作对策,则对于 $\forall i \in N$,有

$$\varphi(v)(S) \leq \varphi(v)(T), \ \forall S, T \in \mathcal{P}(N) \setminus \emptyset, S \subseteq T$$

二 虚拟企业的收益分配问题

由第一章的介绍可知,虚拟企业可看作一种为追求经济收益而形成的契约合作关系,合作伙伴参与组建虚拟企业的根本动力是为了获取更多利益,利益分配方案不合理必然影响合作伙伴的积极性,因此制定公平、合理的收益分配策略至关重要。

(一) 虚拟企业的特征和合作模式

1991 年,美国里海(Lehigh)大学的亚柯卡(Iacocca)研究所在《21世纪制造企业研究:一个工业主导的观点》[185]中首次提出"虚拟企业"(virtual enterprise)理念,认为虚拟企业是对市场机遇能迅速实现(企业内部或若干企业联合的)资源的有效集成的动态联盟。当时,该词含义较简

单，旨在将"虚拟企业"作为敏捷制造的一种新手段。虚拟企业一经提出，就引起了全球的密切关注，被认为是 21 世纪企业的主要组织模式[186-188]。但是，历经将近二十年的研究，学术界至今还没有形成严格的、统一的虚拟企业定义。

尽管对虚拟企业的定义有着各种各样的看法，认识角度和出发点不尽相同，但是虚拟企业作为一种思想被提出来，实际上是各企业为达到共同的目标而形成的一种组织形式和资源的配置方式[94]。因此，依据陈剑等[69]和杜河建[94]的观点，本书对虚拟企业定义如下：

虚拟企业是指由两个以上（包括两个）的各自在研发、制造、营销等领域具有独特核心能力的企业，为了实现技能共享和成本分担，把握快速变化的市场机遇，而相互联合起来形成的暂时性联盟。

根据上面的概念，本书归纳出虚拟企业的特征主要有[94,186-188]：（1）资源的虚拟化，虚拟企业具有完整的企业功能，如研发、设计、生产、销售等；（2）虚拟企业成员间利益共享、风险共担，这是众多成员企业相互联合起来的前提条件；（3）既有合作又有竞争，合作伙伴在组建虚拟企业时表现的主要是合作，在进行收益分配时表现的主要是竞争；（4）虚拟企业间存在准超额利润，准超额利润是企业通过合作创造的高于独立经营利润的利润，它是虚拟企业建立的动力，也是虚拟企业内众多成员企业争夺的焦点；（5）产品的市场导向性，虚拟企业的形成源于一定的市场机遇或者市场需求；（6）生命周期性，虚拟企业随着任务完成、机遇消失而解体。

一般来说，从合作形式的角度，可将虚拟企业分为以下几种类型[187-190]。

（1）供应链式：这是现今企业间最常用的一种合作形式，主要用于原材料、零配件的供应与产品的发送。

（2）合资经营式：多个企业共同对一种产品进行投资研发、生产、销售，利用各自优势，组成联合经营实体。

（3）转包加工式：也可称作虚拟生产，是指企业将拟生产产品的部分工作转包给别的企业，本身只进行生产设计或只进行生产加工。

（4）插入兼容式：企业拥有一支核心的、相对稳定的雇员队伍，但大量的工作人员是流动的，他们是根据当前需要向专业公司临时雇用的。

（5）虚拟合作式：它是虚拟企业的最高级合作形式，强调不同的企业通过信息网络进行协同工作，共同参与虚拟企业的经营活动，组成一个联盟的整体，共同响应市场机遇。

在实际问题中，可以综合运用上述五种虚拟企业合作形式。

（二）虚拟企业收益分配的模式和原则

组建虚拟企业的动力是抓住市场机遇，获取准超额利润。但是，有了利润就不可避免地面临收益分配问题，并且收益分配合理与否又会反馈到企业参与合作的积极性上，从而影响虚拟企业的稳定性。因此，虚拟企业收益分配问题在虚拟企业的组建和运行过程中至关重要。

所谓虚拟企业收益分配问题是指参与合作的企业从合作总收入或者总利润中分得各自应得的份额。一般而言，常见的虚拟企业收益分配模式有三种[129]。

（1）产出分享模式：是指参与合作的所有成员按照一定的分配比例系数从合作最终的总收益中分得自己应得的一份收益。这是一种利益共享、风险共担的分配模式。

（2）固定支付模式：是指某一个成员（一般是核心企业）根据其他成员承担的任务按事先协商好的酬金从合作最终的总收益中向其支付固定的报酬（可以一次性支付，也可分次支付），而核心企业享有合作的其余全部剩余，同时也承担全部风险。这种模式接近市场交易的模式。

（3）混合模式：是前两种模式的结合，核心企业既向其他成员支付固定的报酬，同时也从总收益中按一定比例向其支付报酬。

上述三种分配模式中，产出分享模式最能体现虚拟企业的利益共享、风险共担的特点，因此，产出分享模式是现有虚拟企业的主要收益分配模式，本书研究的虚拟企业收益分配问题也是基于这种模式展开的。

在实际问题中，虚拟企业收益分配应遵从一些基本的分配原则，罗利和鲁若愚[191]提出产学研合作收益分配的三个原则，这些原则同样适用于虚拟企业的收益分配问题。

（1）互惠互利原则：是指每个成员企业的利益都应该得到充分的保证，否则会影响合作的积极性。也就是说，成员企业加入虚拟企业后获得的收益不能少于其加入前的收益。

（2）结构收益最优原则：是指要从实际情况出发，充分考虑各种影响因素，合理确定收益分配的最优比例结构，提高成员企业的积极性，共同发展。

（3）风险与收益对称原则：是指虚拟企业成员获得的收益应与其承担的风险相称。

一般而言，虚拟企业的收益分配还应该遵循以下两个原则。

（4）多劳多得原则：是指虚拟企业所得的最终分配应随着其付出的劳动的增多而增加。

（5）平等原则：是指收益分配策略应该保证每个虚拟企业的成员都是平等的，每个成员都应该按自己在虚拟企业中所投入的资源、工作努力程度、所做的贡献分配总收益，不能无原则地侵占别人的收益。

合理的虚拟企业分配策略应该体现上述五项基本原则。

（三）　虚拟企业收益分配问题与经典合作对策理论的对比分析

利用合作对策理论研究虚拟企业，我们首先遇到的问题是虚拟企业收益分配问题能否纳入合作对策的理论框架中，即考虑合作对策理论能否作为研究虚拟企业的理论工具。将虚拟企业收益分配问题与合作对策理论相比较，我们可以发现，两者存在很强的对应关系（如图3.1所示）。

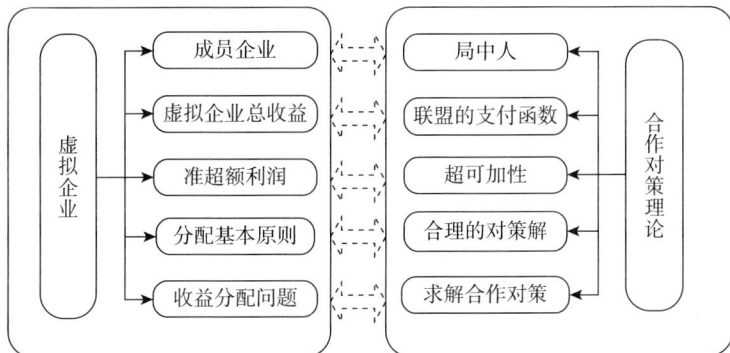

图 3.1　虚拟企业收益分配问题与合作对策理论的对比分析

（1）虚拟企业中的成员可被看作合作对策中的局中人：如果把所有参与虚拟企业的成员的全体记为集合 N，则 N 即为合作对策中所有局中人的集合，而虚拟企业中部分成员组成的集合 S 就是合作对策中的联盟 S，即 $S \in \mathcal{P}(N)$。

（2）虚拟企业的总收益相当于合作对策的支付函数 v：对于任意的联盟 S，$v(S)$ 表示由 S 中的局中人所组建的虚拟企业的总收益。

（3）虚拟企业间存在准超额利润等价于合作对策是超可加的：如果虚拟企业间存在准超额利润，则对于任意两个不相交的联盟 S，T，S 和 T 合作创造的利润 $v(S \cup T)$ 要大于或者等于它们独立经营的利润 $v(S) + v(T)$，即有

$$v(S \cup T) \geqslant v(S) + v(T), \quad \forall S, T \in \mathcal{P}(N), \quad S \cap T = \varnothing$$

这就表示合作对策是超可加的。

（4）虚拟企业中收益分配遵循的基本原则相当于合作对策中对解的要求：虚拟企业的分配实质上是指将合作成员企业共同创造和实现的收益按照一定的原则进行分割和分配的过程，也就是按照一定的原则寻找合作对策解的过程。

（5）寻找公平、合理的虚拟企业分配策略就是寻找一个或者一组每个局中人均满意的合作对策解：虚拟企业模式是一个典型的多人合作对策问题，而虚拟企业的收益分配问题实质上是合作对策的求解问题。

因此，合作对策理论是解决虚拟企业收益分配问题的有力工具。

三　基于经典合作对策的虚拟企业
收益分配策略

在本章第一节中，我们介绍了经典合作对策的核心和 Shapley 值，它们是合作对策中最常用的求解方法，在随后的第二节中，我们又分析了利用合作对策理论解决虚拟企业收益分配问题的可行性。本节，我们将以一个虚拟生产问题为例，求解联盟的支付函数，并提出基于经典合作对策的虚拟企业收益分配策略。

（一）基于 Shapley 值和核心的虚拟企业收益分配策略

（1）问题描述：在实际的虚拟生产问题中，几个企业共同合作生产一种或多种产品，每个企业负责提供一部分原材料，所有的企业共同完成产品的制造工作（如图3.2所示）。

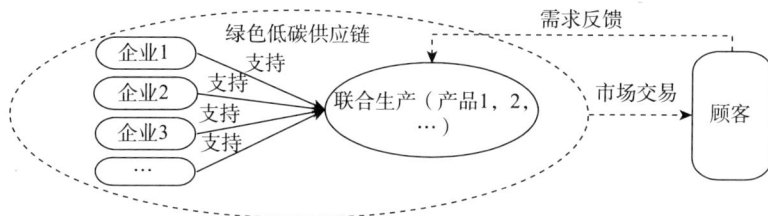

图 3.2　虚拟生产的运作形式

（2）举例分析。

例 3.1　现假设有三家企业（即局中人集合 $N = \{1,2,3\}$）欲组建虚拟企业联合制造 7 种产品：$P_{\{1\}}$、$P_{\{2\}}$、$P_{\{3\}}$、$P_{\{1,2\}}$、$P_{\{1,3\}}$、$P_{\{2,3\}}$、P_N。已知生产 $P_{\{i\}}$（$i = 1,2,3$）需要原材料 R_i，生产 $P_{\{i,j\}}$（$i,j = 1,2,3$）需要原材料 R_i 与 R_j，生产 P_N 需要三种原材料 R_1、R_2 和 R_3。

最初，企业 i 拥有 10 吨的资源 R_i，其中 $i = 1,2,3$。现在，三家企业决定联合生产，不同联盟组合下制造出的产品不尽相同，各种产品的产量及单位利润如表3.1所示。

表 3.1　产品的产量、单位利润及联盟的支付函数

联盟 S	产品 P_S	产量 （单位：吨）	单位利润 （单位：万元）	支付函数 $v(S)$ （单位：万元）
$\{1\}$	$P_{\{1\}}$	8	2	16
$\{2\}$	$P_{\{2\}}$	9	3	27
$\{3\}$	$P_{\{3\}}$	10	1	10
$\{1,2\}$	$P_{\{1,2\}}$	18	3.1	55.8
$\{1,3\}$	$P_{\{1,3\}}$	17.5	2.3	40.25
$\{2,3\}$	$P_{\{2,3\}}$	18	3.2	57.6
$\{1,2,3\}$	P_N	28	3.5	98

具体为：如果企业 1 单独生产，则可制造 8 吨 $P_{\{1\}}$，$P_{\{1\}}$ 的单位利润为 2 万元；如果企业 2 单独生产，则可制造 9 吨 $P_{\{2\}}$，$P_{\{2\}}$ 的单位利润为 3 万元；如果企业 3 单独生产，则可制造 10 吨 $P_{\{3\}}$，$P_{\{3\}}$ 的单位利润为 1 万元；如果企业 1、2 联合生产，则可制造 18 吨 $P_{\{1,2\}}$，$P_{\{1,2\}}$ 的单位利润为 3.1 万元；如果企业 1、3 联合生产，则可制造 17.5 吨 $P_{\{1,3\}}$，$P_{\{1,3\}}$ 的单位利润为 2.3 万元；如果企业 2、3 联合生产，则可制造 18 吨 $P_{\{2,3\}}$，$P_{\{2,3\}}$ 的单位利润为 3.2 万元；如果三家企业共同合作，则可制造 28 吨 P_N，P_N 的单位利润为 3.5 万元。

可见，如果联盟 $S[\ \forall S \in \mathcal{P}(N)\ ]$ 中的成员决定组成虚拟企业进行联合生产，那么联盟 S 获得最大利润的方式是投入全部资料生产 P_S，于是可求得联盟 S 的支付函数 $v(S)$（如表 3.1 所示），即得到一个超可加的经典合作对策 (N,v)：$v(\{1\})=16$，$v(\{2\})=27$，$v(\{3\})=10$，$v(\{1,2\})=55.8$，$v(\{1,3\})=40.25$，$v(\{2,3\})=57.6$，$v(\{1,2,3\})=98$。

此时，虚拟企业的收益分配问题已转化为超可加合作对策 (N,v) 的求解问题。下面我们利用 Shapley 值和核心求解该经典合作对策问题。

首先，按照式（3.10），得到企业 1 的 Shapley 值计算表，如表 3.2 所示。

表 3.2　企业 1 的 Shapley 值计算表

$S \subseteq N\setminus\{1\}$	γ_S	$v(S\cup\{1\})$	$v(S)$	$v(S\cup\{1\})-v(S)$
$\varnothing$	$2!0!/3!=1/3$	16	0	16
$\{2\}$	$1!1!/3!=1/6$	55.8	27	28.8
$\{3\}$	$1!1!/3!=1/6$	40.25	10	30.25
$\{2,3\}$	$2!0!/3!=1/3$	98	57.6	40.4

根据表 3.2，计算企业 1 的 Shapley 值：

$$\varphi_1(v)=\frac{1}{3}v(\{1\})+\frac{1}{6}\left[v(\{1,2\})-v(\{2\})\right]+\frac{1}{6}\left[v(\{1,3\})-v(\{3\})\right]$$

$$+\frac{1}{3}\left[v(\{1,2,3\})-v(\{2,3\})\right]$$

$$=\frac{1}{3}\times 16+\frac{1}{6}\times 28.8+\frac{1}{6}\times 30.25+\frac{1}{3}\times 40.4=28.64$$

同理，计算企业 2、3 的 Shapley 值：

$$\varphi_2(v) = \frac{1}{3}v(\{2\}) + \frac{1}{6}[v(\{1,2\}) - v(\{1\})] + \frac{1}{6}[v(\{2,3\}) - v(\{3\})]$$

$$+ \frac{1}{3}[v(\{1,2,3\}) - v(\{1,3\})]$$

$$= \frac{1}{3} \times 27 + \frac{1}{6} \times (55.8 - 16) + \frac{1}{6} \times (57.6 - 10) + \frac{1}{3} \times (98 - 40.25) = 42.82$$

$$\varphi_3(v) = \frac{1}{3}v(\{3\}) + \frac{1}{6}[v(\{1,3\}) - v(\{1\})] + \frac{1}{6}[v(\{2,3\}) - v(\{2\})]$$

$$+ \frac{1}{3}[v(\{1,2,3\}) - v(\{1,2\})]$$

$$= \frac{1}{3} \times 10 + \frac{1}{6} \times (40.25 - 16) + \frac{1}{6} \times (57.6 - 27) + \frac{1}{3} \times (98 - 55.8) = 26.54$$

因此，我们求得 Shapley 值为：$\varphi(v) = (\varphi_1(v), \varphi_2(v), \varphi_3(v)) = (28.64, 42.82, 26.54)$。

其次，根据式（3.6），计算该合作对策的核心，可得：

$$C(N,v) = \left\{ (x_1, x_2, x_3) \middle| \begin{array}{l} x_1 + x_2 + x_3 = 98,\ x_1 \geqslant 16,\ x_2 \geqslant 27,\ x_3 \geqslant 10, \\ x_1 + x_2 \geqslant 55.8,\ x_1 + x_3 \geqslant 40.25,\ x_2 + x_3 \geqslant 57.6 \end{array} \right\}$$

$$= \left\{ (x_1, x_2, x_3) \middle| \begin{array}{l} x_1 + x_2 + x_3 = 98,\ 16 \leqslant x_1 \leqslant 40.4, \\ 27 \leqslant x_2 \leqslant 57.75,\ 10 \leqslant x_3 \leqslant 42.2 \end{array} \right\}$$

根据上述计算结果可知，Shapley 值 $\varphi(v)$ 包含在核心 $C(N,v)$ 中，即 $\varphi(v) \in C(N,v)$，这表明：基于 Shapley 值的分配结果（28.64，42.82，26.54）能够被任何联盟接受，也就是说，没有联盟对基于 Shapley 值的分配结果（28.64，42.82，26.54）存在异议。

综上所述，我们求得三家企业均满意的虚拟企业收益分配策略：三个局中人组建虚拟企业的总利润为 98 万元，其中企业 1、2、3 的报酬分别为 28.64 万元、42.82 万元、26.54 万元。

需要说明的是，在运用合作对策解决虚拟企业收益分配问题时，如果合作对策的 Shapley 值包含在核心中，则说明基于 Shapley 值的虚拟企业收益分配策略能够被合作伙伴接受，但是经典合作对策的核心不一定存在，并且即使核心存在，其 Shapley 值也不一定包含在核心中。也就是说，利用 Shapley 值进行收益分配所得到的结果不一定是合理的，有可能存在合作伙伴对该分配提出异议。然而，经典合作对策的最小核心是一定存在的，因此，在进行虚拟企业收益分配时，如果核心不存在，可以用最小核心代替核心，然后综合考虑基于 Shapley 值和最小核心的收益分配结果，从而为决策者提供相对合理的分配方案，此过程与上述例子中的决策过程大致相同，只是将计算过程中的核心替换为最小核心，故不再赘述。

还需要说明的是，在利用合作对策进行虚拟企业收益分配时，一般需要解决两个问题：第一，如何得到联盟的支付函数值；第二，怎样科学合理地分配联盟支付函数值。由于本书主要研究第二个问题，因此，如不特别声明，在后续章节中我们都直接给出虚拟企业的联盟支付函数，不再涉及具体的求解过程。

（二） 利用经典合作对策解决虚拟企业收益分配问题的不足

依据第二节第三小节的分析知，利用经典合作对策可以提出虚拟企业的收益分配策略，并且该分配结果具有一定的合理性。在经典合作对策中，Shapley 值按照各个局中人的边际贡献来分配联盟的收益，相对公平、合理，并且 Shapley 值是唯一存在的，Shapley 值的这些优良性质使其成为一种求解经典合作对策的重要方法；核心是从分配优超的角度定义的，它表示任何联盟都不能对核心中的分配提出异议，即没有一个联盟能提出一个对自己更有利的分配，因此核心具有较强的稳定性，也已经成为经典合作对策中重要的求解方法之一。

然而，经典合作对策是基于一定假设条件的：（1）联盟中的局中人均需完全参与合作；（2）局中人在合作之前完全清楚地知道不同的合作策略所产生的预期收益。显然，这些假设是与现实情况不相符的。由于精力、投资风险、市场机遇等诸多因素，在实际问题中企业并不是完全参与到某个特定的虚拟企业中。同时，由于支付函数是一种预期收益，它本身存在很大的不确定性，所以支付函数也不能用一个精确的数值来表示。因此，采用经典合作对策求解虚拟企业的收益分配问题存在一定的不足。当然，利用经典合作对策中的 Shapley 值和核心进行收益分配也就存在一定的不合理性。

　　既然经典 Shapley 值、核心不能解决不确定环境下虚拟企业的收益分配问题，那么我们很自然地就会思考：能否扩展经典合作对策理论来解决不确定环境下的收益分配问题？本书的后续章节讨论的模糊合作对策、模糊 Shapley 值、模糊核心就是基于这种思想展开的。

四　小结

　　经典合作对策及其解是本书后续章节研究的对策论基础，同时也为我们提供了解决虚拟企业收益分配问题的方法。虚拟企业的特征、合作模式和收益分配的原则使我们比较清晰地了解了虚拟企业收益分配问题的相关概念，并且更加进一步地说明了利用合作对策进行收益分配的可行性。为了给出利用经典合作对策解决虚拟企业收益分配的具体过程，笔者以虚拟生产为例，提出了基于经典合作对策的虚拟企业收益分配策略。

　　虽然利用经典 Shapley 值和核心解决虚拟企业收益分配问题有一定的合理性，但是这两种求解方法都是建立在经典合作对策两个基本假设的基础上，因此很难与虚拟企业收益分配问题的现实情况相符。本章作为经典合作对策、虚拟企业收益分配问题的基础介绍，仅为本书后续研究奠定了基础。在本书的后续几章，笔者将探讨模糊联盟合作对策、模糊支付合作对策、具有模糊联盟和模糊支付的合作对策及其分别在虚拟企业收益分配问题中的应用，以此提出模糊环境下的虚拟企业收益分配策略。

第四章

基于模糊联盟合作对策的虚拟企业
收益分配策略

由第三章的分析可知，经典合作对策理论存在两个问题：（1）联盟中的局中人必须完全参与合作；（2）联盟的预期收益必须为精确的实数。针对经典合作对策存在的第一个问题，Aubin[31-34] 扩展经典合作对策模型，正式提出了模糊联盟的概念，本章将遵循这一研究思路，利用模糊数学理论研究模糊联盟合作对策的 Shapley 值、核心。关于经典合作对策存在的第二个问题，笔者将在第五、第六章中深入讨论。

本章中，笔者首先给出模糊联盟合作对策的定义，介绍 Owen、Butnariu、Tsurumi 定义的模糊联盟合作对策，并提出由经典合作对策扩展的模糊联盟合作对策的一般形式；其次，引入 Butnariu、Tsurumi 定义的模糊联盟合作对策的 Shapley 值，并将其分别应用在虚拟企业收益分配问题中；再次，给出 Owen 定义的多线性扩展对策的 Shapley 值，并提出基于此 Shapley 值的虚拟企业收益分配策略；最后，定义模糊联盟合作对策的核心，并重点研究 Owen、Butnariu 和 Tsurumi 定义的模糊联盟合作对策中核心的求解方法以及核心与 Shapley 值的关系。

一 模糊联盟合作对策

（一） 模糊联盟合作对策的基本概念

在经典合作对策 (N,v) 中，$N = \{1,2,\cdots,n\}$ 表示全体局中人的集合，联盟是指局中人集合 N 的任意子集，任意联盟 $S \subseteq N$ 可用集合的特征函数表示，即 $S:N \rightarrow \{0,1\}$，其中 $S(i)$ 表示局中人 $i \in N$ 隶属于集合 S 的

程度，即

$$S(i) = \begin{cases} 1, & i \in S \\ 0, & i \notin S \end{cases}$$

支付函数 $v(S)$ 是指联盟 S 的期望收益，它是联盟 S 中的各个局中人共同合作可能取得的总体收益，若将 N 的全部子集组成的集合（即幂集）表示为 $\mathcal{P}(N)$，则 v 是 $\mathcal{P}(N)$ 到实数集 R 的一个映射，即 $v: \mathcal{P}(N) \rightarrow R$，且满足 $v(\varnothing) = 0$。

根据 Zadeh[141] 对模糊集的定义（见定义 2.1），Aubin[31-34] 将经典合作对策 (N, v) 的联盟由经典集合扩展为模糊集，形成了所谓的模糊联盟合作对策。仍设 $N = \{1, 2, \cdots, n\}$ 为全体局中人的集合，这里的模糊联盟是指局中人集合 N 的任意模糊子集，任意模糊联盟 U 可用模糊集合的隶属函数表示，即 $U: N \rightarrow [0, 1]$，模糊联盟 U 也可用向量 $(U(1), U(2), \cdots, U(n))$ 表示，其中 $U(i)$ 为局中人 i 在 U 中的隶属函数（或称隶属度），取值在 $[0, 1]$ 区间。对于任意两个模糊联盟 K 和 U，有

$$K \subseteq U \Leftrightarrow K(i) \leqslant U(i), \quad \forall i \in N$$

我们将包含于模糊联盟的 U 的所有模糊联盟构成的集合记作 $\mathcal{F}(U)$，即

$$K \in \mathcal{F}(U) \Leftrightarrow K \subseteq U$$

模糊联盟合作对策一般定义为二元组 (N, w)，其中 $N = \{1, 2, \cdots, n\}$ 表示全体局中人的集合，支付函数 $w(U)$ 表示模糊联盟 U 的期望收益，它是 $\mathcal{F}(N)$ 到实数 R 的映射，即 $w: \mathcal{F}(N) \rightarrow R$，满足 $w(\varnothing) = 0$。

类似于经典合作对策，本书主要讨论支付函数取值为非负的模糊联盟合作对策，即支付函数 $w: \mathcal{F}(N) \rightarrow R_+$。

经典合作对策中，联盟 S 是局中人 N 上的经典集合，面对联盟 S，局中人 $i \in N$ 只有两种选择，要么参与联盟 S [即 $S(i) = 1$]，要么不参与联盟 S [即 $S(i) = 0$]；模糊联盟合作对策中的模糊联盟 U 是局中人 N 上的模糊集，对于模糊联盟 U，局中人 $i \in N$ 有无数种选择，也就是说，局中人 i 参与模糊联盟 U 的程度 $U(i)$ 可以选择 0 与 1 之间的任意实数。因此，与经典合作对策相比较，模糊联盟合作对策将局中人参与联盟的程度放宽了，

在模糊联盟合作对策中局中人可以以任意的参与率或者参与程度加入多个联盟。由此可知，经典合作对策也可看作一类特殊的模糊联盟合作对策。

在模糊联盟合作对策中，对于 $\forall \lambda \in [0,1]$，$U_\lambda = \{i \in N | U(i) \geq \lambda\}$ 表示参与程度满足 $U(i) \geq \lambda$ 的所有局中人组成的清晰联盟；$\mathrm{Supp}U = \{i \in N | U(i) > 0\}$ 表示参与程度满足 $U(i) > 0$ 的局中人组成的清晰联盟；对于两个模糊联盟 U 和 K 的并、交运算，本书采用一般意义上的模糊集的取大和取小运算（见定义 2.2）：

$$(K \cup U)(i) = K(i) \vee U(i), \quad \forall i \in N$$
$$(K \cap U)(i) = K(i) \wedge U(i), \quad \forall i \in N$$

与经典合作对策相同，本书主要讨论超可加的模糊联盟合作对策。

定义 4.1[56]　若模糊联盟合作对策 (N, w) 满足

$$w(U \cup K) \geq w(U) + w(K), \quad \forall U, K \in \mathcal{F}(N), \quad U \cap K = \varnothing \tag{4.1}$$

则称 (N, w) 满足超可加性，或称 (N, w) 是超可加的模糊联盟合作对策。记全体超可加的模糊联盟合作对策构成的集合为 $G_F(N)$。

为了方便起见，我们把模糊联盟合作对策 (N, w) 简记为 w，即模糊联盟合作对策 w 是指局中人集合为 N，支付函数为 w 的模糊联盟合作对策。若 $w \in G_F(N)$，则表示模糊联盟合作对策 w 满足超可加性。

定义 4.2[56]　若模糊联盟合作对策 (N, w) 满足

$$w(U \cup K) + w(U \cap K) \geq w(U) + w(K), \quad \forall U, K \in \mathcal{F}(N) \tag{4.2}$$

则称 w 是凸的模糊联盟合作对策，或称 w 满足凸性。

可见，如果 (N, w) 满足凸性，则 (N, w) 一定是超可加的模糊联盟合作对策。

设 $S \in \mathcal{P}(N)$，$U \in \mathcal{F}(N)$，我们引入以下的符号：

$$\mathcal{P}(S) = \{T \in \mathcal{P}(S) | T \subseteq S\}$$

$$S_U(i) = \begin{cases} U(i), & i \in S \\ 0, & \text{其他} \end{cases}$$

$$\mathcal{L}(U) = \{S_U | S \in \mathcal{P}(N)\}$$

显然，$S_U \in \mathcal{F}(U)$。特别地，本书将 $\{i\}_U$ 简记为 i_U，$\forall i \in N$。根据 Tsurumi

等[56]，模糊联盟合作对策的分配可定义如下。

定义 4.3　设 $w \in G_F(N)$，$U \in \mathcal{F}(N)$，如果存在向量 $x(U) = (x_1(U),$ $x_2(U), \cdots, x_n(U))$ 满足：

(1)　$x_i(U) = 0$，$\forall i \notin \mathrm{Supp}\, U$；

(2)　$\sum_{i \in N} x_i(U) = w(U)$；

(3)　$x_i(U) \geqslant w(i_U)$，$\forall i \in \mathrm{Supp}\, U$。

则称 $x(U) = (x_1(U), x_2(U), \cdots, x_n(U))$ 为对策 w 在模糊联盟 U 中的分配。记 w 在模糊联盟 U 中的分配的全体为 $E(U, w)$。

需要说明的是，上述模糊联盟合作对策的超可加性、凸性、分配分别是经典合作对策的超可加性、凸性、分配的自然推广。

（二）模糊联盟合作对策的分类

一般来说，模糊联盟合作对策都是由经典合作对策扩展而来的。Owen[2,30]、Butnariu[37,38] 和 Tsurumi 等[56] 分别定义了三种模糊联盟合作对策，下面我们先介绍上述三种模糊联盟合作对策，然后提出由经典合作对策扩展的模糊联盟合作对策的一般形式，并给出该类对策满足超可加性的条件，此处是本书的创新点之一。

定义 4.4[2,30]　设经典合作对策 $v \in G_0(N)$，若由 v 扩展的模糊联盟合作对策 w 满足

$$w(U) = \sum_{T \in \mathcal{P}(N)} \left\{ \prod_{i \in T} U(i) \prod_{i \notin T} (1 - U(i)) \right\} \cdot v(T), \quad \forall U \in \mathcal{F}(N) \quad (4.3)$$

则将 w 称为 Owen 多线性扩展（multilinear extension）对策，简称多线性扩展对策，并称经典合作对策 $v \in G_0(N)$ 为多线性扩展对策 w 的相关经典对策。记全体多线性扩展对策构成的集合为 $G_m(N)$。

多线性扩展对策是 Owen 定义的一种模糊联盟合作对策。可以从概率角度解释多线性扩展对策 $w \in G_m(N)$：假设模糊联盟的形成是一个随机事件 $\mathcal{T}$，并且事件

$$A_i : \{i \in \mathcal{T}\}$$

的概率为 $U(i)$，$\forall i \in N$，事件 A_i 是相互独立的，则任意经典联盟 T 的概率 $\mathrm{Prob}\{\mathcal{T} = T\}$ 为

$$\mathrm{Prob}\{\mathcal{T} = T\} = \prod_{i \in T} U(i) \prod_{i \notin T} [1 - U(i)]$$

故 $v(\mathcal{T})$ 的数学期望 $E[v(\mathcal{T})]$ 为

$$E[v(\mathcal{T})] = \sum_{T \in \mathcal{P}(N)} = \left\{ \prod_{i \in T} U(i) \prod_{i \notin T} [1 - U(i)] \right\} v(T) = w(U)$$

因此，多线性扩展对策的支付函数 $w(U)$ 可看作 $v(\mathcal{T})$ 的数学期望。

下面，我们介绍 Butnariu[37,38] 和 Tsurumi 等[56] 定义的两种模糊联盟合作对策。为了讨论方便，对于任意 $w \in G_F(N)$，$U \in \mathcal{F}(N)$，$0 \leqslant r \leqslant 1$，我们设

$$Q(U) = \{U(i) \mid U(i) > 0, i \in N\}, \quad r[U] = \{i \mid i \in N, U(i) = r\}$$

并设 $q(U)$ 为 $Q(U)$ 中元素的个数，即 $q(U) = |Q(U)|$。将 $Q(U)$ 中的元素按升序排列为

$$r_1 < r_2 < \cdots < r_{q(U)}$$

并令 $r_0 = 0$。

定义 4.5 设经典合作对策 $v \in G_0(N)$，若由 v 扩展的模糊联盟合作对策 w 满足

$$w(U) = \sum_{r \in Q(U)} v(r[U]) \cdot r, \quad \forall U \in \mathcal{F}(N) \tag{4.4}$$

则将 w 称为具有比例值的模糊对策（fuzzy game with proportional value），简称比例模糊对策，并将经典合作对策 $v \in G_0(N)$ 称为 w 的相关经典对策。记全体比例模糊对策构成的集合为 $G_p(N)$。

可见，在比例模糊对策中，模糊联盟的支付函数与局中人参与联盟的程度成比例。

定义 4.6 设经典合作对策 $v \in G_0(N)$，若由 v 扩展的模糊联盟合作对策 w 满足

$$w(U) = \sum_{m=1}^{q(U)} v(U_{r_m}) \cdot (r_m - r_{m-1}), \quad \forall U \in \mathcal{F}(N) \tag{4.5}$$

则将 w 称为具有 Choquet 积分形式的模糊对策（fuzzy game with Choquet integral form），简称 Choquet 积分模糊对策，并称经典合作对策 $v \in G_0(N)$ 为 w 的相关经典对策。记全体 Choquet 积分模糊对策构成的集合为 $G_c(N)$。

注 4.1　如果将经典合作对策的支付函数 v 看作局中人集合 N 上的模糊测度，即 $v : \mathcal{P}(N) \to [0, \infty)$，并将模糊联盟 U 看作 N 上的非负函数，即 $U : N \to [0, 1]$，则 Choquet 积分模糊对策 w 是模糊联盟 U 关于支付函数 v 的 Choquet 积分（见定义 2.23），即

$$w(U) = (c)\int U \mathrm{d}v = \int_0^{+\infty} v(U_\alpha)\,\mathrm{d}\alpha$$

定理 4.1　设 $w \in G_c(N)$，则支付函数 w 满足

$$w(K) \leqslant w(U), \quad \forall\, U, K \in \mathcal{F}(N), \text{且 } K \subseteq U \tag{4.6}$$

即支付函数 w 关于局中人参与联盟的程度单调非减（证明见 Tsurumi 等[56]）。

定理 4.2　对于任意的 $U, K \in \mathcal{F}(N)$，定义距离 $d(U, K) = \max_{i \in N} |U(i) - K(i)|$，则模糊联盟合作对策 $w \in G_c(N)$ 是连续的（证明见 Tsurumi 等[56]）。

根据定理 4.1 和定理 4.2 可知，Choquet 积分模糊对策 $w \in G_c(N)$ 关于局中人参与联盟程度单调非减且连续，但是比例模糊对策 $w \in G_p(N)$ 不具有这些性质。

注 4.2　对于任意的模糊合作对策 $w \in G_m(N) \cup G_p(N) \cup G_c(N)$，设 w 的相关经典对策为 $v \in G_0(N)$，则

$$w(S) = v(S), \quad \forall\, S \in \mathcal{P}(N) \tag{4.7}$$

也就是说，多线性扩展对策、比例模糊对策和 Choquet 积分模糊对策都是经典合作对策 $v \in G_0(N)$ 的自然推广。

遵循上述思路，我们通过 Wang 等[173]中定义的不确定积分（见定义 2.24 和定义 2.25），给出了由经典合作对策 $v \in G_0(N)$ 扩展的模糊联盟合作对策的一般形式。

定义 4.7　设 $v \in G_0(N)$，对于任意给定的 $U \in \mathcal{F}(N)$，设 $\alpha_U : \mathcal{P}(N) \to [0, \infty)$ 为 U 的一个分解（见定义 2.24），即满足以下两个条件：

（1）$\alpha_U(\varnothing) = 0$；

（2）$\sum\limits_{T \in \mathcal{P}(N)} \alpha_U(T) \cdot T(i) = U(i)$，$\forall i \in N$。

对于 $U \in \mathcal{P}(N)$，若 α_U 满足

（3）$\alpha_U(T) = \begin{cases} 1, & T = U \\ 0, & \text{其他} \end{cases}$

则称

$$w(U) = \sum\limits_{T \in \mathcal{P}(N)} \alpha_U(T) \cdot v(T)，\quad \forall U \in \mathcal{F}(N) \tag{4.8}$$

为由 v 扩展的模糊联盟合作对策 w，并称经典合作对策 $v \in G_0(N)$ 为 w 的相关经典对策。记全体由 v 扩展的模糊联盟合作对策 w 构成的集合为 $G_I(N)$。

注 4.3　若将经典合作对策的支付函数 v 看作局中人集合 N 上的模糊测度，即 $v : \mathcal{P}(N) \to [0, \infty)$，并将模糊联盟 U 看作 N 上的非负函数，即 $U : N \to [0, 1]$，则式（4.8）中的 $w(U)$ 是在模糊联盟 U 关于支付函数 v 在分解 α_U 上的不确定积分（见定义 2.25），即

$$w(U) = (\mathrm{I}) \int U \mathrm{d}v \mid a_U = \sum\limits_{T \in \mathcal{P}(N)} \alpha_U(T) \cdot v(T) \tag{4.9}$$

式（4.8）是由经典合作对策 $v \in G_0(N)$ 扩展的模糊联盟合作对策的一般形式，下面，我们定义一种新的模糊联盟合作对策。

定义 4.8　设 $v \in G_0(N)$，对于 $\forall U \in \mathcal{F}(N)$，$\forall S \in \mathcal{P}(\operatorname{Supp}U)$，若 $w \in G_I(N)$ 满足

$$\alpha_U(S) = \sum\limits_{T \in \mathcal{P}(\operatorname{Supp}K)} \alpha_{U \cup K}(S \cup T)，\quad \forall K \in \mathcal{F}(N)，\quad K \cap U = \varnothing \tag{4.10}$$

则称 w 为关联模糊联盟合作对策，并称经典合作对策 $v \in G_0(N)$ 为 w 的相关经典对策。记全体关联模糊联盟合作对策 w 构成的集合为 $G_R(N)$。

显然，$G_R(N) \subseteq G_I(N)$。实质上，关联模糊联盟合作对策包括多线性扩展对策、比例模糊对策与 Choquet 积分模糊对策，为了证明此结论成立，我们给出下面的引理。

引理4.1　设 $U, K \in \mathcal{F}(N)$，$U \cap K = \varnothing$，$\forall S \in \mathcal{P}(\operatorname{Supp} U)$，则

$$\sum_{T \in \mathcal{P}(\operatorname{Supp} K)} \left\{ \prod_{i \in S \cup T} U(i) \vee K(i) \prod_{i \in N \setminus (S \cup T)} [1 - U(i) \vee K(i)] \right\} \tag{4.11}$$

$$= \prod_{i \in S} U(i) \prod_{i \in N \setminus S} [1 - U(i)]$$

证明：设 $U, K \in \mathcal{F}(N)$，$U \cap K = \varnothing$，$\forall S \in \mathcal{P}(\operatorname{Supp} U)$，则有

$$\sum_{T \in \mathcal{P}(\operatorname{Supp} K)} \left\{ \prod_{i \in T} K(i) \prod_{i \in (\operatorname{Supp} K) \setminus T} [1 - K(i)] \right\} = 1$$

由此可得

$$\sum_{T \in \mathcal{P}(\operatorname{Supp} K)} \left\{ \prod_{i \in S \cup T} U(i) \vee K(i) \prod_{i \in N \setminus (S \cup T)} [1 - U(i) \vee K(i)] \right\}$$

$$= \sum_{T \in \mathcal{P}(\operatorname{Supp} K)} \left\{ \prod_{i \in S} U(i) \prod_{i \in T} K(i) \prod_{i \in (\operatorname{Supp} U) \setminus S} [1 - U(i)] \prod_{i \in (\operatorname{Supp} K) \setminus T} [1 - K(i)] \right\}$$

$$= \prod_{i \in S} U(i) \prod_{i \in (\operatorname{Supp} U) \setminus S} [1 - U(i)] \sum_{T \in \mathcal{P}(\operatorname{Supp} K)} \left\{ \prod_{i \in T} K(i) \prod_{i \in (\operatorname{Supp} K) \setminus T} [1 - K(i)] \right\}$$

$$= \prod_{i \in S} U(i) \prod_{i \in (\operatorname{Supp} U) \setminus S} [1 - U(i)]$$

$$= \prod_{i \in S} U(i) \prod_{i \in N \setminus S} [1 - U(i)]$$

证毕。

定理4.3　多线性扩展对策、比例模糊对策与 Choquet 积分模糊对策均包含在关联模糊联盟合作对策中，即 $G_m(N) \cup G_p(N) \cup G_c(N) \subseteq G_R(N)$。

证明：给定 $v \in G_0(N)$，对于 $\forall U \in \mathcal{F}(N)$，若令：

$$\alpha_U(\varnothing) = 0$$

$$\alpha_U^1(T) = \prod_{i \in T} U(i) \prod_{i \in N \setminus T} [1 - U(i)], \quad \forall T \in \mathcal{P}(N) \setminus \varnothing$$

$$\alpha_U^2(T) = \begin{cases} r, & T = r[U], \quad r \in Q(U) \\ 0, & \text{其他} \end{cases}$$

$$a_U^3(T) = \begin{cases} r_m - r_{m-1}, & T = U_{r_m}, \quad r_m \in Q(U) \\ 0, & \text{其他} \end{cases}$$

则可得到以下三种由 v 扩展的模糊联盟合作对策：

$$w^1(U) = \sum_{T \in \mathcal{P}(N)} \left\{ \prod_{i \in T} U(i) \prod_{i \in N \backslash T} [1 - U(i)] \right\} v(T) \qquad (4.12)$$

$$w^2(U) = \sum_{r \in Q(U)} v(r[U]) \cdot r \qquad (4.13)$$

$$w^3(U) = \sum_{m=1}^{q(U)} w(U_{r_m}) \cdot (r_m - r_{m-1}) \qquad (4.14)$$

因此，式（4.12）、式（4.13）与式（4.14）定义的模糊联盟合作对策分别是多线性扩展对策、比例模糊对策与 Choquet 积分模糊对策，即 $w^1 \in G_m(N)$，$w^2 \in G_p(N)$，$w^3 \in G_c(N)$。由此可知，$G_m(N) \cup G_p(N) \cup G_c(N) \subseteq G_l(N)$。不难看出，比例模糊对策 $w^2 \in G_p(N)$ 与 Choquet 积分模糊对策 $w^3 \in G_c(N)$ 满足式（4.10），下面，证明 $w^1 \in G_m(N)$ 也满足式（4.10）。对于 $\forall U \in \mathcal{F}(N)$，$\forall S \in \mathcal{P}(\mathrm{Supp}U)$，根据引理 4.1，可得

$$\sum_{T \in \mathcal{P}(\mathrm{Supp}K)} \alpha^1_{U \cup K}(S \cup T) = \sum_{T \in \mathcal{P}(\mathrm{Supp}K)} \left\{ \prod_{i \in S \cup T} [U(i) \vee K(i)] \prod_{i \in N \backslash (S \cup T)} [1 - U(i) \vee K(i)] \right\}$$

$$= \prod_{i \in S} U(i) \prod_{i \in N \backslash S} [1 - U(i)]$$

$$= \alpha^1_U(S)$$

证毕。

由定理 4.3 可知，关联模糊联盟合作对策是多线性扩展对策、比例模糊对策与 Choquet 积分模糊对策的推广。下面，我们讨论关联模糊联盟合作对策的超可加性。

引理 4.2　设 $w \in G_R(N)$，$\forall U, K \in \mathcal{F}(N)$，若 $K \cap U = \varnothing$，则

$$\sum_{T \in \mathcal{P}(\mathrm{Supp}U)} [\alpha_U(T) \cdot v(T)] = \sum_{T \in \mathcal{P}[\mathrm{Supp}(U \cup K)]} [\alpha_{U \cup K}(T) \cdot v(T \cap \mathrm{Supp}U)] \qquad (4.15)$$

证明：设 $U, K \in \mathcal{F}(N)$，$K \cap U = \varnothing$，则由式（4.10），可得

$$\sum_{T \in \mathcal{P}(\mathrm{Supp}U)} [\alpha_U(T) \cdot v(T)] = \sum_{T \in \mathcal{P}(\mathrm{Supp}U)} \sum_{S \in \mathcal{P}(\mathrm{Supp}K)} [\alpha_{U \cup K}(T \cup S) \cdot v(T)]$$

$$= \sum_{T \in \mathcal{P}[\mathrm{Supp}(U \cup K)]} [\alpha_{U \cup K}(T) \cdot v(T \cap \mathrm{Supp}U)]$$

证毕。

定理 4.4　关联模糊联盟合作对策 $w \in G_R(N)$ 满足超可加性，即

$G_R(N) \subseteq G_F(N)$。

证明：要证明关联模糊联盟合作对策 $w \in G_R(N)$ 是超可加的，则需证明 w 满足式（4.1）。设 $\forall U, K \in \mathcal{F}(N)$，且 $U \cap K = \varnothing$，则由经典对策 v 的超可加性和式（4.15），可得

$$
\begin{aligned}
w(K \cup U) &= \sum_{T \in \mathcal{P}(N)} [\alpha_{K \cup U}(T) \cdot v(T)] \\
&= \sum_{T \in \mathcal{P}[\mathrm{Supp}(K \cup U)]} [\alpha_{K \cup U}(T) \cdot v(T)] \\
&= \sum_{T \in \mathcal{P}[\mathrm{Supp}(K \cup U)]} \{\alpha_{K \cup U}(T) \cdot v[(T \cap \mathrm{Supp}K) \cup (T \cap \mathrm{Supp}U)]\} \\
&\geqslant \sum_{T \in \mathcal{P}[\mathrm{Supp}(K \cup U)]} \{\alpha_{K \cup U}(T) \cdot v[(T \cap \mathrm{Supp}K)]\} + \\
&\quad \sum_{T \in \mathcal{P}[\mathrm{Supp}(K \cup U)]} [\alpha_{K \cup U}(T) \cdot v(T \cap \mathrm{Supp}U)] \\
&= \sum_{R \in \mathcal{P}(\mathrm{Supp}K)} \alpha_K(R) \cdot v(R) + \sum_{S \in \mathcal{P}(\mathrm{Supp}U)} \alpha_U(S) \cdot v(S) \\
&= \sum_{R \in \mathcal{P}(N)} \alpha_K(R) \cdot v(R) + \sum_{S \in \mathcal{P}(N)} \alpha_U(S) \cdot v(S) \\
&= w(K) + w(U)
\end{aligned}
$$

证毕。

由定理 4.3 和定理 4.4 知，多线性扩展对策、比例模糊对策与 Choquet 积分模糊对策均满足超可加性，即 $G_m(N) \cup G_p(N) \cup G_c(N) \subseteq G_F(N)$。

二　模糊联盟合作对策的 Shapley 值及其应用

（一）Butnariu 与 Tsurumi 定义的模糊联盟合作对策 Shapley 值

与经典合作对策类似，模糊联盟合作对策想要解决的一个重要问题就是找一个或者一组分配。Butnariu[37,38] 和 Tsurumi 等[56] 分别提出了比例模糊对策 $w \in G_p(N)$ 和 Choquet 积分模糊对策 $w \in G_c(N)$ 的 Shapley 值应该满足的公理体系，其中 Tsurumi 等在文献[56]中定义的 Shapley 值公理适用于任何形式的模糊联盟合作对策。下面，我们介绍 Tsurumi 定义的 Shapley

值公理，它同样适用于 Butnariu 定义的比例模糊对策 $w \in G_p(N)$。首先，对于 $\forall U \in \mathcal{F}(N)$，$\forall K \in \mathcal{F}(U)$，$\forall i,j \in N$，Tsurumi 定义了模糊联盟 K_i^U，K_{ij}^U 和 $p_{ij}\left[K_{ij}^U\right]$：

$$K_i^U(k) = \begin{cases} U(i), & k = i \\ K(k), & \text{其他} \end{cases}$$

$$K_{ij}^U(k) = \begin{cases} \min\{K(i), U(j)\}, & k = i \\ \min\{K(j), U(i)\}, & k = j \\ K(k), & \text{其他} \end{cases}$$

$$p_{ij}[K](k) = \begin{cases} K(j), & k = i \\ K(i), & k = j \\ K(k), & \text{其他} \end{cases}$$

显然，K_i^U，K_{ij}^U，$p_{ij}\left[K_{ij}^U\right] \in \mathcal{F}(U)$。

其次，为了定义模糊联盟合作对策的 Shapley 值，Tsurumi 将经典合作对策的承载和零元推广到模糊联盟合作对策中。

定义 4.9 设模糊联盟合作对策 $w \in G_F(N)$，$U \in \mathcal{F}(N)$，$0 \leqslant \gamma < U(i)$。若存在联盟 $K \in \mathcal{F}(U)$ 满足

$$w(K \cap L) = w(L), \quad \forall L \in \mathcal{F}(U)$$

则称 K 为对策 w 在模糊联盟 U 中的 f-承载；若存在局中人 $i \in \text{Supp} U$ 满足

$$w(K) = w(K_i^U), \ \forall K \in \mathcal{F}(U), \ \text{且} \ K(i) > \gamma$$

则称局中人 i 为对策 $w \in G_F(N)$ 在联盟 U 中的 γ-零元。记对策 w 在模糊联盟 U 中的全体 f-承载构成的集合为 $FC(U|w)$。

接下来，仿照经典 Shapley 值的三条公理，Tsurumi 定义了模糊联盟合作对策的 Shapley 值应该满足的公理体系。

定义 4.10[56] 设 $G_F'(N) \subseteq G_F(N)$，则 $G_F'(N)$ 上的 Shapley 函数 $\phi: G_F'(N) \to (R_+^n)^{\mathcal{F}(N)}$ 应该满足如下公理。

公理 F_1 若 $w \in G_F'(N)$，且 $U \in \mathcal{F}(N)$，则：

$$\sum_{i \in N} \phi_i(w)(U) = w(U)$$

$$\phi_i(w)(U) = 0, \quad \forall i \notin \mathrm{Supp}U$$

其中 $\phi_i(w)(U)$ 为 $\phi(w)(U) \in R_+^n$ 的第 i 个分量。

公理 F_2　如果 $w \in G_F'(N)$，$U \in \mathcal{F}(N)$ 且 $K \in FC(U|w)$，则：

$$\phi_i(w)(U) = \phi_i(w)(K), \quad \forall i \in N$$

公理 F_3　如果 $w \in G_F'(N)$，$U \in \mathcal{F}(N)$，$U_{ij}^U \in FC(U|w)$ 且对于任意的 $K \in \mathcal{F}(U_{ij}^U)$，总有 $w(K) = w(p_{ij}[K])$，则：

$$\phi_i(w)(U) = \phi_j(w)(U)$$

公理 F_4　对于任意两个对策 $\mu, \omega \in G_F'(N)$，定义模糊联盟合作对策 $\mu + \omega$ 为：对于 $\forall K \in \mathcal{F}(N)$，$(\mu + \omega)(K) = \mu(K) + \omega(K)$，如果 $\mu + \omega \in G_F'(N)$，且 $U \in \mathcal{F}(N)$，则：

$$\phi_i(\mu + \omega)(U) = \phi_i(\mu)(U) + \phi_i(\omega)(U), \quad \forall i \in N$$

需要说明的是，公理 F_1 和公理 F_2 是经典 Shapley 值有效性公理（即定义 3.13 中的公理 1）的自然推广；公理 F_3、公理 F_4 分别为经典 Shapley 值对称性公理、可加性公理（即定义 3.13 中的公理 2、公理 3）的自然推广。

定理 4.5[37,38]　在 $G_p(N)$ 上，存在满足定义 4.10 中四条公理的 Shapley 函数 $\phi: G_p(N) \rightarrow (R_+^n)^{\mathcal{F}(N)}$，具有形式

$$\phi_i(w)(U) = \begin{cases} U(i) \sum\limits_{S \in \mathcal{P}(r[U]\setminus\{i\})} \gamma_{S;r[U]} [w(S \cup \{i\}) - w(S)], & U(i) = r, \quad r > 0 \\ 0, & \text{其他} \end{cases} \quad (4.16)$$

其中 $r[U] = \{i | i \in N, U(i) = r\}$，$\gamma_{S;r[U]} = (|r[U]| - |S| - 1)! |S|! / |r[U]|!$。

注 4.4　给定联盟 $U \in \mathcal{F}(N)$，若设 $Q(U) = \{U(i) | U(i) > 0, i \in N\}$，$q(U) = |Q(U)|$，则 $w \in G_p(N)$ 在 U 中的 Shapley 值 $\phi(w)(U)$ 的第 i 个分量可表示如下：

$$\phi_i(w)(U) = \begin{cases} \varphi_i(v)(r[U]) \cdot U(i), & U(i) = r, \quad r \in Q(U) \\ 0, & \text{其他} \end{cases} \quad (4.17)$$

其中 $r[U] = \{i | i \in N, U(i) = r\}$，经典合作对策 v 为 w 的相关经典对策，

$\varphi_i(v)(r[U])$ 为式（3.12）定义的函数，即 $\varphi(v)(r[U]) = (\varphi_1(v)(r[U]),\varphi_2(v)(r[U]),\cdots,\varphi_n(v)(r[U]))$ 为子对策 $(r[U],v)$ 的 Shapley 值。

由式（4.17）可知，比例模糊对策的 Shapley 值是由经典 Shapley 值构造出来的。

定理 4.6[37,38]　设比例模糊对策 $w \in G_p(N)$，$\forall U \in \mathcal{F}(N)$，则 Shapley 值 $\phi(w)(U)$ 必是对策 w 在模糊联盟 U 中的分配，即 $\phi(w)(U) \in E(U,w)$。

与 Butnariu 定义的比例模糊对策的 Shapley 值的方法类似，Tsurumi 等[56]利用经典 Shapley 值构造了 Choquet 积分模糊对策的 Shapley 值。

定理 4.7[56]　给定联盟 $U \in \mathcal{F}(N)$，令 $Q(U) = \{U(i) \mid U(i) > 0, i \in N\}$，$q(U)$ 为 $Q(U)$ 中元素的个数，即 $q(U) = |Q(U)|$，将 $Q(U)$ 中的元素按升序排列为 $r_1 < r_2 < \cdots < r_{q(U)}$，则 $G_c(N)$ 上，存在满足定义 4.10 中四条公理的 Shapley 函数 $\phi: G_c(N) \to (R_+^n)^{\mathcal{F}(N)}$，具有形式

$$\phi_i(w)(U) = \sum_{m=1}^{q(U)} \varphi_i(v)(U_{r_m}) \cdot (r_m - r_{m-1}), \quad \forall i \in N \qquad (4.18)$$

其中 $r_0 = 0$，$U_{r_m} = \{i \in N \mid U(i) \geq r_m\}$ 表示参与程度满足 $U(i) \geq r_m$ 的所有局中人组成的清晰联盟，经典合作对策 v 为 w 的相关经典对策，$\varphi(v)(U_{r_m})$ 为式（3.12）定义的函数，即 $\varphi(v)(U_{r_m}) = (\varphi_1(v)(U_{r_m}),\varphi_2(v)(U_{r_m}),\cdots,\varphi_n(v)(U_{r_m}))$ 为子对策 (U_{r_m},v) 的 Shapley 值。

不难看出，式（4.18）是模糊联盟 U 关于 $\varphi_i(v)$ 的 Choquet 积分。

定理 4.8[56]　设 Choquet 积分模糊对策 $w \in G_c(N)$，$\forall U \in \mathcal{F}(N)$，则 Shapley 值 $\phi(w)(U)$ 必是对策 w 在模糊联盟 U 中的分配，即 $\phi(w)(U) \in E(U,w)$。

定理 4.9[56]　若 $w \in G_c(N)$ 满足凸性，则对于 $\forall K, U \in \mathcal{F}(N)$，$K \subseteq U$，$w$ 的 Shapley 值 $\phi(w)$ 满足

$$\phi_i(w)(K) \leq \phi_i(w)(U), \quad \forall i \in N$$

由定理 4.9 可知，在凸的模糊联盟合作对策 $w \in G_c(N)$ 中，Shapley 值 $\phi(w)$ 关于局中人参与程度单调非减。

定理 4.10[56]　对于任意的 $U,K \in \mathcal{F}(N)$，定义距离 $d(U,K) = \max_{i \in N}$ $|U(i) - K(i)|$，则模糊联盟合作对策 $w \in G_c(N)$ 的 Shapley 值 $\phi_i(w)$ 关于局中人参与程度连续，$\forall i \in N$。

由定理 4.10 可知，模糊联盟合作对策 $w \in G_c(N)$ 的 Shapley 值 $\phi(w)$ 关于局中人参与程度是连续的。

（二）Butnariu 与 Tsurumi 方法在虚拟企业收益分配中的应用

由第三章第三节第二小节分析知，经典合作对策的 Shapley 值不能解决合作伙伴提供部分资源参与合作时的虚拟企业收益分配问题。又由本章第一节介绍知，与经典合作对策理论相比，模糊联盟合作对策及其 Shapley 值允许局中人以任意的参与率或者参与程度加入多个联盟。因此，为了弥补经典 Shapley 值解决虚拟企业收益分配问题的不足，有必要采用模糊联盟合作对策的 Shapley 值解决虚拟企业收益分配问题。

本小节，我们分别利用比例模糊对策和 Choquet 积分模糊对策的 Shapley 值解决虚拟企业收益分配问题，并对比基于两种不同模糊联盟合作对策的收益分配策略。

例 4.1　仍以例 3.1 为例，假设三家企业（即局中人集合 $N = \{1,2,3\}$）欲组建虚拟企业合作生产 7 种产品，在三家企业完全合作的情况下，虚拟企业的合作收益为：$v(\{1\}) = 16$，$v(\{2\}) = 27$，$v(\{3\}) = 10$，$v(\{1,2\}) = 55.8$，$v(\{1,3\}) = 40.25$，$v(\{2,3\}) = 57.6$，$v(\{1,2,3\}) = 98$。

现假设在虚拟企业项目的实施过程中，由于精力、能力等诸多条件的限制，企业 1 只能投入 5 吨的 R_1、企业 2 只能投入 5 吨的 R_2，即企业 1、企业 2 投入合作生产的资源量只能达到其各自原计划数量的一半，此时三家企业该选择什么样的合作方式及如何分配总收益？

此问题正是本章所讨论的模糊联盟合作对策问题，此时，企业 1、企业 2、企业 3 参与该虚拟企业合作的程度分别为 0.5、0.5、1，即三家企业形成了模糊联盟 $U = (0.5,0.5,1)$。

下面，我们分别利用比例模糊对策和 Choquet 积分模糊对策解决该问题。为了便于区分，设比例模糊对策、Choquet 积分模糊对策的支付函数

分别为 w_p、w_c。

（1）基于比例模糊对策 Shapley 值的虚拟企业收益分配策略。

第一步，计算企业1、企业2、企业3的参与度集合 $Q(U)$：对于模糊联盟 $U = (0.5, 0.5, 1)$，有

$$Q(U) = \{U(i) \mid U(i) > 0, i \in N\} = \{0.5, 1\}$$

第二步，根据式（4.4），计算比例模糊对策的支付函数 $w_p(U)$：

①由于企业1、企业2均提供其各自原计划资源数量的50%，所以先安排企业1、企业2以0.5的参与率合作生产 $P_{\{1,2\}}$，取得的总收益为 $v(\{1,2\}) \times 0.5 = 55.8 \times 0.5 = 27.9$；

②企业3的参与率为1，因此企业1只能单独制造产品 $P_{\{3\}}$，取得的收益为 $v(\{3\}) = 10$。

因此，若虚拟企业形成比例模糊对策，则模糊联盟 U 中的收益为

$$w_p(U) = \sum_{r \in Q(U)} v(r[U]) \cdot r = v(\{1,2\}) \times 0.5 + v(\{3\}) = 37.9$$

第三步，根据式（3.12），计算子对策 $(\{1,2\}, v)$ 和 $(\{3\}, v)$ 的 Shapley 值，可得：

$$\varphi(v)(\{1,2\}) = (22.4, 33.4, 0)$$
$$\varphi(v)(\{3\}) = (0, 0, 10)$$

第四步，根据式（4.17），计算比例对策 w_p 的 Shapley 值：

$$\phi_1(w_p)(U) = \varphi_1(v)(\{1,2\}) \times U(1) = 22.4 \times 0.5 = 11.2$$
$$\phi_2(w_p)(U) = \varphi_2(v)(\{1,2\}) \times U(2) = 33.4 \times 0.5 = 16.7$$
$$\phi_3(w_p)(U) = \varphi_3(v)(\{3\}) \times U(3) = 10 \times 1 = 10$$

于是，我们求得基于比例模糊对策 Shapley 的虚拟企业收益分配策略：在企业1、企业2投入一半原材料进行合作生产的情况下，如果先安排企业1、企业2合作生产 $P_{\{1,2\}}$，再让企业3单独生产 $P_{\{3\}}$，则虚拟企业的预期总利润为37.9万元，其中企业1、企业2、企业3得到报酬的报酬分别为11.2万元、16.7万元、10万元。

（2）基于 Choquet 积分模糊对策 Shapley 值的虚拟企业收益分配策略。

第一步，将企业 1、企业 2、企业 3 在模糊联盟 U 中的参与程度按照升序排列为：$r_1 = 0.5$，$r_2 = 1$。

此时，$Q(U) = \{0.5, 1\}$，$q(U) = |Q(U)| = 2$。

第二步，按照式（4.5），计算 Choquet 积分模糊对策的支付函数 $w(U)$：

①由于三家企业的最小参与率为 0.5，所以先安排企业 1、企业 2、企业 3 以 $r_1 - r_0 = 0.5$ 的参与率合作生产 P_N，取得的收益为 $v(N) \times (r_1 - r_0) = 98 \times 0.5 = 49$；

②再安排企业 3 以 $r_2 - r_1 = 0.5$ 的参与率生产 $P_{\{3\}}$，取得的收益为 $v(\{3\}) \times (r_2 - r_1) = 10 \times 0.5 = 5$。

因此，若虚拟企业组成 Choquet 积分模糊对策，则模糊联盟 U 中的总收益为

$$w_c(U) = \sum_{m=1}^{q(U)} v(U_{r_m}) \cdot (r_m - r_{m-1})$$
$$= v(N) \times (r_1 - r_0) + v(\{3\}) \times (r_2 - r_1) = 54$$

第三步，根据式（3.12），计算求得经典合作对策 (N, v) 与其子对策 $(\{3\}, v)$ 的 Shapley 值 $\varphi(v)$、$\varphi(v)(\{3\})$ 分别为：$\varphi(v) = (28.64, 42.82, 26.54)$，$\varphi(v)(\{3\}) = (0, 0, 10)$。

第四步，根据式（4.18），计算 Choquet 积分模糊对策 w_c 的 Shapley 值：

$$\phi_1(w_c)(U) = \varphi_1(v) \times (r_1 - r_0) = 28.64 \times 0.5 = 14.32$$
$$\phi_2(w_c)(U) = \varphi_2(v) \times (r_1 - r_0) = 42.82 \times 0.5 = 21.41$$
$$\phi_3(w_c)(U) = \varphi_3(v) \times (r_1 - r_0) + \varphi_3(v)(\{3\}) \times (r_1 - r_0)$$
$$= 26.54 \times 0.5 + 10 \times 0.5 = 18.27$$

因此，我们求得基于 Choquet 积分模糊对策 Shapley 值的虚拟企业收益分配策略：在企业 1、企业 2 投入一半原材料进行合作生产的情况下，如果我们先安排企业 1、企业 2、企业 3 以 50% 的总资源合作生产 P_N，再安排企业 3 以剩余资源单独生产 $P_{\{3\}}$，则虚拟企业的预期总利润为 54 万元，其中企业 1、企业 2、企业 3 得到的报酬分别为 14.32 万元、21.41 万元、18.27 万元。

在例 4.1 中，我们给出了基于比例模糊对策 w_p 和 Choquet 积分模糊对策 w_c 的虚拟企业收益分配策略（如表 4.1 所示）。下面，我们对表 4.1 中的数据做进一步的分析。

表 4.1　基于模糊联盟合作对策 Shapley 值的虚拟企业分配策略对比

单位：万元

模糊联盟合作对策 w	总收益 $w(U)$	企业 1 的分配	企业 2 的分配	企业 3 的分配
$w_p \in G_p(N)$	37.9	11.2	16.7	10
$w_c \in G_c(N)$	54	14.32	21.41	18.27

首先，根据表 4.1 知，Choquet 积分模糊对策的总收益 $w_c(U)$ 大于比例模糊对策的总收益 $w_p(U)$，并且企业 1、企业 2、企业 3 在 w_c 中的分配值分别优于它们各自在 w_p 中的分配值。

其次，由例 3.1 可知，如果三家企业完全参与虚拟企业合作，企业 1、企业 2、企业 3 得到的报酬分别为 28.64 万元、42.82 万元、26.54 万元。与基于经典 Shapley 值的分配结果相比，企业 1、企业 2、企业 3 在两种模糊联盟合作对策中的分配值都受到了企业 1、企业 2 中途退出的影响，但是，在 Choquet 积分模糊对策中，企业 1、企业 2、企业 3 的分配减少幅度相对较小。

再次，对两种模糊联盟合作对策的支付函数做进一步的分析。假设企业 1 的参与率 $U(1)$ 是未知，企业 2、企业 3 仍完全参与合作，则根据式（4.4）和式（4.5），可有：

$$w_p(U) = \begin{cases} v(\{1,2\}) \times 0.5 + v(\{3\}), & U(1) = 0.5 \\ v(\{1,3\}) + v(\{2\}) \times 0.5, & U(1) = 1 \\ v(\{1\}) \times U(1) + v(\{2\}) \times 0.5 + v(\{3\}), & U(1) \in [0,0.5) \cup (0.5,1) \end{cases}$$

$$w_c(U) = \begin{cases} v(\{1,2,3\}) \times U(1) + v(\{2,3\}) \times [0.5 - U(1)] + v(\{3\}) \times 0.5, & U(1) \in [0,0.5) \\ v(\{1,2,3\}) \times 0.5 + v(\{1,3\}) \times [U(1) - 0.5] + v(\{3\}) \times [1 - U(1)], & U(1) \in [0.5,1] \end{cases}$$

代入数据可得：

$$w_p(U) = \begin{cases} 37.9, & U(1) = 0.5 \\ 53.75, & U(1) = 1 \\ 16 \cdot U(1) + 23.5, & U(1) \in [0,0.5) \cup (0.5,1) \end{cases}$$

$$w_c(U) = \begin{cases} 40.4 \cdot U(1) + 33.8, & U(1) \in [0, 0.5) \\ 30.25 \cdot U(1) + 38.875, & U(1) \in [0.5, 1] \end{cases}$$

我们描绘支付函数 w_p、w_c 关于 $U(1)$ 的变化曲线，如图 4.1 所示。从图 4.1 中可以看出：

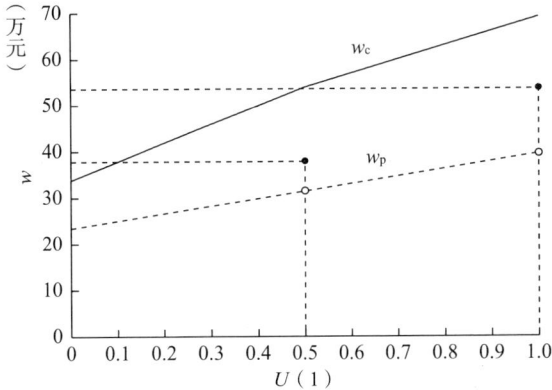

图 4.1　支付函数 w_p、w_c 关于 $U(1)$ 的变化曲线

（1）当企业的参与率在 0 与 1 之间变化时，Choquet 积分模糊对策的支付函数 w_c 大于基于比例模糊对策的支付函数 w_p；

（2）Choquet 积分模糊对策的支付函数 w_c 是关于企业 1 参与率 $U(1)$ 单调递增的，而比例模糊对策的支付函数 w_p 在 $U(1) = 0.5$、1 处间断。

综上所述，与基于比例模糊对策 w_p 的虚拟企业收益分配策略相比，基于 Choquet 积分模糊对策 w_c 的虚拟企业收益分配策略有以下优点：（1）虚拟企业的总收益 $w_c(U)$ 大于 $w_p(U)$；（2）企业 1、企业 2、企业 3 在 w_c 中的分配值大于它们各自在 $w_p(U)$ 中的分配值；（3）在 w_c 中企业 1 的中途退出对三家企业的分配值影响相对较小；（4）支付函数 w_c 是关于企业 1 参与率 $U(1)$ 单调递增的。

由此可知，Choquet 积分模糊对策提供了三家企业都比较满意的分配结果，是一种相对合理的分配方法。因此，本书在第六章中将主要扩展 Choquet 积分模糊对策，并且将其应用在合作伙伴收益不确定情况下的虚拟企业收益分配问题中。

需要说明的是，对于多线性扩展对策的 Shapley 值，本书将在下一小节中深入讨论。因此，这里没有给出基于多线性扩展对策 Shapley 值的虚拟企业收益分配策略。

（三） 多线性扩展对策的 Shapley 值

为了给出比例模糊对策的解，Butnariu[37,38] 利用经典 Shapley 值构造了比例模糊对策的 Shapley 值。同样，为了给出模糊联盟合作对策的解，Tsurumi 等[56] 扩展了经典 Shapley 值的公理体系，提出了适用于所有模糊联盟合作对策的 Shapley 值公理。然而，Tsurumi 仅仅给出了 Choquet 积分模糊对策的 Shapley 值，并没有给出模糊联盟合作对策的 Shapley 值的通用形式。由于多线性扩展对策也是一种常见模糊联盟合作对策，因此，我们考虑能否利用经典 Shapley 值构造出多线性扩展对策的 Shapley 值。

本小节是本书的主要创新点之一，笔者借鉴 Butnariu 和 Tsurumi 研究模糊联盟合作对策 Shapley 值的思路，提出了多线性扩展对策的 Shapley 值。

为了推导多线性扩展对策 $w \in G_m(N)$ 的 Shapley 值与经典 Shapley 值的关系，我们先给出下面三个引理。

引理 4.3 设 $w \in G_m(N)$，$U \in \mathcal{F}(N)$，则

$$w(U) = \sum_{T \in \mathcal{P}(\mathrm{Supp}U)} \left\{ \prod_{i \in T} U(i) \prod_{i \in \mathrm{Supp}U \setminus T} [1 - U(i)] \right\} \cdot v(T) \qquad (4.19)$$

其中 $v \in G_0(N)$ 为 $w \in G_m(N)$ 的相关经典对策。

证明：设 $U \in \mathcal{F}(N)$，若 $\mathrm{Supp}U = N$，则显然式（4.19）成立；若 $\mathrm{Supp}U \neq N$，则存在 $i \in N$，使得 $U(i) = 0$，于是有

$$\sum_{T \in \mathcal{P}(N) \setminus \mathcal{P}(\mathrm{Supp}U)} \left\{ \prod_{i \in T} U(i) \prod_{i \notin T} [1 - U(i)] \right\} \cdot v(T)$$

$$= \sum_{T \in \mathcal{P}(N) \setminus \mathcal{P}(\mathrm{Supp}U)} \left\{ \prod_{i \in T \cap \mathrm{Supp}U} U(i) \cdot \prod_{i \in T \setminus \mathrm{Supp}U} U(i) \cdot \prod_{i \notin T} [1 - U(i)] \right\} \cdot v(T)$$

$$= 0$$

因此，有

$$w(U) = \sum_{T \in \mathcal{P}(N)} \left\{ \prod_{i \in T} U(i) \prod_{i \notin T} [1 - U(i)] \right\} \cdot v(T)$$

$$= \sum_{T \in \mathcal{P}(\mathrm{Supp}U)} \left\{ \prod_{i \in T} U(i) \prod_{i \notin T} [1 - U(i)] \right\} \cdot v(T) +$$

$$\sum_{T \in \mathcal{P}(N) \backslash \mathcal{P}(\mathrm{Supp}U)} \left\{ \prod_{i \in T} U(i) \prod_{i \notin T} [1 - U(i)] \right\} \cdot v(T)$$

$$= \sum_{T \in \mathcal{P}(\mathrm{Supp}U)} \left\{ \prod_{i \in T} U(i) \prod_{i \in \mathrm{Supp}U \backslash T} [1 - U(i)] \prod_{i \in N \backslash \mathrm{Supp}U} [1 - U(i)] \right\} \cdot v(T)$$

$$= \sum_{T \in \mathcal{P}(\mathrm{Supp}U)} \left\{ \prod_{i \in T} U(i) \prod_{i \in \mathrm{Supp}U \backslash T} [1 - U(i)] \right\} \cdot v(T)$$

证毕。

引理 4.4　设 $v \in G_0(N)$，$W, T \in \mathcal{P}(N) \backslash \varnothing$，若 $W \subseteq T$，则 v 的子对策 (W, v) 的 Shapley 值 $\varphi(v)(W)$ 可表示为

$$\varphi_i(v)(W) = \sum_{S \in \mathcal{P}(T \backslash i)} \gamma_{S;T} \{ v[(S \cup \{i\}) \cap W] - v(S \cap W) \}, \quad \forall i \in N \quad (4.20)$$

其中 $\gamma_{S;T} = (|T| - |S| - 1)! \, |S|! / |T|!$。

证明：设 $W, T \in \mathcal{P}(N) \backslash \varnothing$，并且 $W \subseteq T$。要证明式（4.20）成立，则需证明式（4.20）与式（3.12）等价。下面分两种情况加以证明。

（1）如果 $i \notin W$，则有

$$\sum_{S \in \mathcal{P}(T \backslash i)} \gamma_{S;T} \{ v[(S \cup \{i\}) \cap W] - v(S \cap W) \} = \sum_{S \in \mathcal{P}(T \backslash i)} \gamma_{S;T} [v(S \cap W) - v(S \cap W)]$$

$$= 0 = \varphi_i(v)(W)$$

（2）如果 $i \in W$，则对于 $\forall S \in \mathcal{P}(T \backslash \{i\})$，令 $R = S \cap (W \backslash i)$，$A = S \cap (T \backslash W)$，于是有 $R \in \mathcal{P}(W \backslash \{i\})$，$A \in \mathcal{P}(T \backslash W)$，$S = A \cup R$，$A \cap R = \varnothing$，因此可有

$$\sum_{A \in \mathcal{P}(T \backslash W)} \gamma_{S;T} = \sum_{A \in \mathcal{P}(T \backslash W)} \gamma_{R \cup A;T} = \sum_{A \in \mathcal{P}(T \backslash W)} \frac{(|T| - |A| - |R| - 1)!(|A| + |R|)!}{|T|!}$$

$$= \sum_{|A| = 0}^{|T| - |W|} \binom{|T| - |W|}{|A|} \frac{(|T| - |A| - |R| - 1)!(|A| + |R|)!}{|T|!}$$

$$= \frac{(|W| - |R| - 1)! \, |R|!}{|W|!}$$

$$= \gamma_{R;W}$$

由此可得

$$\sum_{S \in \mathcal{P}(T \backslash |i|)} \gamma_{S;T} \{ v[(S \cup \{i\}) \cap W] - v(S \cap W) \}$$

$$= \sum_{R \in \mathcal{P}(W \backslash |i|)} \sum_{A \in \mathcal{P}(T \backslash W)} \gamma_{S;T} [v(R \cup \{i\}) - v(R)]$$

$$= \sum_{R \in \mathcal{P}(W \backslash |i|)} \gamma_{R;W} [v(R \cup \{i\}) - v(R)]$$

$$= \varphi_i(v)(W)$$

证毕。

引理 4.5 设 $w \in G_m(N)$，$U \in \mathcal{F}(N)$，$S \in \mathcal{P}(N)$，则有

$$w(S_U) = \sum_{T \in \mathcal{P}(\mathrm{Supp}S_U)} \left\{ \prod_{i \in T} U(i) \cdot \prod_{i \in \mathrm{Supp}(S_U) \backslash T} [1 - U(i)] \right\} \cdot v(T)$$

$$= \sum_{R \in \mathcal{P}(\mathrm{Supp}U)} \left\{ \prod_{i \in R} U(i) \cdot \prod_{i \notin R} [1 - U(i)] \right\} \cdot v(S \cap R)$$

其中 $v \in G_0(N)$ 为 $w \in G_m(N)$ 的相关经典对策。

证明：设 $S \in \mathcal{P}(N)$，一方面，根据引理 4.3，可得

$$w(S_U) = \sum_{T \in \mathcal{P}(\mathrm{Supp}S_U)} \left\{ \prod_{i \in T} S_U(i) \cdot \prod_{i \in \mathrm{Supp}S_U \backslash T} [1 - S_U(i)] \right\} \cdot v(T)$$

$$= \sum_{T \in \mathcal{P}(\mathrm{Supp}S_U)} \left\{ \prod_{i \in T} U(i) \cdot \prod_{i \in \mathrm{Supp}S_U \backslash T} [1 - U(i)] \right\} \cdot v(T)$$

另一方面，对于 $\forall R \in \mathcal{P}(\mathrm{Supp}U)$，令 $T = R \cap S$，$A = R \backslash T$，于是有：$T \in \mathcal{P}(S \cap \mathrm{Supp}U)$，$A \in \mathcal{P}(\mathrm{Supp}U \backslash S)$，$R = T \cup A$，$T \cap A = \varnothing$。因此可得

$$\sum_{R \in \mathcal{P}(\mathrm{Supp}U)} \left\{ \prod_{i \in R} U(i) \prod_{i \notin R} [1 - U(i)] \right\} \cdot v(S \cap R)$$

$$= \sum_{T \in \mathcal{P}(S \cap \mathrm{Supp}U)} \left(\left\{ \prod_{i \in T} U(i) \prod_{i \in S \backslash T} [1 - U(i)] \right\} \cdot v(T) \right.$$

$$\left. \sum_{A \in \mathcal{P}(\mathrm{Supp}U \backslash S)} \left\{ \prod_{i \in A} U(i) \prod_{i \in (\mathrm{Supp}U) \backslash (S \cup A)} [1 - U(i)] \right\} \right) \prod_{i \in N \backslash (\mathrm{Supp}U \cup S)} [1 - U(i)]$$

$$= \sum_{T \in \mathcal{P}(S \cap \mathrm{Supp}U)} \left\{ \prod_{i \in T} U(i) \prod_{i \in S \backslash T} [1 - U(i)] \right\} \cdot v(T)$$

$$= \sum_{T \in \mathcal{P}(\mathrm{Supp}S_U)} \left\{ \prod_{i \in T} U(i) \cdot \prod_{i \in \mathrm{Supp}S_U \backslash T} [1 - U(i)] \right\} \cdot v(T)$$

$$= w(S_U)$$

证毕。

定理 4.11　在 $G_m(N)$ 上，存在满足定义 4.10 中四条公理的 Shapley 函数 $\phi : G_m(N) \rightarrow (R_+^n)^{\mathcal{F}(N)}$，具有形式

$$\phi_j(w)(U) = \sum_{T \in \mathcal{P}(N)} \left\{ \prod_{i \in T} U(i) \prod_{i \notin T} [1 - U(i)] \right\} \cdot \varphi_j(v)(T), \ \forall j \in N \qquad (4.21)$$

其中 $v \in G_0(N)$ 为 $w \in G_m(N)$ 的相关经典对策，$\varphi(v)(T)$ 为式（3.12）定义的函数，即 $\varphi(v)(T) = (\varphi_1(v)(T), \varphi_2(v)(T), \cdots, \varphi_n(v)(T))$ 为子对策 (T, v) 的 Shapley 值。

证明：由定理 4.3 和定理 4.4 可知，$G_m(N) \subseteq G_F(N)$。因此，要证明 ϕ 是 $G_m(N)$ 上的 Shapley 函数，则需证明式（4.21）中的函数 ϕ 满足定义 4.10 中的四条公理。下面，我们逐一证明 ϕ 满足定义 4.10 中的公理 F_1、F_2、F_3 和 F_4。

公理 F_1　设 $U \in \mathcal{F}(N)$，若 $j \notin \text{Supp} U$，则显然有 $\phi_j(w)(U) = 0$。进一步，由于经典 Shapley 值满足有效性公理，于是有

$$\sum_{j \in N} \phi_j(w)(U) = \sum_{j \in N} \sum_{T \in \mathcal{P}(N)} \left\{ \prod_{i \in T} U(i) \prod_{i \notin T} [1 - U(i)] \right\} \cdot \varphi_j(v)(T)$$

$$= \sum_{T \in \mathcal{P}(N)} \left\{ \prod_{i \in T} U(i) \prod_{i \notin T} [1 - U(i)] \right\} \cdot \sum_{j \in N} \varphi_j(v)(T)$$

$$= \sum_{T \in \mathcal{P}(N)} \left\{ \prod_{i \in T} U(i) \prod_{i \notin T} [1 - U(i)] \right\} \cdot v(T)$$

$$= w(U)$$

公理 F_2　设 $U \in \mathcal{F}(N)$，$K \in FC(U|v)$，对于 $\forall j \in N$，根据引理 4.4 和引理 4.5 得：

$$\phi_j(w)(U) = \sum_{T \in \mathcal{P}(N)} \left\{ \prod_{i \in T} U(i) \prod_{i \notin T} [1 - U(i)] \right\} \cdot \varphi_j(v)(T)$$

$$= \sum_{T \in \mathcal{P}(N)} \left\{ \prod_{i \in T} U(i) \prod_{i \notin T} [1 - U(i)] \right\} \cdot \sum_{S \in \mathcal{P}(N \setminus \{j\})} \gamma_{S;N} \{ v[(S \cup \{j\}) \cap T] - v(S \cap T) \}$$

$$= \sum_{S \in \mathcal{P}(N \setminus \{j\})} \gamma_{S;N} \sum_{T \in \mathcal{P}(N)} \left\{ \prod_{i \in T} U(i) \prod_{i \notin T} [1 - U(i)] \right\} \cdot \{ v[(S \cup \{j\}) \cap T] - v(S \cap T) \}$$

$$= \sum_{S \in \mathcal{P}(N \setminus \{j\})} \gamma_{S;N} \sum_{T \in \mathcal{P}(\text{Supp}U)} \left\{ \prod_{i \in T} U(i) \prod_{i \notin T} [1 - U(i)] \right\} \cdot \{ v[(S \cup \{j\}) \cap T] - v(S \cap T) \}$$

$$= \sum_{S \in \mathcal{P}(N \setminus \{j\})} \gamma_{S;N} \{ w[(S \cup \{j\})_U] - w(S_U) \}$$

对于 $\forall S \in \mathcal{P}(N)$，因为

$$(S_U \cap K)(k) = \begin{cases} K(k), & k \in S \\ 0, & \text{其他} \end{cases}$$

所以有 $S_U \cap K = S_K$，从而有

$$\phi_j(w)(U) = \sum_{S \in \mathcal{P}(N \setminus \{j\})} \gamma_{S;N} \{ w[(S \cup \{j\})_U] - w(S_U) \}$$

$$= \sum_{S \in \mathcal{P}(N \setminus \{j\})} \gamma_{S;N} \{ w[(S \cup \{j\})_U \cap K] - w(S_U \cap K) \}$$

$$= \sum_{S \in \mathcal{P}(N \setminus \{i\})} \gamma_{S;N} \{ w[(S \cup \{j\})_K] - w(S_K) \}$$

$$= \phi_j(w)(K)$$

公理 $\mathbf{F}_3$ 设 $U \in \mathcal{F}(N)$，$U_{ij}^U \in FC(U|w)$，$w(K) = w(p_{ij}[K])$，$\forall K \in \mathcal{F}(U_{ij}^U)$，因此，$U_{ij}^U(i) = U_{ij}^U(j)$。若 $T \in \mathcal{P}(N \setminus \{i,j\})$，则 $w(T_{U_{ij}^U} \cup \{i\}_{U_{ij}^U}) = w(T_{U_{ij}^U} \cup \{j\}_{U_{ij}^U})$。由公理 $\mathbf{F}_2$ 的证明过程可知

$$\phi_i(w)(U_{ij}^U) = \sum_{S \in \mathcal{P}(N \setminus \{i\})} \gamma_{S;N} \{ w[(S \cup \{i\})_{U_{ij}^U}] - w(S_{U_{ij}^U}) \}$$

$$= \sum_{S \in \mathcal{P}(N \setminus \{j\})} \gamma_{S;N} \{ w[(S \cup \{j\})_{U_{ij}^U}] - w(S_{U_{ij}^U}) \}$$

$$= \phi_j(w)(U_{ij}^U)$$

再由公理 $\mathbf{F}_2$ 可知，$\phi_k(w)(U) = \phi_k(w)(U_{ij}^U)$，$\forall k \in N$，故有

$$\phi_i(w)(U) = \phi_i(w)(U_{ij}^U) = \phi_j(w)(U_{ij}^U) = \phi_j(w)(U)$$

公理 $\mathbf{F}_4$ 设 $\mu, \omega \in G_m(N)$，并设 μ, ω 的相关经典对策分别为 v_1, v_2。定义模糊联盟合作对策 $\mu + \omega$ 为：对于 $\forall K \in \mathcal{F}(N)$，$(\mu + \omega)(K) = \mu(K) + \omega(K)$，显然 $\mu + \omega \in G_m(N)$，并且 $\mu + \omega$ 的相关经典对策为 $v_1 + v_2$。对于 $\forall j \in N$，根据经典 Shapley 值的可加性可得

$$\phi_j(\mu + \omega)(U) = \sum_{T \in \mathcal{P}(N)} \left\{ \prod_{i \in T} U(i) \prod_{i \notin T} [1 - U(i)] \right\} \cdot \varphi_j(v_1 + v_2)(T)$$

$$= \sum_{T \in \mathcal{P}(N)} \left\{ \prod_{i \in T} U(i) \prod_{i \notin T} [1 - U(i)] \right\} \cdot [\varphi_j(v_1)(T) + \varphi_j(v_2)(T)]$$

$$= \sum_{T \in \mathcal{P}(N)} \left\{ \prod_{i \in T} U(i) \prod_{i \notin T} [1 - U(i)] \right\} \cdot \varphi_j(v_1)(T) +$$

$$\sum_{T \in \mathcal{P}(N)} \left\{ \prod_{i \in T} U(i) \prod_{i \notin T} [1 - U(i)] \right\} \cdot \varphi_j(v_2)(T)$$

$$= \phi_j(\mu)(U) + \phi_j(\omega)(U)$$

证毕。

注 4.5　给定联盟 $U \in \mathcal{F}(N)$，则多线性扩展对策 $w \in G_m(N)$ 在 U 中的 Shapley 值 $\varphi(w)(U)$ 可以等价地表示为

$$\phi_j(w)(U) = \sum_{T \in \mathcal{P}(\mathrm{Supp}U)} \left\{ \prod_{i \in T} U(i) \prod_{i \notin T} [1 - U(i)] \right\} \cdot \varphi_j(v)(T), \ \forall j \in N \qquad (4.22)$$

其中 $v \in G_0(N)$ 为 $w \in G_m(N)$ 的相关经典对策。

定理 4.12　设多线性扩展对策 $w \in G_m(N)$，$U \in \mathcal{F}(N)$，则 Shapley 值 $\phi(w)(U)$ 必是对策 w 在模糊联盟 U 中的分配，即 $\phi(w)(U) \in E(U, w)$。

证明：要证明 $\phi(w)(U) \in E(U, w)$，则需证明 $\phi(w)(U)$ 满足定义 4.3。首先，由定理 4.11 知，Shapley 值 $\phi(w)(U)$ 满足 $\sum_{j \in N} \phi_j(w)(U) = w(U)$，并且 $\phi_j(w)(U) = 0$，$\forall j \notin \mathrm{Supp}U$。因此要证明 $\phi(v)(U) \in E(U, w)$ 成立，我们只需证明

$$\phi_j(w)(U) \geqslant w(j_U), \quad \forall j \in \mathrm{Supp}U \qquad (4.23)$$

接下来，我们证明式（4.23）成立。设 $v \in G_0(N)$ 为 $w \in G_m(N)$ 的相关经典对策。对于任意的 $W \in \mathcal{P}(N) \setminus \emptyset$，由于经典 Shapley 值 $\phi(v)(W)$ 为 v 的子对策 (W, v) 的分配，因此，对于 $\forall j \in \mathrm{Supp}U$，可有

$$\phi_j(w)(U) = \sum_{T \in \mathcal{P}(\mathrm{Supp}U)} \left\{ \prod_{i \in T} U(i) \prod_{i \notin T} [1 - U(i)] \right\} \cdot \varphi_j(v)(T)$$

$$= \sum_{T \in \mathcal{P}(\mathrm{Supp}U) : j \in T} \left\{ \prod_{i \in T} U(i) \prod_{i \notin T} [1 - U(i)] \right\} \cdot \varphi_j(v)(T)$$

$$\geqslant \sum_{T \in \mathcal{P}(\mathrm{Supp}U) : j \in T} \left\{ \prod_{i \in T} U(i) \prod_{i \notin T} [1 - U(i)] \right\} \cdot v(\{j\})$$

$$= U(j) \cdot v(\{j\}) \sum_{T \in \mathcal{P}[(\mathrm{Supp}U) \backslash \{j\}]} \left\{ \prod_{i \in T} U(i) \prod_{i \in \mathrm{Supp}U \backslash (T \cup \{j\})} [1 - U(i)] \right\}$$

$$= U(i) \cdot v(\{j\}).$$

再由引理 4.5, 可得

$$w(j_U) = \sum_{T \in \mathcal{P}(\mathrm{Supp} j_U)} \left\{ \prod_{i \in T} U(i) \cdot \prod_{i \in (\mathrm{Supp} j_U) \backslash T} [1 - U(i)] \right\} \cdot v(T)$$

$$= U(j) \cdot v(\{j\})$$

由此可得, $\phi_j(w)(U) \geqslant w(j_U)$。证毕。

（四）基于多线性扩展对策 Shapley 值的虚拟企业收益分配策略

已知多线性扩展对策的 Shapley 值, 我们可以采用与比例模糊对策和 Choquet 积分模糊对策相同的方法, 提出基于多线性扩展对策 Shapley 值的虚拟企业收益分配策略。

例 4.2 仍以例 4.1 为例, 假设三家企业（即局中人集合 $N = \{1, 2, 3\}$）欲组建虚拟企业合作生产 7 种产品, 已知在三家企业完全合作的情况下, 虚拟企业的合作收益为: $v(\{1\}) = 16$, $v(\{2\}) = 27$, $v(\{3\}) = 10$, $v(\{1, 2\}) = 55.8$, $v(\{1, 3\}) = 40.25$, $v(\{2, 3\}) = 57.6$, $v(\{1, 2, 3\}) = 98$。现假设在项目实施过程中, 由于精力、能力等诸多条件的限制, 企业 1、企业 2 投入的资源数量只能达到其各自原计划数量的一半, 此时三家企业该选择什么样的合作方式及如何分配总收益?

此时, 企业 1、企业 2、企业 3 参与合作的程度分别为 0.5、0.5、1, 三家企业形成了模糊联盟 $U = (0.5, 0.5, 1)$。下面, 利用多线性扩展对策 $w_m \in G_m(N)$ 的 Shapley 值解决该虚拟企业的收益分配问题。为了便于区分, 将多线性扩展对策的支付函数记为 w_m。

第一步, 对于 $\forall T \in \mathcal{P}(N)$, 设三家企业形成清晰联盟 T 的可能性为 $\alpha_U(T)$, 则

$$\alpha_U(T) = \prod_{i \in T} U(i) \cdot \prod_{i \notin T} [1 - U(i)]$$

计算 α_U，可得

$$\alpha_U(T) = \begin{cases} 0.25, & T \in \{\{3\}, \{1,3\}, \{2,3\}, N\} \\ 0, & \text{其他} \end{cases}$$

第二步，由于 $\alpha_U(\{3\}) + \alpha_U(\{1,3\}) + \alpha_U(\{2,3\}) + \alpha_U(N) = 1$，因此，三家企业只有可能组成联盟 $\{3\}$、$\{1,3\}$、$\{2,3\}$ 和 N，又由于 $\alpha_U(\{3\}) = \alpha_U(\{1,3\}) = \alpha_U(\{2,3\}) = \alpha_U(N) = 0.25$，因此，企业 3 投入 25% 的资源 R_3 用于生产 $P_{\{3\}}$、企业 1 与企业 3 投入 25% 的资源 R_1 和 R_3 用于合作生产 $P_{\{1,3\}}$、企业 2 与企业 3 投入 25% 的资源 R_2 和 R_3 用于合作生产 $P_{\{2,3\}}$、三家企业各投入 25% 的资源 R_1、R_2 及 R_3 用于合作生产 P_N。由此可知，三家企业组成模糊联盟 U 的预期总收益［即多线性扩展对策的支付函数 $w_m(U)$］为

$$w_m(U) = 0.25 \times [v(\{3\}) + v(\{1,3\}) + v(\{2,3\}) + v(N)] = 51.46$$

第三步，根据式（3.12），分别计算经典合作对策 (N, v) 与其子对策 $(\{3\}, v)$、$(\{1,3\}, v)$、$(\{2,3\}, v)$ 的 Shapley 值，可得：$\varphi(v) = (28.64, 42.82, 26.54)$，$\varphi(v)(\{3\}) = (0, 0, 10)$，$\varphi(v)(\{1,3\}) = (23.13, 0, 17.12)$，$\varphi(v)(\{2,3\}) = (0, 37.3, 20.3)$。

第四步，按照式（4.21），计算多线性扩展对策 $w_m \in G_m(N)$ 的 Shapley 值：

$$\phi_1(w_m)(U) = 0.25 \times \{\varphi_1(v)(\{3\}) + \varphi_1(v)(\{1,3\}) + \varphi_1(v)[\{2,3\} + \varphi_1(v)]\} = 12.94$$

$$\phi_2(w_m)(U) = 0.25 \times \{\varphi_2(v)(\{3\}) + \varphi_2(v)(\{1,3\}) + \varphi_2(v)[\{2,3\} + \varphi_2(v)]\} = 20.03$$

$$\phi_3(w)(w_m)(U) = 0.25 \times \{\varphi_3(v)(\{3\}) + \varphi_3(v)(\{1,3\}) + \varphi_3(v)[\{2,3\} + \varphi_3(v)]\} = 18.49$$

由此，我们求得基于多线性扩展对策 Shapley 值的虚拟企业收益分配策略：在企业 1、企业 2 投入一半原材料进行合作生产的情况下，如果企业 3 投入 25% 的资源 R_3 用于生产 $P_{\{3\}}$、企业 1 与企业 3 投入 25% 的资源 R_1 和 R_3 用于合作生产 $P_{\{1,3\}}$、企业 2 与企业 3 投入 25% 的资源 R_2 和 R_3 用于合作生产 $P_{\{2,3\}}$、三家企业各投入 25% 的资源 R_1、R_2 及 R_3 用于合作生产 P_N，

则此时虚拟企业的预期总利润为 51.46 万元，其中企业 1、企业 2、企业 3 得到的报酬分别为 12.94 万元、20.03 万元、18.49 万元。

需要说明的是，我们也可将上述分配结果分别与基于比例模糊对策、Choquet 积分模糊对策的虚拟企业分配策略进行横向对比分析，具体过程与例 4.1 相似，故这里不再赘述。

三 模糊联盟合作对策的核心及其应用

由本章第一节介绍知，模糊联盟合作对策不再限制局中人参与或不参与合作，而是允许局中人以一定的参与度加入联盟。模糊联盟合作对策的 Shapley 值作为经典 Shapley 值的推广，提供了局中人部分参与合作时的分配策略。Butnariu 和 Tsurumi 都是利用经典 Shapley 值来构造模糊联盟合作对策的 Shapley 值，这种方法建立了模糊联盟合作对策与经典对策之间的桥梁，从而简化了模糊联盟合作对策 Shapley 值的计算。在第三章中，我们指出核心和 Shapley 值都是经典合作对策的常用求解方法，其中核心是一种稳定的解。因此，为了给出模糊联盟合作对策的稳定解，我们有必要对模糊联盟合作对策的核心展开研究。

笔者在本节中对模糊联盟合作对策的核心做了尝试性的研究，利用 Butnariu 和 Tsurumi 的研究思路，将经典核心自然延拓为模糊联盟合作对策的核心，并给出了该核心与模糊联盟合作对策的 Shapley 值之间的关系，这部分内容是本书方法创新的体现。

（一）模糊联盟合作对策核心的基本概念

对于模糊联盟合作对策 $w \in G_F(N)$，Aubin[31-34] 在提出模糊联盟的同时，定义了模糊联盟合作对策的核心 $C(N,w)$，具有形式

$$C(N,w) = \left\{ x \in R^n \;\middle|\; \sum_{i \in N} x_i = w(N), \sum_{i \in N} U(i) x_i \geqslant w(U), \forall U \in \mathcal{F}(N) \right\} \quad (4.24)$$

其中 N 为局中人的集合，U 为任意的模糊联盟，x 是 n 维向量，n 是局中人的个数。可见，Aubin 定义的模糊联盟合作对策核心实际上仍是分配大

联盟 N 的收益 $w(N)$，并且局中人在模糊联盟中的分配是由其在大联盟 N 中的分配与在模糊联盟中的参与率构造出来的。随后，还有其他学者对模糊联盟合作对策的核心做了一系列的研究[36,45,62-67]，然而已有的绝大部分文献都遵循了 Aubin 的研究思路，相应的文献综述可参见第一章第二节第三小节，这里不再赘述。

可见，Butnariu[37,38] 和 Tsurumi 等[56] 定义的 Shapley 值是模糊联盟合作对策 $w \in G_F(N)$ 在模糊联盟 $U \in \mathcal{F}(N)$ 中的分配，即 Shapley 值分配的是模糊联盟 U 的收益 $w(U)$，而 Aubin 定义的核心是分配大联盟 N 的收益 $w(N)$，这两种研究思路是有区别的。因此，为了给出模糊联盟合作对策在任意模糊联盟 $U \in \mathcal{F}(N)$ 中的核心，本书将按照 Butnariu 和 Tsurumi 研究模糊联盟合作对策 Shapley 值的思路，重新定义模糊联盟合作对策的核心。

定义 4.11　设 $w \in G_F(N)$，$U \in \mathcal{F}(N)$，模糊联盟合作对策 $w \in G_F(N)$ 在模糊联盟 U 中的核心 $C(U, w)$ 为

$$C(U, w) = \left\{ x \in R_+^n \ \middle| \ \sum_{i \in N} x_i = w(U), \sum_{i \in SuppK} x_i \geq w(K), \forall K \in \mathcal{L}(U) \right\} \quad (4.25)$$

其中 $\mathcal{L}(U) = \{ S_U | S \in \mathcal{P}(N) \}$。

由定义 4.11 可知，核心 $C(U, w)$ 是一个凸集，且 $C(U, w) \subseteq E(U, w)$。因此，与 Aubin 定义的核心不同，本书定义的模糊联盟合作对策核心是分配任意模糊联盟的收益。

定义 4.12　设 $w \in G_F(N)$，$U \in \mathcal{F}(N)$，$x(U) \in E(U, w)$，则称

$$e(K, x, w) = v(K) - \sum_{i \in SuppK} x_i \quad (4.26)$$

为在对策 w 中模糊联盟 $K \in \mathcal{L}(U)$ 关于分配 $x(U)$ 的超出值。

因此，核心 $C(U, w)$ 也可等价地表示为

$$C(U, w) = \{ x \in E(U, w) | e(K, x, w) \leq 0, \quad \forall K \in \mathcal{L}(U) \} \quad (4.27)$$

不难看出，式（4.27）中的模糊联盟合作对策核心是式（3.6）中经典核心的一个自然推广。由于经典核心可能不存在，因此模糊联盟合作对策的核心也可能为空集。所以，有必要给出模糊核心非空的条件。

引理 4.6 设 $w \in G_F(N)$，$U \in \mathcal{F}(N)$。若 w 为凸的模糊联盟合作对策，则对于 $\forall i \in N$，下面的不等式成立：

$$w(S_U \cup i_U) - w(S_U) \leqslant w(T_U \cup i_U) - w(T_U), \ \forall S, T \subseteq N \setminus \{i\}, \ S \subseteq T$$

证明：给定 $S, T \subseteq N \setminus \{i\}$，$S \subseteq T$，可有

$$(S \cup \{i\})_U \cap T_U = S_U, \quad (S \cup \{i\})_U \cup T_U = T_U \cup i_U$$

由于 $w \in G_F(N)$ 是凸的模糊联盟对策，因此有

$$w(T_U \cup i_U) + w(S_U) \geqslant w(S \cup i_U) + w(T_U)$$

证毕。

命题 4.1 设 $w \in G_F(N)$，$U \in \mathcal{F}(N)$。若 w 为凸的模糊联盟合作对策，则 w 在模糊联盟 U 中的核心非空，即 $C(U, w) \neq \varnothing$。

证明：设局中人集合 $N = \{1, 2, \cdots, n\}$，π 是对 N 的置换，P_i^π 表示在置换 π 中排在 i 之前的那些局中人构成的集合，即 $P_i^\pi = \{j \in N \mid \pi(j) < \pi(i)\}$。定义 $x^\pi \in R^n$，使得

$$x_i^\pi = w([P_i^\pi \cup \{i\}]_U) - w([P_i^\pi]_U), \quad i \in N \tag{4.28}$$

下面，我们证明 $x^\pi = (x_1^\pi, x_2^\pi, \cdots, x_n^\pi) \in C(U, w)$。

对式（4.28）中的 n 个等式左右两边分别相加，可得

$$\sum_{i \in N} x_i^\pi = w(N_U) - w(\varnothing_U) = w(U)$$

对于任意的非空联盟 $S \in \mathcal{P}(N)$，令 $i_1, i_2, \cdots, i_s \in S$，使得 $\pi(i_1) < \pi(i_2) < \cdots < \pi(i_s)$，其中 $s = |S|$，则 $S = \{i_1, i_2, \cdots, i_s\}$，$\{i_1, i_2, \cdots, i_{j-1}\} \subseteq P_{i_j}^\pi$，$j = 1, 2, \cdots, s$。再根据引理 4.6 得

$$\begin{aligned} w([P_{i_j}^\pi \cup \{i_j\}]_U) - w([P_{i_j}^\pi]_U) \geqslant \\ w(\{i_1, \cdots, i_j\}_U) - w(\{i_1, \cdots, i_{j-1}\}_U), \quad j = 1, 2, \cdots, s \end{aligned} \tag{4.29}$$

将式（4.29）中 s 个不等式左右两边分别求和，可得

$$\sum_{i \in \mathrm{Supp} S_U} x_i^\pi \geqslant w(S_U)$$

由此可知，$x^\pi \in C(U, w)$。因此，w 在模糊联盟 U 中的核心非空，即

$C(U,w) \neq \varnothing$。

证毕。

需要说明的是，将经典核心推广到模糊联盟合作对策中的方法并不是唯一的，式（4.27）中的模糊联盟合作对策核心仅是其中的一种拓展形式。下面，我们给出模糊联盟合作对策核心的另一种拓展形式。

定义 4.13 设 $w \in G_F(N)$，$U \in \mathcal{F}(N)$，模糊联盟合作对策 $w \in G_F(N)$ 在模糊联盟 U 中的强核心 $SC(U,w)$ 为

$$SC(U,w) = \left\{ x \in R_+^n \;\middle|\; \sum_{i \in N} x_i = w(U), \sum_{i \in \mathrm{Supp}U} K(i) \cdot x_i/U(i) \geq w(K), \forall K \in \mathcal{F}(U) \right\} \quad (4.30)$$

可见，式（4.30）中的强核心是 Aubin 定义的核心［即式（4.24）］的拓展，而 Aubin 定义的核心是强核心的特例。

注 4.6 设 $w \in G_F(N)$，$U \in \mathcal{F}(N)$。首先，与核心 $C(U,w)$ 相比，强核心 $SC(U,w)$ 增加了分配的限制条件，因此强核心 $SC(U,w)$ 的存在性要比核心 $C(U,w)$ 的存在性弱，然而由于核心 $C(U,w)$ 的存在性已经得不到保证，所以强核心 $SC(U,w)$ 的存在性更弱；其次，由于存在无数个模糊联盟 $K \in \mathcal{F}(U)$，因此当检验一个 n 维向量 x 是否属于 $SC(U,w)$ 时，我们需要验证无数个不等式 $\sum_{i \in \mathrm{Supp}U} K(i) \cdot x_i/U(i) \geq w(K)$，计算比较复杂；最后，由于 $SC(U,w) \subseteq C(U,w)$，在计算 $SC(U,w)$ 之前，我们首先需要验证 $C(U,w)$ 的非空性。鉴于以上三点，本章后续章节主要对模糊联盟合作对策的核心展开研究，而暂时不研究强核心的性质。

下面，我们举例说明 Aubin 定义的核心、模糊联盟合作对策核心及强核心的计算过程以及它们之间的区别。

例 4.3 设 $N = \{1,2\}$，$v \in G_0(N)$，支付函数 v 定义为

$$v(\varnothing) = 0, \quad v(\{1\}) = 1, \quad v(\{2\}) = 2, \quad v(\{1,2\}) = 4$$

对于任意的模糊联盟 $U \in \mathcal{F}(N)$，根据式（4.3），计算 v 的多线性扩展对策 w 为 $w(U) = U(1) \cdot [1 - U(2)] + 2U(2) \cdot [1 - U(1)] + 4U(1) \cdot U(2)$，即

$$w(U) = U(1) + 2U(2) + U(1) \cdot U(2)$$

其中 $U(1)$、$U(2)$ 分别为局中人 1、2 在模糊联盟 U 中的参与度。下

面，我们分别计算 Aubin 定义的核心和模糊联盟合作对策的核心。

（1）首先，我们利用 Aubin 的方法［即式（4.24）］计算该多线性扩展对策的核心：

$$C(N,w) = \{x \in R^2 \mid x_1 + x_2 = 4,$$

$$K(1) \cdot x_1 + K(2) \cdot x_2 \geq K(1) + 2K(2) + K(1) \cdot K(2), \forall K \in \mathcal{F}(N)\}$$

不难看出，$C(N,w)$ 中的元素仍是分配大联盟 N 的收益，即满足 $x_1 + x_2 = 4$，而不是分配模糊联盟 $U \in \mathcal{F}(N)$ 的收益 $w(U)$。

（2）其次，利用本书定义的方法［即式（4.27）］计算该多线性扩展对策的核心。显然，此模糊联盟合作对策是凸的，因此该模糊联盟合作对策的模糊核心非空，并且

$$C(U,w) = \{x \in R_+^2 \mid x_1 + x_2 = U(1) + 2U(2) + U(1) \cdot U(2), x_1 \geq U(1), x_2 \geq 2U(2)\}$$

可见，$C(U,w)$ 中的元素是对策 w 在模糊联盟 U 中的分配，即 $C(U,w) \subseteq E(U,w)$。

①令 $U(1) = 0.2$，$U(2) = 0.3$，则

$$C(U,w) = \{x \in R_+^2 \mid x_1 + x_2 = 0.86, x_1 \geq 0.2, x_2 \geq 0.6\}$$

②令 $U(1) = U(2) = 1$，则模糊联盟合作对策退化为经典合作对策，其支付函数为

$$w(\varnothing) = 0, w(\{1\}) = v(\{1\}) = 1, w(\{2\}) = v(\{2\}) = 2, w(\{1,2\}) = v(\{1,2\}) = 4$$

此时，模糊联盟合作对策的核心等价于经典核心，即

$$C(U,w) = C(N,v) = \{x \in R_+^2 \mid x_1 + x_2 = 4, x_1 \geq 1, x_2 \geq 2\}$$

（3）最后，我们利用式（4.30）计算该多线性扩展对策的强核心：

$$SC(U,w) = \left\{x \in R_+^2 \left| \begin{array}{l} x_1 + x_2 = U(1) + 2U(2) + U(1) \cdot U(2), \\ K(1) \cdot x_1/U(1) + K(2) \cdot x_2/U(2) \geq K(1) + 2K(2) \\ \qquad + K(1) \cdot K(2), \forall K \in \mathcal{F}(U) \end{array}\right.\right\}$$

可见，$SC(U,w) \subseteq C(U,w)$。

①令 $U(1) = 0.2$，$U(2) = 0.3$，则

$$SC(U,w) = \left\{ x \in R_+^2 \;\middle|\; \begin{array}{l} 5K(1)\cdot x_1 + 10K(2)\cdot x_2/3 \geqslant K(1) + 2K(2) + K(1)\cdot K(2), \\ x_1 + x_2 = 0.86,\ 0 < K(1) \leqslant 0.2,\ 0 < K(2) \leqslant 0.3 \end{array} \right\}$$

可以看出，当检验一个 2 维向量 x 是否属于 $SC(U,w)$ 时，我们需要验证无数个不等式 $5K(1)\cdot x_1 + 10K(2)\cdot x_2/3 \geqslant K(1) + 2K(2) + K(1)\cdot K(2)$，计算比较复杂。

②令 $U(1) = U(2) = 1$，则 $SC(U,w) = C(N,w)$。

例 4.3 中的模糊联盟合作对策是一个简单的二人合作对策，计算模糊联盟合作对策的核心相对比较容易。实际上，仅仅依据模糊联盟合作对策核心的定义 [即式（4.27）] 求解核心是比较困难的，然而经典核心的求解方法相对较多，如果能利用经典核心构造出模糊联盟合作对策的核心，那么模糊联盟合作对策核心的计算也就迎刃而解了。因此，为了降低模糊联盟合作对策核心的计算难度，在本节后面的三个小节中，我们将分别探讨三种常见的模糊联盟合作对策的核心与经典核心之间的转换关系。

（二）多线性扩展对策的核心

本小节主要研究多线性扩展对策 $w \in G_m(N)$ 的核心与经典核心的转换关系。为了与其他模糊联盟合作对策区分，我们将在多线性扩展对策 $w \in G_m(N)$ 中模糊联盟 $K \in \mathcal{L}(U)$ 关于分配 $x(U)$ 的超出值记为 $e_m(K,x,w)$，并将多线性扩展对策 w 在模糊联盟 U 中的核心记为 $C_m(U,w)$，其中 $U \in \mathcal{F}(N)$。若设 $w \in G_m(N)$ 的相关经典对策为 $v \in G_0(N)$，$K \in \mathcal{L}(U)$，则由式（4.3）和式（4.26）可知

$$\begin{aligned} e_m(K,x,w) &= w(K) - \sum_{i \in (\mathrm{Supp}K)} x_i \\ &= \sum_{T \in \mathcal{P}(N)} \left\{ \prod_{i \in T} U(i) \prod_{i \notin T} [1 - U(i)] \right\} v(T) - \sum_{i \in (\mathrm{Supp}K)} x_i \end{aligned}$$

进一步，根据式（4.27），多线性扩展对策 w 的核心 $C_m(U,w)$ 为

$$\begin{aligned} C_m(U,w) = \Big\{ x \in R_+^n \;\Big|\; \sum_{i \in N} x_i = \sum_{T \in \mathcal{P}(N)} \left\{ \prod_{i \in T} U(i) \prod_{i \notin T} [1 - U(i)] \right\} v(T), \\ e_m(K,x,w) \leqslant 0,\ \forall K \in \mathcal{L}(U) \Big\} \end{aligned}$$

下面，我们推导多线性扩展对策 $w \in G_m(N)$ 的核心与其相关经典对策 $v \in G_0(N)$ 的核心之间的对应关系。

命题 4.2 设 $v \in G_0(N)$ 为多线性扩展对策 $w \in G_m(N)$ 的相关经典对策。若 v 为经典凸合作对策，则 $C_m(U,w) \neq \varnothing, \forall U \in \mathcal{F}(N)$，且

$$C_m(U,w) = \left\{ y \,\middle|\, y = \sum_{T \in \mathcal{P}(N)} \left\{ \prod_{i \in T} U(i) \cdot \prod_{i \notin T} [1 - U(i)] \right\} \cdot x^T, \right.$$

$$\left. \forall x^T = (x_1^T, x_2^T, \cdots, x_n^T) \in C(T,v), \forall T \in \mathcal{P}(N) \right\}$$

证明：设 $\forall T \in \mathcal{P}(N)$，由于 $v \in G_0(N)$ 为凸合作对策，因此 v 的子对策 (T,v) 也是凸合作对策。根据定理 3.2 可知，$C(T,v) \neq \varnothing$。对于 $\forall U \in \mathcal{F}(N)$，$\forall x^T \in C(T,v)$，设

$$y = \sum_{T \in \mathcal{P}(N)} \left\{ \prod_{i \in T} U(i) \cdot \prod_{i \notin T} [1 - U(i)] \right\} \cdot x^T \qquad (4.31)$$

下面，我们分两步证明结论成立：第一步，证明式（4.31）定义的 $y \in C_m(U,w)$，从而得到结论 $C_m(U,w) \neq \varnothing$；第二步，对于 $\forall y \in C_m(U,w)$，证明存在 $x^T \in C(T,v)$，$\forall T \in \mathcal{P}(N)$，使得式（4.31）成立。

第一步，对于 $\forall x^T = (x_1^T, x_2^T, \cdots, x_n^T) \in C(T,v)$，可有

$$\sum_{j \in N} y_j = \sum_{j \in N} \left(\sum_{T \in \mathcal{P}(N)} \left\{ \prod_{i \in T} U(i) \cdot \prod_{i \notin T} [1 - U(i)] \right\} \cdot x_j^T \right)$$

$$= \sum_{T \in \mathcal{P}(N)} \left(\left\{ \prod_{i \in T} U(i) \cdot \prod_{i \notin T} [1 - U(i)] \right\} \cdot \sum_{j \in N} x_j^T \right)$$

$$= \sum_{T \in \mathcal{P}(N)} \left\{ \prod_{i \in T} U(i) \cdot \prod_{i \notin T} [1 - U(i)] \right\} \cdot v(T)$$

$$= w(U)$$

对于 $\forall S \in \mathcal{P}(N)$，则有

$$\sum_{j \in \mathrm{Supp}S_U} y_j = \sum_{j \in \mathrm{Supp}S_U} \left(\sum_{T \in \mathcal{P}(N)} \left\{ \prod_{i \in T} U(i) \cdot \prod_{i \notin T} [1 - U(i)] \right\} \cdot x_j^T \right)$$

$$= \sum_{j \in \mathrm{Supp}S_U} \left(\sum_{T \in \mathcal{P}(N); T \cap \mathrm{Supp}S_U = \varnothing} \left\{ \prod_{i \in T} U(i) \cdot \prod_{i \notin T} [1 - U(i)] \right\} \cdot x_j^T + \right.$$

$$\left. \sum_{T \in \mathcal{P}(N); T \cap \mathrm{Supp}S_U \neq \varnothing} \left\{ \prod_{i \in T} U(i) \cdot \prod_{i \notin T} [1 - U(i)] \right\} \cdot x_j^T \right)$$

$$= \sum_{j \in \mathrm{Supp}S_U} \left(\sum_{T \in \mathcal{P}(N) ; T \cap \mathrm{Supp}S_U \ne \varnothing} \left\{ \prod_{i \in T} U(i) \cdot \prod_{i \notin T} [1 - U(i)] \right\} \cdot x_j^T \right)$$

$$= \sum_{T \in \mathcal{P}(\mathrm{Supp}S_U)} \left(\left\{ \prod_{i \in T} U(i) \cdot \prod_{i \notin T} [1 - U(i)] \right\} \cdot \sum_{j \in \mathrm{Supp}S_U} x_j^T \right) +$$

$$\sum_{T \in \mathcal{P}(N) ; T \not\subseteq \mathrm{Supp}S_U, T \cap \mathrm{Supp}S_U \ne \varnothing} \left\{ \prod_{i \in T} U(i) \cdot \prod_{i \notin T} [1 - U(i)] \right\} \cdot \sum_{j \in \mathrm{Supp}S_U} x_j^T$$

$$= \sum_{T \in \mathcal{P}(\mathrm{Supp}S_U)} \left\{ \prod_{i \in T} U(i) \cdot \prod_{i \notin T} [1 - U(i)] \right\} \cdot v(T) +$$

$$\sum_{T \in \mathcal{P}(N) ; T \not\subseteq \mathrm{Supp}S_U, T \cap \mathrm{Supp}S_U \ne \varnothing} \left(\left\{ \prod_{i \in T} U(i) \cdot \prod_{i \notin T} [1 - U(i)] \right\} \cdot \sum_{j \in \mathrm{Supp}S_U} x_j^T \right)$$

对于任意的 $T \in \mathcal{P}(N)$，$T \not\subseteq \mathrm{Supp}S_U$，设 $T_1 = T \cap \mathrm{Supp}S_U$，$T_2 = T \backslash T_1$，则

$$T = T_1 \cup T_2, \ T_1 \cap T_2 = \varnothing, \ T_1 \in \mathcal{P}(\mathrm{Supp}S_U), \ T_2 \in \mathcal{P}(N \backslash \mathrm{Supp}S_U)$$

由于 $x^T = (x_1^T, x_2^T, \cdots, x_n^T) \in C(T, v)$，因此有

$$\sum_{T \in \mathcal{P}(N) ; T \not\subseteq \mathrm{Supp}S_U, T \cap \mathrm{Supp}S_U \ne \varnothing} \left\{ \prod_{i \in T} U(i) \cdot \prod_{i \notin T} [1 - U(i)] \cdot \sum_{j \in \mathrm{Supp}S_U} x_j^T \right\}$$

$$\ge \sum_{T_1 \in \mathcal{P}(\mathrm{Supp}S_U)} \left(\sum_{T_2 \in \mathcal{P}(N \backslash \mathrm{Supp}S_U) ; T_2 \ne \varnothing} \left\{ \prod_{i \in T_1} U(i) \cdot \prod_{i \in \mathrm{Supp}S_U \backslash T_1} [1 - U(i)] \cdot \right. \right.$$

$$\left. \left. \prod_{i \in T_2} U(i) \cdot \prod_{i \in N \backslash (T_1 \cup \mathrm{Supp}S_U)} [1 - U(i)] \right\} \cdot v(T_1) \right)$$

$$\ge \sum_{T_1 \in \mathcal{P}(\mathrm{Supp}S_U)} \left(\left\{ \prod_{i \in T_1} U(i) \cdot \prod_{i \in \mathrm{Supp}S_U \backslash T_1} [1 - U(i)] \right\} \cdot v(T_1) \right.$$

$$\left. \sum_{T_2 \in \mathcal{P}(N \backslash \mathrm{Supp}S_U) ; T_2 \ne \varnothing} \left\{ \prod_{i \in T_2} U(i) \cdot \prod_{i \in N \backslash (T_1 \cup \mathrm{Supp}S_U)} [1 - U(i)] \right\} \right)$$

又由于

$$\prod_{i \in N \backslash \mathrm{Supp}S_U} [1 - U(i)] + \sum_{T_2 \in \mathcal{P}(N \backslash \mathrm{Supp}S_U) ; T_2 \ne \varnothing} \prod_{i \in T_2} U(i) \cdot \prod_{i \in N \backslash (T_1 \cup \mathrm{Supp}S_U)} [1 - U(i)]$$

$$= \sum_{T_1 \in \mathcal{P}(N \backslash \mathrm{Supp}S_U)} \prod_{i \in T_1} U(i) \cdot \prod_{i \in N \backslash (T_1 \cup \mathrm{Supp}S_U)} [1 - U(i)] = 1$$

因此有：

$$\sum_{j \in \mathrm{Supp}S_U} y_j = \sum_{T \in \mathcal{P}(\mathrm{Supp}S_U)} \left\{ \prod_{i \in T} U(i) \cdot \prod_{i \notin T} [1 - U(i)] \right\} \cdot v(T) +$$

$$\sum_{T \in \mathcal{P}(N) ; T \not\subseteq \mathrm{Supp}S_U, T \cap \mathrm{Supp}S_U \ne \varnothing} \left(\left\{ \prod_{i \in T} U(i) \cdot \prod_{i \notin T} [1 - U(i)] \right\} \cdot \sum_{j \in \mathrm{Supp}S_U} x_j^T \right)$$

$$\geqslant \sum_{T_1 \in \mathcal{P}(\operatorname{Supp}S_U)} \left\{ \prod_{i \in T_1} U(i) \cdot \prod_{i \in \operatorname{Supp}S_U \setminus T_1} [1 - U(i)] \right\} \cdot v(T_1)$$

$$\times \left\{ \prod_{i \in N \setminus \operatorname{Supp}S_U} [1 - U(i)] + \sum_{T_2 \in \mathcal{P}(N \setminus \operatorname{Supp}S_U); T_2 \neq \varnothing} \prod_{i \in T_2} U(i) \cdot \prod_{i \in N \setminus (T_2 \cup \operatorname{Supp}S_U)} [1 - U(i)] \right\}$$

$$= \sum_{T_1 \in \mathcal{P}(\operatorname{Supp}S_U)} \left\{ \prod_{i \in T_1} U(i) \cdot \prod_{i \in \operatorname{Supp}S_U \setminus T_1} [1 - U(i)] \right\} \cdot v(T_1)$$

再根据引理 4.5, 可得

$$\sum_{j \in \operatorname{Supp}S_U} y_j \geqslant \sum_{T_1 \in \mathcal{P}(\operatorname{Supp}S_U)} \left\{ \prod_{i \in T_1} U(i) \cdot \prod_{i \in \operatorname{Supp}S_U \setminus T_1} [1 - U(i)] \right\} \cdot v(T_1) = w(S_U)$$

由此可知, $y \in C_m(U,w)$, 因此 $C_m(U,w) \neq \varnothing$。

第二步, 设 $\forall y \in C_m(U,w)$, 证明存在 $x^T \in C(T,v)$, $\forall T \in \mathcal{P}(N)$, 使得式 (4.31) 成立。首先, 对于 $\forall T \in \mathcal{P}(N)$, $\forall j \in N$, 令:

$$\underline{x}_j^T = \min\{x_j^T \mid \forall x^T \in C(T,v)\}$$

$$\overline{x}_j^T = \max\{x_j^T \mid \forall x^T \in C(T,v)\}$$

$$\underline{y}_j = \sum_{T \in \mathcal{P}(N)} \left\{ \prod_{i \in T} U(i) \cdot \prod_{i \notin T} [1 - U(i)] \right\} \cdot \underline{x}_j^T$$

$$\overline{y}_j = \sum_{T \in \mathcal{P}(N)} \left\{ \prod_{i \in T} U(i) \cdot \prod_{i \notin T} [1 - U(i)] \right\} \overline{x}_j^T$$

显然, 有:

$$\underline{x}_j^T = \begin{cases} v(\{j\}), & j \in T \\ 0, & \text{其他} \end{cases}$$

$$\overline{x}_j^T = \begin{cases} v(T) - v(T \setminus \{j\}), & j \in T \\ 0, & \text{其他} \end{cases}$$

由第一步的证明知, 对于 $\forall j \in N$, 一定存在 $z, u \in C_m(U,w)$, 使得 $z_j = \overline{y}_j$, $u_j = \underline{y}_j$。

又由于 $C_m(U,w)$ 和 $C(T,v)$ 均为凸集, $\forall T \in \mathcal{P}(N)$, 因此, 若 $y_j \in [\underline{y}_j, \overline{y}_j]$, $\forall j \in N$, 则存在 $x^T \in C(T,v)$, $\forall T \in \mathcal{P}(N)$, 使得 y 可以用式 (4.31) 表示。由此可知, 如果 y 不能用式 (4.31) 表示, 则存在 $j \in N$, 使得 y_j 满足以下两种情况:

(1) $y_j < \underline{y}_j$; (b) $y_j > \overline{y}_j$。

下面，我们分别讨论上述两种情况。

情况（a）：首先，我们令

$$S = \{j \in N \mid y_j < \underline{y}_j\} \tag{4.32}$$

由于 $y_j < \underline{y}_j$，则有

$$
\begin{aligned}
y_j &< \sum_{T \in \mathcal{P}(N)} \left\{ \prod_{i \in T} U(i) \cdot \prod_{i \notin T} [1 - U(i)] \right\} \cdot \underline{x}_j^T \\
&= \sum_{T \in \mathcal{P}(N); j \in T} \left\{ \prod_{i \in T} U(i) \cdot \prod_{i \notin T} [1 - U(i)] \right\} \cdot \underline{x}_j^T + \\
&\quad \sum_{T \in \mathcal{P}(N); j \notin T} \left\{ \prod_{i \in T} U(i) \cdot \prod_{i \notin T} [1 - U(i)] \right\} \cdot \underline{x}_j^T \\
&= \sum_{T \in \mathcal{P}(N); j \in T} \left\{ \prod_{i \in T} U(i) \cdot \prod_{i \notin T} [1 - U(i)] \right\} \cdot v(\{j\}) \\
&= U(j) \cdot v(\{j\}) \cdot \sum_{T \in \mathcal{P}(N \setminus \{j\})} \left\{ \prod_{i \in T} U(i) \cdot \prod_{i \in N \setminus (T \cup \{j\})} [1 - U(i)] \right\} \\
&= U(j) \cdot v(\{j\}) \\
&= w(j_U)
\end{aligned}
$$

由此得到，$y_j < w(j_U)$，这与 $y \in C_m(U, w)$ 矛盾。因此，情况（a）不成立，即 $S = \varnothing$。

情况（b）：令

$$S' = \left\{ j \in N \;\middle|\; y_j > \sum_{T \in \mathcal{P}(N)} \left\{ \prod_{i \in T} U(i) \cdot \prod_{i \notin T} [1 - U(i)] \right\} \cdot \bar{x}_j^T \right\}$$

则由假设条件可知，$S' \neq \varnothing$。此时，由式（4.32）定义的集合 $S \neq \varnothing$。假若不然，只可能有以下两种情况成立：

（b1）$N = S'$；（b2）$N \setminus S' \neq \varnothing$。

情况（b1）：若 $N = S'$，则

$$
\begin{aligned}
\sum_{j \in N} y_j &> \sum_{j \in N} \left(\sum_{T \in \mathcal{P}(N)} \left\{ \prod_{i \in T} U(i) \cdot \prod_{i \notin T} [1 - U(i)] \right\} \cdot \bar{x}_j^T \right) \\
&= \sum_{T \in \mathcal{P}(N)} \left(\left\{ \prod_{i \in T} U(i) \cdot \prod_{i \notin T} [1 - U(i)] \right\} \cdot \sum_{j \in N} \bar{x}_j^T \right) \\
&\geqslant \sum_{T \in \mathcal{P}(N)} \left(\left\{ \prod_{i \in T} U(i) \cdot \prod_{i \notin T} [1 - U(i)] \right\} \cdot v(T) \right) \\
&= w(U)
\end{aligned}
$$

这与 $y \in C_m(U,w)$ 矛盾，因此情况（b1）不成立。

情况（b2）：若 $N \backslash S' \neq \varnothing$，则存在 $x^T \in C(T,v)$，$\forall T \in \mathcal{P}(N)$，满足

$$y_j = \sum_{T \in \mathcal{P}(N)} \left\{ \prod_{i \in T} U(i) \cdot \prod_{i \notin T} [1 - U(i)] \right\} \cdot x_j^T, \quad \forall j \in N \backslash S'$$

因此，有

$$\sum_{j \in N} y_j > \sum_{j \in S'} \left(\sum_{T \in \mathcal{P}(N)} \left\{ \prod_{i \in T} U(i) \cdot \prod_{i \notin T} [1 - U(i)] \right\} \cdot \bar{x}_j^T \right) +$$

$$\sum_{j \in N \backslash S'} \left(\sum_{T \in \mathcal{P}(N)} \left\{ \prod_{i \in T} U(i) \cdot \prod_{i \notin T} [1 - U(i)] \right\} \cdot x_j^T \right)$$

$$\geq \sum_{j \in N} \left(\sum_{T \in \mathcal{P}(N)} \left\{ \prod_{i \in T} U(i) \cdot \prod_{i \notin T} [1 - U(i)] \right\} \cdot x_j^T \right)$$

$$= w(U)$$

这与 $y \in C_m(U,w)$ 矛盾，因此情况（b2）不成立。由此可知，$S \neq \varnothing$。然而，又由情况（a）的证明可知，$S = \varnothing$，进而得知：$S' = \varnothing$，即情况（b）也不成立。因此，对于任意的 $y \in C_m(U,w)$，存在 $x^T \in C(T,v)$，$\forall T \in \mathcal{P}(N)$，使得式（4.31）成立。证毕。

在本章第二节中，我们给出了多线性扩展对策 $w \in G_m(N)$ 的 Shapley 值，下面，我们分析 $w \in G_m(N)$ 的核心与其 Shapley 值的关系。

命题 4.3 设 $w \in G_m(N)$，$U \in \mathcal{F}(N)$，$v \in G_0(N)$ 为 w 的相关经典对策。若 $v \in G_0(N)$ 满足凸性，则 Shapley 值 $\phi(w)(U)$ 包含在核心 $C_m(U,w)$ 中，即 $\phi(w)(U) \in C_m(U,w)$。

证明：由定理 4.12 知，Shapley 值 $\phi(w)(U)$ 必是对策 $w \in G_m(N)$ 在模糊联盟 U 中的分配，于是 $\sum \phi_i(w)(U) = w(U)$。因此，要证明 $\phi(w)(U) \in C_m(U,w)$，则需证明

$$w(S_U) - \sum_{j \in \mathrm{Supp}S_U} \phi_i(w)(U) \geq 0, \quad \forall S \in \mathcal{P}(N) \tag{4.33}$$

接下来，我们证明式（4.33）成立。由于 $v \in G_0(N)$ 是经典凸合作对策，则 v 的子对策 (T,v) 也是经典凸合作对策，$\forall T \in \mathcal{P}(N) \backslash \varnothing$，因此，根据定理 3.6 和注 3.2 知，$\phi(v)(T) \in C(T,v)$。再根据式（4.21）和引理 4.5，

可得

$$\sum_{j \in \mathrm{Supp}S_U} \phi_i(w)(U) = \sum_{j \in \mathrm{Supp}S_U} \sum_{T \in \mathcal{P}(\mathrm{Supp}U)} \left\{ \prod_{i \in T} U(i) \prod_{i \notin T} [1 - U(i)] \right\} \cdot \varphi_j(v)(T)$$

$$= \sum_{T \in \mathcal{P}(\mathrm{Supp}U)} \left(\left\{ \prod_{i \in T} U(i) \prod_{i \notin T} [1 - U(i)] \right\} \cdot \sum_{j \in \mathrm{Supp}S_U} \varphi_j(v)(T) \right)$$

$$\geqslant \sum_{T \in \mathcal{P}(\mathrm{Supp}U)} \left(\left\{ \prod_{i \in T} U(i) \prod_{i \notin T} [1 - U(i)] \right\} \cdot v(T \cap \mathrm{Supp}S_U) \right)$$

$$= \sum_{T \in \mathcal{P}(\mathrm{Supp}U)} \left(\left\{ \prod_{i \in T} U(i) \prod_{i \notin T} [1 - U(i)] \right\} \cdot v(T \cap S) \right)$$

$$= w(S_U)$$

证毕。

命题 4.2 说明了多线性扩展对策 $w \in G_m(N)$ 的核心与其相关经典对策 $v \in G_0(N)$ 的核心之间的关系，同时也给出了由经典核心构造多线性扩展对策核心的方法；命题 4.3 给出了多线性扩展对策中核心和 Shapley 值的关系。下面，我们举例说明利用命题 4.2 计算多线性扩展对策核心的过程，同时验证 $w \in G_p(N)$ 中核心与 Shapley 值的关系。

例 4.4　仍以例 4.3 为例，设 $N = \{1,2\}$，$v \in G_0(N)$，支付函数 v 具体如下：

$$v(\varnothing) = 0, \quad v(\{1\}) = 1, \quad v(\{2\}) = 2, \quad v(\{1,2\}) = 4$$

并且 v 的多线性扩展对策 w 为：

$$w(U) = U(1) + 2U(2) + U(1) \cdot U(2), \quad \forall U \in \mathcal{F}(N)$$

显然，v 是凸合作对策。根据命题 4.2 知，多线性扩展对策 w 的核心 $C_m(U,w) \neq \varnothing$。下面，我们根据命题 4.2 计算 $C_m(U,w)$。

首先，对于 $\forall T \in \mathcal{P}(N)/\varnothing$，计算经典对策 (T,v) 的核心 $C(T,v)$，可得：

$$C(\{1\},v) = \{(1,0)\}$$
$$C(\{2\},v) = \{(0,2)\}$$
$$C(N,v) = \{x \in R_+^2 \mid x_1 + x_2 = 4, x_1 \geqslant 1, x_2 \geqslant 2\}$$

令 $x^{\{1\}} \in C(\{1\},v)$，$x^{\{2\}} \in C(\{2\},v)$，$x^N \in C(N,v)$，并且令

$$y = U(1) \cdot [1 - U(2)] x^{\{1\}} + U(2) \cdot [1 - U(1)] x^{\{2\}} + U(1) \cdot U(2) x^N$$

即 $y = (U(1) + U(1) \cdot U(2)(x_1^N - 1), 2U(2) + U(1) \cdot U(2)(x_2^N - 2))$。

其次，根据命题 4.2 知，多线性扩展对策 w 的核心为：

$$C_m(U, w) = \{ y \in R_+^2 \mid y_1 + y_2 = U(1) + 2U(2) + U(1) \cdot U(2), y_1 \geqslant U(1), y_2 \geqslant 2U(2) \}$$

显然，上述结果与例 4.3 中求得的核心相同。

最后，根据式（4.21），计算多线性扩展对策 w 的 Shapley 值 $\phi(w)(U)$：

$$\begin{aligned}
\phi_1(w)(U) &= \varphi_1(v)(N) \cdot U(1) \cdot U(2) + \varphi_1(v)(\{1\}) \cdot U(1) \cdot [1 - U(2)] \\
&= [(4-2)/2 + 1/2] \cdot U(1) \cdot U(2) + U(1) \cdot [1 - U(2)] \\
&= U(1) \cdot U(2)/2 + U(1)
\end{aligned}$$

$$\begin{aligned}
\phi_2(w)(U) &= \varphi_2(v)(N) \cdot U(1) \cdot U(2) + \varphi_2(v)(\{2\}) \cdot U(2) \cdot [1 - U(1)] \\
&= [(4-1)/2 + 2/2] \cdot U(1) \cdot U(2) + 2 \cdot U(2) \cdot [1 - U(1)] \\
&= U(1) \cdot U(2)/2 + 2U(2)
\end{aligned}$$

即 $\phi(w)(U) = (U(1) \cdot U(2)/2 + U(1), U(1) \cdot U(2)/2 + 2U(2))$。显然，$\phi(w)(U) \in C_m(U, w)$。

（三）比例模糊对策的核心

本小节主要讨论比例模糊对策 $w \in G_p(N)$ 的核心。类似于多线性扩展对策，对于 $\forall U \in \mathcal{F}(N)$，我们将在 $w \in G_p(N)$ 中模糊联盟 $K \in \mathcal{L}(U)$ 关于分配 $x(U)$ 的超出值记为 $e_p(K, x, w)$，并将 $w \in G_p(N)$ 在模糊联盟 U 中的核心记为 $C_p(U, w)$。令 $Q(U) = \{U(i) \mid U(i) > 0, i \in N\}$，$r[U] = \{i \mid i \in N, U(i) = r\}$，则由式（4.4）和式（4.26）知：

$$\begin{aligned}
e_p(K, x, w) &= v(K) - \sum_{i \in \mathrm{Supp}K} x_i = \sum_{r \in Q(K)} v(r[K]) \cdot r - \sum_{i \in \mathrm{Supp}K} x_i \\
&= \sum_{r \in Q(U)} v(r[U] \cap \mathrm{Supp}K) \cdot r - \sum_{i \in \mathrm{Supp}K} x_i
\end{aligned}$$

$$C_p(U, w) = \left\{ x \in R_+^n \;\middle|\; \sum_{i \in N} x_i = \sum_{r \in Q(U)} v(r[U]) \cdot r, e_m(K, x, w) \leqslant 0, \forall K \in \mathcal{L}(U) \right\}$$

其中 $v \in G_0(N)$ 为 $w \in G_p(N)$ 的相关经典对策。

与多线性扩展对策相似，比例模糊对策核心与经典核心之间也存在一定的对应关系。

命题 4.4　设 $w \in G_p(N)$，$U \in \mathcal{F}(N)$，$v \in G_0(N)$ 为 $w \in G_p(N)$ 的相关经典对策。对于 $\forall r \in Q(U)$，若 $C(r[U], v) \neq \varnothing$，则

$$C_p(U, w) = \left\{ y \middle| \begin{array}{l} y = \sum_{r \in Q(U)} r \cdot x^r = \left(\sum_{r \in Q(U)} r \cdot x_1^r, \sum_{r \in Q(U)} r \cdot x_2^r, \cdots, \sum_{r \in Q(U)} r \cdot x_n^r \right), \\ \forall x^r = (x_1^r, x_2^r, \cdots, x_n^r) \in C(r[U], v), \forall r \in Q(U) \end{array} \right\} \quad (4.34)$$

其中 $r[U] = \{i \mid i \in N, U(i) = r\}$，$r \in Q(U)$。

证明：对于 $\forall x^r = (x_1^r, x_2^r, \cdots, x_n^r) \in C(r[U], v)$，$\forall r \in Q(U)$，令

$$y = \sum_{r \in Q(U)} r \cdot x^r \quad (4.35)$$

下面，我们分两步证明结论成立：第一步，证明式（4.35）中的 $y \in C_p(U, w)$；第二步，对于 $\forall y \in C_p(U, w)$，证明存在 $x^r \in C(r[U], v)$，$\forall r \in Q(U)$，使得式（4.35）成立。

第一步，由于 $\sum_{i \in N} x_i^r = v(r[U])$，所以

$$\sum_{i \in N} y_i = \sum_{i \in N} \sum_{r \in Q(U)} r \cdot x_i^r$$
$$= \sum_{r \in Q(U)} \left(r \cdot \sum_{i \in N} x_i^r \right)$$
$$= \sum_{r \in Q(U)} [r \cdot v(r[U])]$$
$$= w(U)$$

令 $Q(U) = \{r_1, r_2, \cdots, r_{q(U)}\}$，其中 $q(U) = |Q(U)|$。显然，有 $\bigcup_{m=1}^{q(U)} r_m[U] = \mathrm{Supp}U$，并且对于 $r_i, r_j \in Q(U)$，$i \neq j$，可有 $r_i[U] \cap r_j[U] = \varnothing$。因此，$\{r_1[U], r_2[U], \cdots, r_{q(U)}[U]\}$ 是 $\mathrm{Supp}U$ 的一个划分。如果 $i \notin r[U]$，那么 $x_i^r = 0$，故有 $\sum_{i \in \mathrm{Supp}K} x_i^r = \sum_{i \in \mathrm{Supp}K \cap r[U]} x_i^r$。因此，有

$$\sum_{i \in \mathrm{Supp}K} y_i = \sum_{i \in \mathrm{Supp}K} \sum_{r \in Q(U)} r \cdot x_i^r$$
$$= \sum_{r \in Q(U)} \left(r \cdot \sum_{i \in \mathrm{Supp}K} x_i^r \right)$$

$$= \sum_{r \in Q(U)} \left(r \cdot \sum_{i \in \mathrm{Supp}K \cap r[U]} x_i^r \right)$$

$$\geq \sum_{r \in Q(U)} [r \cdot v(\mathrm{Supp}K \cap r[U])]$$

$$= w(K)$$

由此可知，$y \in C_p(U, w)$。

第二步，设 $y \in C_p(U, w)$，则有下面两式成立：

$$\sum_{i \in r[U]} y_i = \sum_{i \in \mathrm{Supp}(r[U])_U} y_i \geq w[(r[U])_U] = r \cdot v(r[U]), \quad \forall r \in Q(U) \quad (4.36)$$

$$\sum_{r \in Q(U)} \sum_{i \in r[U]} y_i = \sum_{i=1}^{n} y_i = w(U) = \sum_{r \in Q(U)} r \cdot v(r[U]) \quad (4.37)$$

由式（4.36）和式（4.37）可知，$\sum_{i \in r[U]} y_i = r \cdot v(r[U])$，$\forall r \in Q(U)$，即

$$\sum_{i \in r[U]} \frac{y_i}{r} = v(r[U])$$

另外，对于 $\forall K \in \mathcal{L}(U)$，$\sum_{i \in \mathrm{Supp}K \cap r[U]} y_i \geq r \cdot v(\mathrm{Supp}K \cap r[U])$，即

$$\sum_{i \in \mathrm{Supp}K \cap r[U]} \frac{y_i}{r} \geq v(\mathrm{Supp}K \cap r[U])$$

对于 $\forall r \in Q(U)$，令

$$x_i^r = \begin{cases} \dfrac{y_i}{r}, & i \in r[U] \\ 0, & \text{其他} \end{cases}$$

则显然 $x^r = (x_1^r, x_2^r, \cdots, x_n^r) \in C(r[U], v)$。证毕。

在本章第二节中，我们介绍了 Butnariu 给出的比例模糊对策 $w \in G_p(N)$ 的 Shapley 值，下面，我们分析 $w \in G_p(N)$ 的核心与其 Shapley 值的关系。

命题 4.5 设 $w \in G_p(N)$，$U \in \mathcal{F}(N)$，$v \in G_0(N)$ 为 w 的相关经典对策。若 $v \in G_0(N)$ 满足凸性，则 Shapley 值 $\phi(w)(U)$ 包含在核心 $C_p(U, w)$ 中，即 $\phi(w)(U) \in C_p(U, w)$。

证明：由定理 4.6 知，Shapley 值 $\phi(w)(U)$ 必是对策 $w \in G_p(N)$ 在模糊联盟 U 中的分配，于是 $\sum \phi_i(w)(U) = w(U)$。因此，要证明 $\phi(w)(U) \in C_p(U, w)$，只需证明

$$\sum_{i \in \mathrm{Supp}K} \phi_i(w)(U) - w(K) \geqslant 0, \quad \forall K \in \mathcal{L}(U) \tag{4.38}$$

接下来，我们证明式（4.38）成立。由于 $v \in G_0(N)$ 是经典凸合作对策，则 v 的子对策 (T, v) 也是经典凸合作对策，$\forall T \in \mathcal{P}(N) \setminus \varnothing$，因此，根据定理 3.6 和注 3.2 可知，$\phi(v)(T) \in C(T, v)$。再根据式（4.17）可得

$$
\begin{aligned}
\sum_{i \in \mathrm{Supp}K} \phi_i(w)(U) &= \sum_{r \in Q(U)} \sum_{i \in r[U] \cap \mathrm{Supp}K} \phi_i(w)(U) \\
&= \sum_{r \in Q(U)} \sum_{i \in r[U] \cap \mathrm{Supp}K} r \cdot \varphi_i(v)(r[U]) \\
&\geqslant \sum_{r \in Q(U)} r \cdot v(r[U] \cap \mathrm{Supp}K) \\
&= w(K)
\end{aligned}
$$

证毕。

对比命题 4.5 和命题 3.6 可知，比例模糊对策 $w \in G_p(N)$ 中核心和 Shapley 值的关系与经典合作对策中核心和 Shapley 值的关系相似。下面，我们举例说明比例模糊对策中核心与 Shapley 值的关系。

例 4.5　仍以例 4.3 为例，设 $N = \{1, 2\}$，$v \in G_0(N)$，支付函数 v 具体如下：

$$v(\varnothing) = 0, \quad v(\{1\}) = 1, \quad v(\{2\}) = 2, \quad v(\{1, 2\}) = 4$$

对于任意的模糊联盟 $U \in \mathcal{F}(N)$，根据式（4.4），计算 v 的比例模糊对策 w 为

$$w(U) = \begin{cases} 4U(1), & U(1) = U(2) \\ U(1) + 2U(2), & \text{其他} \end{cases}$$

首先，对于 $\forall T \in \mathcal{P}(N) \setminus \varnothing$，计算经典对策 (T, v) 的核心 $C(T, v)$，可得：

$$C(\{1\},v) = \{(1,0)\}$$

$$C(\{2\},v) = \{(0,2)\}$$

$$C(N,v) = \{x \in R_+^2 \mid x_1 + x_2 = 4, x_1 \geq 1, x_2 \geq 2\}$$

其次，按照模糊联盟 U 中局中人的参与度，可分以下两种情况计算核心 $C_p(U,w)$ 和 Shapley 值 $\phi(w)(U)$。

（1）若 $U(1) = U(2)$，则由式（4.34）得：$C_p(U,w) = \{U(1) \cdot x^N \mid \forall x^N \in C(N,v)\}$，即

$$C_p(U,w) = \{(U(1) \cdot x_1^N, U(1) \cdot x_2^N) \mid x_1^N + x_2^N = 4, x_1^N \geq 1, x_2^N \geq 2\}$$

再由式（4.17），可得：

$$\phi_1(w)(U) = \varphi_1(v) \cdot U(1) = [(4-2)/2 + 1/2] \cdot U(1) = 3U(1)/2$$

$$\phi_2(w)(U) = \varphi_2(v) \cdot U(1) = [(4-1)/2 + 2/2] \cdot U(1) = 5U(1)/2$$

由此可知，$\phi(w)(U) = (3U(1)/2, 5U(1)/2)$。显然，$\phi(w)(U) \in C_p(U,w)$。

（2）若 $U(1) \neq U(2)$，则由式（4.34），可得

$$C_p(U,w) = \{U(1) \cdot x^{\{1\}} + U(2) \cdot x^{\{2\}} \mid \forall x^{\{1\}} \in C(\{1\},v), \forall x^{\{2\}} \in C(\{2\},v)\}$$

即 $C_p(U,w) = \{(U(1), 2U(2))\}$。此时，$\phi(w)(U) = (U(1), 2U(2))$。显然，$\phi(w)(U) \in C_p(U,w)$。

（四）Choquet 积分模糊对策的核心

本小节主要讨论 Choquet 积分模糊对策 $w \in G_c(N)$ 的核心与经典核心的转换关系。对于 $\forall U \in \mathcal{F}(N)$，记在 $w \in G_c(N)$ 中模糊联盟 $K \in \mathcal{L}(U)$ 关于分配 $x(U)$ 的超出值为 $e_c(K,x,w)$，并记 $w \in G_c(N)$ 在模糊联盟 U 中的核心为 $C_c(U,w)$。

给定 $U \in \mathcal{F}(N)$，设 $Q(U) = \{U(i) \mid U(i) > 0, i \in N\}$，$q(U)$ 为 $Q(U)$ 中元素的个数，即 $q(U) = |Q(U)|$。将 $Q(U)$ 中的元素按升序排列为 $r_1 < r_2 < \cdots < r_{q(U)}$。若设 $w \in G_c(N)$ 的相关经典对策为 $v \in G_0(N)$，$K \in \mathcal{L}(U)$，则由式（4.5）和式（4.26）知：

$$e_c(K,x,w) = w(K) - \sum_{i \in \text{Supp}K} x_i = \sum_{m=1}^{q(U)} v(K_{r_m}) \cdot (r_m - r_{m-1}) - \sum_{i \in \text{Supp}K} x_i$$

$$C_c(U,w) = \left\{ x \in R_+^n \ \middle| \ \sum_{i \in N} x_i = \sum_{m=1}^{q(U)} v(U_{r_m}) \cdot (r_m - r_{m-1}), e_c(K,x,w) \leqslant 0, \forall K \in \mathcal{L}(U) \right\}$$

命题 4.6　设 $w \in G_c(N)$，$U \in \mathcal{F}(N)$，$v \in G_0(N)$ 为 w 的相关经典对策。若 $v \in G_0(N)$ 的子对策 $(\mathrm{Supp}U,v)$ 是经典凸合作对策，则 $C_c(U,w) \neq \varnothing$，且

$$C_c(U,w) = \left\{ y \ \middle| \ \begin{array}{l} y = \sum\limits_{m=1}^{q(U)} (r_m - r_{m-1}) \cdot x^m \\[2mm] = \left(\sum\limits_{m=1}^{q(U)} (r_m - r_{m-1}) x_1^m, \sum\limits_{m=1}^{q(U)} (r_m - r_{m-1}) x_2^m, \cdots, \sum\limits_{m=1}^{q(U)} (r_m - r_{m-1}) x_n^m \right), \\[2mm] \forall x^m = (x_1^m, x_2^m, \cdots, x_n^m) \in C(U_{r_m}, v), m = 1, 2, \cdots, q(U) \end{array} \right\} \tag{4.39}$$

证明：由于 $v \in G_0(N)$ 的子对策 $(\mathrm{Supp}U,v)$ 满足凸性，因此 v 的子对策 (U_{r_m},v) 也满足凸性。根据定理 3.2 可知，$C(U_{r_m},v) \neq \varnothing$。对于 $\forall x^m = (x_1^m, x_2^m, \cdots, x_n^m) \in C(U_{r_m},v)$，$m = 1,2,\cdots,q(U)$，设

$$y = \sum_{m=1}^{q(U)} (r_m - r_{m-1}) \cdot x^m \tag{4.40}$$

下面，我们分两步证明结论成立：第一步，证明式（4.40）中的 $y \in C_c(U,w)$；第二步，对于 $\forall y \in C_c(U,w)$，证明存在 $x^m \in C(U_{r_m},v)$，$m = 1, 2, \cdots, q(U)$，使得式（4.40）成立。

第一步，由于 $x^m = (x_1^m, x_2^m, \cdots, x_n^m) \in C(U_{r_m},v)$，故有

$$\sum_{i \in N} y_i = \sum_{i \in N} \left[\sum_{m=1}^{q(U)} (r_m - r_{m-1}) \cdot x_i^m \right]$$

$$= \sum_{m=1}^{q(U)} (r_m - r_{m-1}) \cdot \sum_{i \in N} x_i^m$$

$$= \sum_{m=1}^{q(U)} (r_m - r_{m-1}) \cdot v(U_{r_m})$$

$$= w(U)$$

并且对于 $\forall K \in \mathcal{L}(U)$，可有

$$\sum_{i \in \mathrm{Supp}K} y_i = \sum_{i \in \mathrm{Supp}K} \left[\sum_{m=1}^{q(U)} (r_m - r_{m-1}) \cdot x_i^m \right]$$

$$= \sum_{m=1}^{q(U)} \left[(r_m - r_{m-1}) \cdot \sum_{i \in \mathrm{Supp}K} x_i^m \right]$$

$$= \sum_{m=1}^{q(U)} \left[(r_m - r_{m-1}) \cdot \sum_{i \in K_{r_m}} x_i^m \right]$$

$$\geq \sum_{m=1}^{q(U)} (r_m - r_{m-1}) \cdot v(K_{r_m})$$

$$= w(K)$$

因此，$y \in C_c(U,w)$。

第二步，设 $y \in C_c(U,w)$。对于 $\forall j \in N$，令：

$$\underline{x}_j^m = \min \{ x_j^m \mid x^m \in C(U_{r_m}, v) \}, m = 1, 2, \cdots, q(U)$$

$$\overline{x}_j^m = \max \{ x_j^m \mid x^m \in C(U_{r_m}, v) \}, m = 1, 2, \cdots, q(U)$$

显然，有：

$$\underline{x}_j^m = \begin{cases} v(\{j\}), & j \in U_{r_m} \\ 0, & \text{其他} \end{cases}$$

$$\overline{x}_j^m = \begin{cases} v(U_{r_m}) - v(U_{r_m} \backslash \{j\}), & j \in U_{r_m} \\ 0, & \text{其他} \end{cases}$$

再令：

$$S = \left\{ j \in N \,\middle|\, y_j < \sum_{m=1}^{q(U)} (r_m - r_{m-1}) \cdot \underline{x}_j^m \right\}$$

$$S' = \left\{ j \in N \,\middle|\, y_j > \sum_{m=1}^{q(U)} (r_m - r_{m-1}) \cdot \overline{x}_j^m \right\}$$

如果 y 不能用式（4.40）表示，则存在 $j \in N$，使得 y_j 满足以下两种情况：

（a）$j \in S$；（b）$j \in S'$。

下面，我们分别讨论上述两种情况。

情况（a）：由于 $y \in C_c(U,w)$，则 $w(S_U) \leq \sum_{j \in \text{Supp}S_U} y_j$，即 $w(S_U) <$

$\sum_{j \in \text{Supp}S_U} \left\{ \sum_{m=1}^{q(U)} (r_m - r_{m-1}) \cdot \underline{x}_j^m \right\}$。

因此，有：

$$0 < \sum_{j \in \text{Supp}S_v} \left\{ \sum_{m=1}^{q(U)} (r_m - r_{m-1}) \cdot \underline{x}_j^m \right\} - w(S_U)$$

$$= \sum_{m=1}^{q(U)} \left\{ (r_m - r_{m-1}) \cdot \sum_{j \in \text{Supp} S_U} \underline{x}_j^m \right\} - \sum_{m=1}^{q(U)} v(S_{U_{r_m}}) \cdot (r_m - r_{m-1})$$

$$= \sum_{m=1}^{q(U)} \left\{ (r_m - r_{m-1}) \cdot \left[\sum_{j \in \text{Supp} S_U} \underline{x}_j^m - v(S_{U_{r_m}}) \right] \right\}$$

$$= \sum_{m=1}^{q(U)} \left\{ (r_m - r_{m-1}) \cdot \left[\sum_{j \in S_{U_{r_m}}} \underline{x}_j^m - v(S_{U_{r_m}}) \right] \right\}$$

$$= \sum_{m=1}^{q(U)} \left\{ (r_m - r_{m-1}) \cdot \left[\sum_{j \in S_{U_{r_m}}} v(\{j\}) - v(S_{U_{r_m}}) \right] \right\}$$

所以一定存在 $r_m \in Q(U)$，使得

$$\sum_{j \in S_{U_{r_m}}} v(\{j\}) - v(S_{U_{r_m}}) > 0 \tag{4.41}$$

如果 $|S_{U_{r_m}}| = 1$，设 $S_{U_{r_m}} = \{j\}$，则由式（4.41）可得：$v(\{j\}) - v(\{j\}) > 0$，此处矛盾；如果 $|S_{U_{r_m}}| \geq 2$，那么式（4.41）与 $v \in G_0(N)$ 的超可加性矛盾，因此式（4.41）不成立，即情况（a）不成立，因此 $S = \varnothing$。

情况（b）：当 $S' = \varnothing$ 时，情况（a）一定存在，即 $S \neq \varnothing$。假若不然，只可能有以下两种情况成立：

（b1）$N = S'$；（b2）$N \backslash S' \neq \varnothing$。

情况（b1）：如果 $N = S'$，则

$$\sum_{j \in N} y_j > \sum_{j \in N} \left[\sum_{m=1}^{q(U)} (r_m - r_{m-1}) \cdot \overline{x}_j^m \right]$$

$$\geq \sum_{j \in N} \left[\sum_{m=1}^{q(U)} (r_m - r_{m-1}) \cdot x_j^m \right]$$

$$= w(U)$$

这与 $y \in C_c(U, w)$ 矛盾，因此情况（b1）不可能存在。

情况（b2）：若 $N \backslash S' \neq \varnothing$，则存在 $x^m \in C(U_{r_m}, v)$，$\forall r_m \in Q(U)$，使得

$$y_j = \sum_{m=1}^{q(U)} (r_m - r_{m-1}) \cdot x_j^m, \quad \forall j \in N \backslash S'$$

$$\sum_{j \in N} y_j > \sum_{j \in S'} \left(\sum_{m=1}^{q(U)} (r_m - r_{m-1}) \cdot \overline{x}_j^m \right) + \sum_{j \in N \backslash S'} \left(\sum_{m=1}^{q(U)} (r_m - r_{m-1}) \cdot x_j^m \right)$$

$$\geq \sum_{j \in N} \left(\sum_{m=1}^{q(U)} (r_m - r_{m-1}) \cdot x_j^m \right)$$

$$= w(U)$$

这与 $y \in C_c(U,w)$ 矛盾，所以情况（b2）也不可能存在。由此可知，$S \neq \varnothing$。又由情况（a）的证明知，$S = \varnothing$。由此可知，$S' = \varnothing$，即不存在 $j \in N$，使得 $j \in S'$。

由情况（a）和情况（b）的证明知，$S = S' = \varnothing$。因此，给定任意的 $y \in C_c(U,w)$，均可以找到 $x^m \in C(U_{r_m}, v)$，$m = 1, 2, \cdots, q(U)$，使得式（4.40）成立。证毕。

由于 Choquet 积分模糊对策 $w \in G_c(N)$ 关于局中人参与联盟程度单调非减，因此，$w \in G_c(N)$ 的核心还具有下面的性质。

命题 4.7 设 $w \in G_c(N)$，$U \in \mathcal{F}(N)$。若 $x \in C_c(U,w)$，则

$$\sum_{i \in N} x_i \geqslant w(K), \ \forall K \in \mathcal{F}(U) \tag{4.42}$$

证明：设 $x \in C_c(U,w)$，对于 $\forall K \in \mathcal{F}(U)$，则根据定理 4.1 知，$w(U) \geqslant w(K)$。由于 $x \in C_c(U,w)$，因此，$\sum_{i \in N} x_i = w(U) \geqslant w(K)$。证毕。

在本章第二节中，我们介绍了 Tsurumi 给出的 Choquet 积分模糊对策 $w \in G_c(N)$ 的 Shapley 值，下面，我们分析 $w \in G_c(N)$ 的核心与其 Shapley 值的关系。

命题 4.8 设 $w \in G_c(N)$，$U \in \mathcal{F}(N)$，$v \in G_0(N)$ 为 w 的相关经典对策。若 $v \in G_0(N)$ 是经典凸合作对策，则 Shapley 值 $\phi(w)(U)$ 属于核心 $C_c(U,w)$，即 $\phi(w)(U) \in C_c(U,w)$。

证明：由定理 4.8 知，Shapley 值 $\phi(w)(U)$ 必是对策 $w \in G_c(N)$ 在模糊联盟 U 中的分配，于是，$\sum_{i \in N} \phi_i(w)(U) = w(U)$。因此，要证明 $\phi(w)(U) \in C_c(U,w)$，只需证明

$$\sum_{i \in \mathrm{Supp}K} \phi_i(w)(U) - w(K) \geqslant 0, \quad \forall K \in \mathcal{L}(U) \tag{4.43}$$

接下来，我们证明式（4.43）成立。由于 $v \in G_0(N)$ 是经典凸合作对策，则 v 的子对策（T,v）也是经典凸合作对策，$\forall T \in \mathcal{P}(N) \backslash \varnothing$，因此，根据定理 3.6 和注 3.2 知，$\varphi(v)(T) \in C(T,v)$。再根据式（4.18），可得

$$\sum_{i \in \mathrm{Supp}K} \phi_i(w)(U) = \sum_{i \in \mathrm{Supp}K} \sum_{m=1}^{q(U)} \varphi_i(v)(U_{r_m}) \cdot (r_m - r_{m-1})$$

$$= \sum_{m=1}^{q(U)} \left\{ (r_m - r_{m-1}) \cdot \sum_{i \in \mathrm{Supp}K} \varphi_i(v)(U_{r_m}) \right\}$$

$$\geqslant \sum_{m=1}^{q(U)} \left\{ (r_m - r_{m-1}) \cdot v(\mathrm{Supp}K \cap U_{r_m}) \right\}$$

$$= \sum_{m=1}^{q(U)} \left\{ (r_m - r_{m-1}) \cdot v(K_{r_m}) \right\}$$

$$= w(K)$$

证毕。

由式（4.5）可知，如果 $w \in G_c(N)$ 的相关经典对策 $v \in G_0(N)$ 是经典凸合作对策，那么 $w \in G_c(N)$ 是凸的模糊合作联盟对策。因此，对策 $w \in G_c(N)$ 中核心和 Shapley 值的关系（见命题 4.8）等同于经典合作对策中核心和 Shapley 值的关系（见定理 3.6）。下面，我们根据式（4.18）和式（4.39）计算 $w \in G_c(N)$ 的 Shapley 值和核心。

例 4.6　仍以例 4.3 为例，设 $N = \{1,2\}$，$U \in \mathcal{F}(N)$，其中 $U(1) = 0.2$，$U(2) = 0.3$，并且 $v \in G_0(N)$ 的支付函数为：$v(\varnothing) = 0$，$v(\{1\}) = 1$，$v(\{2\}) = 2$，$v(\{1,2\}) = 4$。

首先，将局中人 1、2 的在模糊联盟 U 中的参与程度按照升序排列为：$r_1 = 0.2$，$r_2 = 0.3$。此时，$Q(U) = \{0.2, 0.3\}$，$q(U) = |Q(U)| = 2$。

其次，根据式（4.5），计算 v 的 Choquet 积分模糊对策 w 为：

$$w(U) = 0.2 \cdot v(\{1,2\}) + (0.3 - 0.2) \cdot v(\{2\}) = 1$$

再次，根据式（4.39），计算 $C_c(U,w)$：由于 $\mathrm{Supp}U = N$，并且 v 是经典凸合作对策，因此由命题 4.6 可知，Choquet 积分模糊对策 w 的核心 $C_c(U,w) \neq \varnothing$。对于 $m = 1, 2$，计算经典合作对策 (U_{r_m}, v) 的核心 $C(U_{r_m}, v)$，可得

$$C(U_{r_1}, v) = C(N, v) = \{x \in R_+^2 \mid x_1 + x_2 = 4, x_1 \geqslant 1, x_2 \geqslant 2\}$$

$$C(U_{r_2}, v) = C(\{2\}, v) = \{(0,2)\}$$

因此，Choquet 积分模糊对策 w 的核心为

$$C_c(U,w) = \{ y \in R_+^2 \mid y = 0.2 \cdot x^N + (0.3 - 0.2) \cdot x^{\{2\}}, x^N \in C(N,v), \forall\, x^{\{2\}} \in C(\{2\},v) \}$$

即

$$C_c(U,w) = \{ (0.2x_1^N, 0.2x_2^N + 0.2) \mid x_1^N + x_2^N = 4, x_1^N \geqslant 1, x_2^N \geqslant 2 \}。$$

最后，根据式（4.18），计算 Choquet 积分模糊对策 w 的 Shapley 值 $\phi(w)(U)$：

$$\phi_1(w)(U) = \varphi_1(v)(N) \cdot 0.2 + \varphi_1(v)(\{2\}) \cdot 0.1 = 0.2 \cdot [(4-2)/2 + 1/2] + 0 = 0.3$$

$$\phi_2(w)(U) = \varphi_2(v)(N) \cdot 0.2 + \varphi_2(v)(\{2\}) \cdot 0.1 = [(4-1)/2 + 2/2] \cdot 0.2 + 0.2 = 0.7$$

由此可知，$\phi(w)(U) = (0.3, 0.7)$。因此，$\phi(w)(U) \in C_c(U,w)$。

（五） 基于模糊联盟合作对策核心的虚拟企业收益分配策略

在本章第二节中，我们将模糊联盟合作对策的 Shapley 值应用到虚拟企业收益分配问题中，本小节将综合利用模糊联盟合作对策的核心和 Shapley 值解决虚拟企业的收益分配问题。

例 4.7 仍以例 4.1 和例 4.2 为例，假设三家企业（即局中人集合 $N = \{1,2,3\}$）欲组建虚拟企业合作生产 7 种产品，已知在三家企业完全合作的情况下，虚拟企业的合作收益为：$v(\{1\}) = 16$，$v(\{2\}) = 27$，$v(\{3\}) = 10$，$v(\{1,2\}) = 55.8$，$v(\{1,3\}) = 40.25$，$v(\{2,3\}) = 57.6$，$v(\{1,2,3\}) = 98$。现假设在项目实施过程中，由于精力、能力等诸多条件的限制，企业 1、企业 2 投入的资源数量只能达到它们各自原计划数量的一半，此时三家企业该选择什么样的合作方式及如何分配总收益？

此时，企业 1、企业 2、企业 3 参与该虚拟企业合作的程度分别为 0.5、0.5、1，三家企业形成了模糊联盟 $U = (0.5, 0.5, 1)$。下面，我们分别利用比例模糊对策、Choquet 积分模糊对策以及多线性扩展对策解决该虚拟企业收益分配问题。为了便于区分，将多线性扩展对策、比例模糊对策、Choquet 积分模糊对策的支付函数分别记为 w_m、w_p、w_c。

（1）基于多线性扩展对策 w_m Shapley 值和核心的虚拟企业收益分配策略。

第一步，由例 4.2 的计算知，w_m 的 Shapley 值为：$\phi(w_m)(U) =$

$(12.94,20.03,18.49)$。

第二步，对于 $\forall T \in \mathcal{P}(N)$，设三家企业形成清晰联盟 T 的可能性为 $\alpha_U(T)$，则由例 4.2 的计算知：$\alpha_U(\{3\}) = \alpha_U(\{1,3\}) = \alpha_U(\{2,3\}) = \alpha_U(N) = 0.25$，三家企业只有可能组成联盟 $\{3\}$、$\{1,3\}$、$\{2,3\}$ 和 N。

第三步，根据式（3.11），计算经典合作对策 (N,v) 及其子对策 $(\{3\},v)$、$(\{1,3\},v)$、$(\{2,3\},v)$ 的核心：

$$C(\{3\},v) = \{(0,0,10)\}$$

$$C(\{1,3\},v) = \{x \in R_+^3 \mid x_2 = 0, x_1 + x_3 = 40.25, 16 \leq x_1 \leq 30.25, 10 \leq x_3 \leq 24.25\}$$

$$C(\{2,3\},v) = \{x \in R_+^3 \mid x_1 = 0, x_2 + x_3 = 57.6, 27 \leq x_2 \leq 47.6, 10 \leq x_3 \leq 30.6\}$$

$$C(N,v) = \{x \in R_+^3 \mid x_1 + x_2 + x_3 = 98, 16 \leq x_1 \leq 40.4, 27 \leq x_2 \leq 57.75, 10 \leq x_3 \leq 42.2\}$$

第四步，对于 $\forall x^{\{3\}} \in C(\{3\},v)$，$\forall x^{\{1,3\}} \in C(\{3\},v)$，$\forall x^{\{2,3\}} \in C(\{2,3\},v)$，$\forall x^N \in C(N,v)$，令 $y = 0.25x^{\{3\}} + 0.25x^{\{1,3\}} + 0.25x^{\{2,3\}} + 0.25x^N$，于是有：

$$y_1 = 0.25x_1^{\{1,3\}} + 0.25x_1^N \in [8, 17.66]$$

$$y_2 = 0.25x_2^{\{2,3\}} + 0.25x_2^N \in [13.5, 26.34]$$

$$y_3 = 0.25x_3^{\{3\}} + 0.25x_3^{\{1,3\}} + 0.25x_3^{\{2,3\}} + 0.25x_3^N \in [10, 26.76]$$

$$\sum_{i \in N} y_i = 0.25\left[\sum_{i \in N} x_i^{\{3\}} + \sum_{i \in N} x_i^{\{1,3\}} + \sum_{i \in N} x_i^{\{2,3\}} + \sum_{i \in N} x_i^N\right] = 51.46$$

第五步，根据命题 4.2 知，多线性扩展对策 w_m 的核心为

$$C_m(U,x) = \left\{ y \in R_+^3 \;\middle|\; y = \sum_{T \in \mathcal{P}(N)} \alpha_U(T) \cdot x^T, \forall x^T \in C(T,v), \forall T \in \mathcal{P}(N) \right\}$$

$$= \left\{ y \in R_+^3 \;\middle|\; \sum_{j \in N} y_i = 51.46, 8 \leq y_1 \leq 17.66, 13.5 \leq y_2 \leq 26.34, 10 \leq y_3 \leq 26.76 \right\}$$

因此，w_m 的 Shapley 值 $\phi(w_m)(U)$ 包含在核心 $C_m(U,w)$ 中，即 $\phi(w_m)(U) \in C_m(U,w)$。由此，综合 w_m 的 Shapley 值和核心可知：如果虚拟企业形成多线性扩展对策，那么预期总利润为 51.46 万元，其中企业 1、企业 2、企业 3 得到的报酬分别为 12.94 万元、20.03 万元、18.49 万元。

（2）基于 w_p Shapley 值和核心的虚拟企业收益分配策略。

第一步，由例 4.1 的计算知，w_p 的 Shapley 值为：$\phi(w_p)(U) = (11.2,$

16. 7, 10)。

第二步，根据式（3.11），计算子对策（{1,2}, v）和（{3}, v）的核心，可得：

$$C(\{1,2\}, v) = \{x \in R_+^3 \mid x_3 = 0, x_1 + x_2 = 55.8, x_1 \geqslant 16, x_2 \geqslant 27\}$$

$$C(\{3\}, v) = \{(0,0,10)\}$$

第三步，按照式（4.34），计算 w_p 的核心：

$$C_p(U, w) = \{y \in R_+^3 \mid y = 0.5x^{0.5} + x^1, \forall x^{0.5} \in C(\{1,2\}, v), \forall x^1 \in C(\{3\}, v)\}$$

$$= \{(0.5x_1^{0.5}, 0.5x_2^{0.5}, 10) \mid x_1^{0.5} + x_2^{0.5} = 55.8, x_1^{0.5} \geqslant 16, x_2^{0.5} \geqslant 27\}$$

$$= \{y \in R_+^3 \mid y_1 + y_2 = 27.9, y_1 \geqslant 8, y_2 \geqslant 13.5, y_3 = 10\}$$

可见，w_p 的 Shapley 值 $\phi(w_p)(U)$ 包含在核心 $C_p(U, w)$ 中。因此，综合 w_p 的 Shapley 值和核心可知：如果虚拟企业形成比例模糊对策，那么预期总利润为 37.9 万元，并且企业 1、企业 2、企业 3 的报酬分别为 11.2 万元、16.7 万元、10 万元。

（3）基于 w_c Shapley 值和核心的虚拟企业收益分配策略。

第一步，由例 4.1 的计算知，w_c 的 Shapley 值为：$\phi(w_c)(U) = (14.32, 21.41, 18.27)$。

第二步，根据式（3.11），计算合作对策对策（N, v）及其子对策（{3}, v）的核心，可得：

$$C(\{3\}, v) = \{(0,0,10)\}$$

$$C(N, v) = \{y \in R_+^3 \mid x_1 + x_2 + x_3 = 98, 16 \leqslant x_1 \leqslant 40.4, 27 \leqslant x_2 \leqslant 57.75, 10 \leqslant x_3 \leqslant 42.2\}$$

第三步，按照式（4.39），计算 w_c 的核心：

$$C_c(U, w) = \{y \in R_+^3 \mid y = 0.5x^1 + 0.5x^2, \forall x^1 \in C(N, v), \forall x^2 \in C(\{3\}, v)\}$$

$$= \{y \in R_+^3 \mid 8 \leqslant y_1 \leqslant 20.2, 13.5 \leqslant y_2 \leqslant 28.88, 10 \leqslant y_3 \leqslant 26.1, y_1 + y_2 + y_3 = 54\}$$

可见，w_c 的 Shapley 值 $\phi(w_c)(U)$ 包含于核心 $C_c(U, w)$，即 $\phi(w_c)(U) \in C_c(U, w)$，因此，综合 w_c 的 Shapley 值和核心可知：如果虚拟企业形成比例模糊对策，那么预期总利润为 54 万元，其中企业 1、企业 2、企业 3 得到的报酬分别为 14.32 万元、21.41 万元、18.27 万元。

　　需要说明的是，如果模糊联盟合作对策的 Shapley 值包含在核心中，则说明基于模糊联盟合作对策 Shapley 值的虚拟企业收益分配策略能够被合作伙伴接受，但是，实际上模糊联盟合作对策的核心不一定存在，而且当模糊联盟合作对策核心存在时，其 Shapley 值也不一定包含在核心中。也就是说，利用模糊联盟合作对策 Shapley 值进行收益分配所得到的结果不一定是合理的，有可能存在合作伙伴对该分配提出异议。因此，我们建议：在进行虚拟企业收益分配时，如果模糊联盟合作对策的核心存在，我们最好综合考虑基于 Shapley 值和核心的分配结果；反之，如果模糊联盟合作对策的核心不存在，我们只能退而求其次，依据模糊联盟合作对策的 Shapley 值进行虚拟企业收益分配。

四　小结

　　本章主要讨论了模糊联盟合作对策及其核心、Shapley 值，并且提出了基于模糊联盟合作对策的虚拟企业收益分配策略。

　　首先，介绍了模糊联盟合作对策的基本概念，包括模糊联盟合作对策的超可加性、凸性、分配等，这些概念都是经典合作对策中相应概念的拓展。同时，引入了 Owen、Butnariu、Tsurumi 定义的模糊联盟合作对策，这三种模糊联盟合作对策都是经典合作对策 $v \in G_0(N)$ 的自然推广。遵循这一思路，笔者借鉴文献[173]中的不确定积分，提出了由经典合作对策 $v \in G_0(N)$ 扩展的模糊联盟合作对策的一般形式，并且给出了该类模糊联盟合作对策满足超可加性的条件，此处体现了本书的方法创新。

　　其次，介绍了 Tsurumi 等在文献[56]中提出的 Shapley 值公理，该公理体系可适用于任何形式的模糊联盟合作对策。同时，介绍了比例模糊对策与 Choquet 积分模糊对策的 Shapley 值，将其分别应用在虚拟企业收益分配问题中，并且比较了基于两种不同模糊联盟合作对策的虚拟企业收益分配策略。

　　再次，为了提出基于多线性扩展对策的虚拟企业收益分配策略，笔者给出了 Owen 定义的多线性扩展对策的 Shapley 值，并证明了该 Shapley 值满足 Tsurumi 提出的 Shapley 值公理，此处是本书的一个创新点。

最后，定义了模糊联盟合作对策的核心，并重点研究了三种常见的模糊联盟合作对策（即 Owen、Butnariu 和 Tsurumi 定义的模糊联盟合作对策）的核心以及核心与 Shapley 值的关系，此部分是本书的又一方法创新之处。同时，综合了模糊联盟合作对策的核心和 Shapley 值，提出了虚拟企业的收益分配策略。

综上所述，本章的创新之处包括：（1）提出了由经典合作对策扩展的模糊联盟合作对策的一般形式，并且给出了该类模糊联盟合作对策满足超可加性的条件；（2）给出了多线性扩展对策的 Shapley 值，并证明该 Shapley 值满足 Tsurumi 定义的四条 Shapley 值公理；（3）提出了模糊联盟合作对策的核心，并分析了 Owen、Butnariu 和 Tsurumi 定义的三种模糊联盟合作对策中核心与经典核心的对应关系。

第五章

基于模糊支付合作对策的虚拟企业
收益分配策略

为了解决经典合作对策存在的第一个问题，本书的第四章讨论了模糊联盟合作对策，分析了虚拟企业的成员以一定的参与率参与联盟时的收益分配策略。本章中，针对经典合作对策存在的第二个问题，笔者将探讨模糊支付合作对策及其求解方法，并在此基础上提出基于模糊支付合作对策的虚拟企业收益分配策略。

本章中，笔者首先介绍模糊支付合作对策的相关概念和 Mareš 定义的模糊 Shapley 值，并以区间 Shapley 值为例，分析 Mareš 定义的模糊 Shapley 值的性质，提出基于模糊 Shapley 值的虚拟企业收益分配策略；其次，引入基于 Hukuhara 差的模糊 Shapley 值，即 Hukuhara-Shapley 值，讨论该模糊 Shapley 值的存在性、实际意义、性质及其与 Mareš 定义的模糊 Shapley 值的区别，并将 Hukuhara-Shapley 值应用到虚拟企业收益分配问题中；再次，总结 Mareš、Nishizaki 和 Sakawa 在模糊核心方面的研究成果，分析 Mareš、Nishizaki 和 Sakawa 方法存在的问题及其相互关系，并给出基于模糊核心的虚拟企业收益分配策略；最后，针对已有模糊核心研究存在的问题，提出模糊支付合作对策的模糊最大序核心，讨论此模糊核心的存在条件、模糊核心与模糊 Shapley 值的关系，并在此基础上提出基于模糊核心和模糊 Shapley 值的虚拟企业收益分配策略。

一　模糊支付合作对策的基本概念

在经典合作对策 (N,v) 中，$N = \{1,2,\cdots,n\}$ 表示全体局中人的集合，若将 N 的全部子集组成的集合（即幂集）表示为 $\mathcal{P}(N)$，则支付函数 v 是 $\mathcal{P}(N)$ 到实数集 R 的一个映射，即 $v:\mathcal{P}(N)\rightarrow R$，且满足 $v(\varnothing)=0$。

在经典的合作对策中，联盟的收益（即支付函数）用实数表示，这表示局中人在合作之前完全清楚地知道不同的合作策略所产生的预期收益。然而，由于局中人对问题认识的模糊性、所搜集信息的不完全性以及决策环境本身的不确定性等，实际中的联盟收益往往带有不确定性或者模糊性，对于这样带有模糊支付信息的对策，直接应用经典合作对策理论求解显然是不合适的，这就需要我们将经典合作对策拓展为模糊支付合作对策，通过模糊支付合作对策理论解决此类带有模糊支付信息的合作对策问题。

将经典合作对策中的支付函数由实数扩展为模糊数，Sakawa 和 Nishizaki[43-46] 提出了模糊支付合作对策。仍设 $N=\{1,2,\cdots,n\}$ 为全体局中人的集合，N 的全部子集组成的集合为 $\mathcal{P}(N)$，$\mathcal{P}(N)$ 的任一元素为一个联盟，则模糊支付合作对策一般定义为二元组 $(N,\tilde{v})$，其中模糊支付函数 $\tilde{v}$ 是 $\mathcal{P}(N)$ 到模糊数集合 FR 的映射，即 $\tilde{v}:\mathcal{P}(N)\rightarrow FR$，满足 $\tilde{v}(\varnothing)=0$。

类似于经典合作对策和模糊联盟合作对策，本书主要讨论模糊支付函数取值为非负模糊数的模糊支付合作对策，即模糊支付函数 $\tilde{v}:\mathcal{P}(N)\rightarrow FR_+$。为了表述方便，我们将模糊支付合作对策 $(N,\tilde{v})$ 简记为 $\tilde{v}$，也就是说，$\tilde{v}$ 是指局中人集合为 N、模糊支付函数为 $\tilde{v}$ 的模糊支付合作对策。

下面，我们将经典合作对策的超可加性、凸性、分配扩展到模糊支付合作对策中。

定义 5.1 若模糊支付合作对策 $(N,\tilde{v})$ 满足

$$\tilde{v}(S\cup T)\geq\tilde{v}(S)+\tilde{v}(T),\quad \forall S,T\in\mathcal{P}(N),\quad S\cap T=\varnothing \tag{5.1}$$

则称 $(N,\tilde{v})$ 是超可加的模糊支付合作对策，或称 $(N,\tilde{v})$ 满足超可加性。

与经典合作对策相同，本书主要讨论超可加的模糊支付合作对策，并将全体超可加的模糊支付合作对策 $(N,\tilde{v})$ 构成的集合记为 $\widetilde{G}(N)$。

设 $\tilde{v}\in\widetilde{G}(N)$，给定任意的 $\lambda\in(0,1]$，令 $\tilde{v}_\lambda(S)$ 为联盟 S 收益 $\tilde{v}(S)$ 的 λ 截集，当 $\lambda=0$ 时，令

$$\tilde{v}_0(S)=\mathrm{cl}\{x\in R\mid\tilde{v}(S)(x)>0\}$$

其中 cl 表示集合的闭包，$\tilde{v}(S)(x)$ 为模糊数 $\tilde{v}(S)$ 的隶属函数。因此，对 $\forall \lambda \in [0,1]$，$\tilde{v}_\lambda(S)$ 均为区间数，令 $\tilde{v}_\lambda^-(S)$ 与 $\tilde{v}_\lambda^+(S)$ 分别为区间数 $\tilde{v}_\lambda(S)$ 的左、右端点，即

$$\tilde{v}_\lambda(S) = [\tilde{v}_\lambda^-(S), \tilde{v}_\lambda^+(S)], \quad \forall S \in \mathcal{P}(N)$$

则函数 $\tilde{v}_\lambda^+$ 和 $\tilde{v}_\lambda^-$ 都是从集合 $\mathcal{P}(N)$ 到实数集 R 的映射，且分别满足 $\tilde{v}_\lambda^+(\varnothing) = 0$，$\tilde{v}_\lambda^-(\varnothing) = 0$。因此，$(N, \tilde{v}_\lambda^+)$ 与 $(N, \tilde{v}_\lambda^-)$ 皆为经典合作对策。

注 5.1 式（5.1）中的"$\geq$"为式（2.21）定义的模糊数序关系，因此，模糊支付合作对策 $(N, \tilde{v})$ 的超可加性可以等价地定义为：对于 $\forall S, T \in \mathcal{P}(N)$，若 $S \cap T = \varnothing$，则

$$\tilde{v}_\lambda^+(S \cup T) \geq \tilde{v}_\lambda^+(S) + \tilde{v}_\lambda^+(T) \text{ 且 } \tilde{v}_\lambda^-(S \cup T) \geq \tilde{v}_\lambda^-(S) + \tilde{v}_\lambda^-(T), \forall \lambda \in [0,1] \quad (5.2)$$

由式（5.2）知，对于 $\forall \lambda \in [0,1]$，$(N, \tilde{v}_\lambda^+)$ 与 $(N, \tilde{v}_\lambda^-)$ 都是超可加的经典合作对策，即 $\tilde{v}_\lambda^+, \tilde{v}_\lambda^- \in G_0(N)$。

进一步，对于 $\forall \lambda \in [0,1]$，函数 $\tilde{v}_\lambda$ 是从集合 $\mathcal{P}(N)$ 到区间数集合 IR 的映射，且满足 $\tilde{v}_\lambda(\varnothing) = 0$。由于区间数是一种特殊的模糊数，故 $(N, \tilde{v}_\lambda)$ 也是模糊支付合作对策。由于 $\tilde{v}_\lambda^+, \tilde{v}_\lambda^- \in G_0(N)$，因此 $(N, \tilde{v}_\lambda)$ 是超可加的模糊支付合作对策，即 $\tilde{v}_\lambda \in \widetilde{G}(N)$。又由于 $(N, \tilde{v}_\lambda)$ 的模糊支付函数 $\tilde{v}_\lambda$ 为区间数，因此也将 $(N, \tilde{v}_\lambda)$ 称为具有区间支付的合作对策。

定义 5.2 若模糊支付合作对策 $(N, \tilde{v})$ 满足

$$\tilde{v}(S \cup T) + \tilde{v}(S \cap T) \geq \tilde{v}(S) + \tilde{v}(T), \quad \forall S, T \in \mathcal{P}(N) \quad (5.3)$$

则称 $\tilde{v}$ 是凸的模糊支付合作对策，或称 $\tilde{v}$ 满足凸性。

显然，凸的模糊支付合作对策一定满足超可加性。若 $(N, \tilde{v})$ 为凸的模糊支付合作对策，则对于 $\forall \lambda \in [0,1]$，$\forall S, T \in \mathcal{P}(N)$，有：

$$\tilde{v}_\lambda^+(T \cup S) + \tilde{v}_\lambda^+(T \cap S) \geq \tilde{v}_\lambda^+(T) + \tilde{v}_\lambda^+(S)$$

$$\tilde{v}_\lambda^-(S \cup T) + \tilde{v}_\lambda^-(S \cap T) \geq \tilde{v}_\lambda^-(S) + \tilde{v}_\lambda^-(T)$$

由此可知，$(N, \tilde{v}_\lambda^+)$ 与 $(N, \tilde{v}_\lambda^-)$ 是经典凸合作对策。

类似于经典合作对策的分配，可定义如下的模糊分配。

定义 5.3 设 $\tilde{v} \in \widetilde{G}(N)$，$W \in \mathcal{P}(N)$，如果存在模糊向量 $\tilde{x}(W) =$

$(\tilde{x}_1(W), \tilde{x}_2(W), \cdots, \tilde{x}_n(W))$ 满足：

（1） $\tilde{x}_i(W) = 0$，$\forall i \notin W$；

（2） $\sum \tilde{x}_i(W) = \tilde{v}(W)$；

（3） $\tilde{x}_i(W) \geqslant \tilde{v}(\{i\})$，$\forall i \in W$。

则称 $\tilde{x}(W) = (\tilde{x}_1(W), \tilde{x}_2(W), \cdots, \tilde{x}_n(W))$ 为对策 $\tilde{v}$ 在联盟 W 中的模糊分配，或对策 $\tilde{v}$ 在联盟 W 中的强模糊分配。特别地，我们将对策 $\tilde{v}$ 在联盟 N 中的模糊分配简称为对策 $\tilde{v}$ 的模糊分配，或者称为对策 $\tilde{v}$ 的强模糊分配。记 $\tilde{v}$ 在联盟 W 中的分配的全体为 $\widetilde{E}(W, \tilde{v})$。

需要说明的是，本节介绍的概念和符号适用于所有的模糊支付合作对策，本章后面几节的讨论，我们不再对上述符号和概念做说明。

二　基于扩张运算的模糊 Shapley 值及其应用

在模糊支付合作对策中，联盟的收益表示为模糊数，即对策的支付函数是模糊的。为了求解模糊支付合作对策，很多学者通过模糊延拓的思想将经典合作对策的 Shapley 值拓展到模糊支付合作对策中，并以此提出了模糊 Shapley 值。按照模糊 Shapley 值计算式中采用的不同模糊数减法，可将模糊 Shapley 值分为两类：（1）基于扩张运算的模糊 Shapley 值，即通过模糊数的扩张减法（见定义 2.16）定义的模糊 Shapley 值；（2）基于 Hukuhara 差的模糊 Shapley 值，即利用模糊数的 Hukuhara 差运算（见定义 2.17）定义的模糊 Shapley 值。本节主要介绍基于扩张运算的模糊 Shapley 值，并讨论该模糊 Shapley 值的性质。对于第二种模糊 Shapley 值，我们将在下一节中讨论。

（一） Mareš 定义的模糊 Shapley 值

为了给出模糊支付合作对策的解，Mareš[51]研究了模糊支付合作对策的模糊 Shapley 值。首先，仿照经典 Shapley 值的计算式（即式 3.10），Mareš 提出了模糊 Shapley 值的表达式。

定义 5.4　设模糊支付合作对策 $\tilde{v} \in \widetilde{G}(N)$，则 $\tilde{v}$ 的模糊 Shapley 值为 n

维模糊向量 $\tilde{f}(\tilde{v}) = (\tilde{f}_1(\tilde{v}), \tilde{f}_2(\tilde{v}), \cdots, \tilde{f}_n(\tilde{v}))$，具有形式

$$\tilde{f}_i(\tilde{v}) = \sum_{S \in \mathcal{P}(N \setminus \{i\})} \gamma_{S;N}[\tilde{v}(S \cup \{i\}) - \tilde{v}(S)], \quad \forall i \in N \qquad (5.4)$$

其中 $\gamma_{S;N} = (n - |S| - 1)! \, |S|! / n!$。

为了与其他模糊 Shapley 值区分，我们将式（5.4）定义的模糊 Shapley 值称为 M-Shapley 值。

显然，M-Shapley 值是经典 Shapley 值的自然推广。根据式（5.4），结合模糊数运算的性质和 Mareš 在文献[51]中的讨论，我们很容易得知 M-Shapley 值满足如下的公理体系。

定理 5.1 设模糊支付合作对策 $\tilde{v} \in \widetilde{G}(N)$，则 $\tilde{v}$ 的 M-Shapley 值 $\tilde{f}(\tilde{v})$ 满足以下公理。

公理 M_1（相对有效性）：$\ker\left[\sum_{i \in N} \tilde{f}_i(\tilde{v})\right] = \ker[\tilde{v}(N)]$。

公理 M_2（对称性）：如果局中人 $i, j \in N$，且对于任意的联盟 $S \in \mathcal{P}(N \setminus \{i,j\})$，总有 $\tilde{v}(S \cup \{i\}) = \tilde{v}(S \cup \{j\})$，则 $\tilde{f}_i(\tilde{v}) = \tilde{f}_j(\tilde{v})$。

公理 M_3（可加性）：对于模糊支付合作对策 $(N, \tilde{\mu})$ 和 $(N, \tilde{\omega})$，定义对策 $(N, \tilde{\mu} + \tilde{\omega})$ 为：对于 $\forall T \in \mathcal{P}(N)$，$(\tilde{\mu} + \tilde{\omega})(T) = \tilde{\mu}(T) + \tilde{\omega}(T)$，则 $\tilde{f}_i(\tilde{\mu} + \tilde{\omega}) = \tilde{f}_i(\tilde{\mu}) + \tilde{f}_i(\tilde{\omega})$，$i \in N$。

注 5.2 设 $\tilde{v} \in \widetilde{G}(N)$，由于 M-Shapley 值 $\tilde{f}(\tilde{v})$ 满足公理 M_1，则有：

$$\mathrm{Pos}\left[\sum_{i \in N} \tilde{f}_i(\tilde{v}) \geqslant \tilde{v}(N)\right] = \mathrm{Pos}\left[\tilde{v}(N) \geqslant \sum_{i \in N} \tilde{f}_i(\tilde{v})\right] = 1$$

（二）Mareš 定义的模糊 Shapley 值性质及区间 Shapley 值

Mareš 定义了模糊支付合作对策的 M-Shapley 值，但是并没有讨论该模糊 Shapley 值的性质。因此，为了更好地理解和应用 M-Shapley 值，我们有必要进一步分析 M-Shapley 值的性质，此处是本书的创新点之一。

对于 $\tilde{v} \in \widetilde{G}(N)$，给定任意的 $\lambda \in (0,1]$，令 $(\tilde{f}_i(\tilde{v}))_\lambda$ 为局中人 i 的 M-Shapley 值 $\tilde{f}_i(\tilde{v})$ 的 λ 截集；当 $\lambda = 0$ 时，令

$$(\tilde{f}_i(\tilde{v}))_0 = \mathrm{cl}\{x \in R \mid (\tilde{f}_i(\tilde{v}))(x) > 0\}$$

其中 cl 表示集合的闭包，$(\tilde{f}_i(\tilde{v}))(x)$ 为模糊数 $\tilde{f}_i(\tilde{v})$ 的隶属函数。因此，由式（5.4）和定理 2.7 知，对于 $\forall \lambda \in [0,1]$，$(N, \tilde{v}_\lambda)$ 的 M-Shapley 值 $\check{\tilde{f}}(\tilde{v}_\lambda)$ 等于 $(\tilde{f}_i(\tilde{v}))_\lambda$，即

$$\check{\tilde{f}}_i(\tilde{v}_\lambda) = (\tilde{f}_i(\tilde{v}))_\lambda = \sum_{S \in \mathcal{P}(N \setminus \{i\})} \gamma_{S;N} [\tilde{v}_\lambda(S \cup \{i\}) - \tilde{v}_\lambda(S)], \quad \forall i \in N \quad (5.5)$$

其中 $\gamma_{S;N} = (n - |S| - 1)! \, |S|! / n!$。对于 $\forall i \in N$，令 $(\tilde{f}_i(\tilde{v}))_\lambda = \check{\tilde{f}}_i(\tilde{v}_\lambda) = [\check{\tilde{f}}_i^-(\tilde{v}_\lambda), \check{\tilde{f}}_i^+(\tilde{v}_\lambda)]$，则有：

$$\check{\tilde{f}}_i^+(\tilde{v}_\lambda) = (\tilde{f}_i(\tilde{v}))_\lambda^+ = \sum_{S \in \mathcal{P}(N \setminus \{i\})} \gamma_{S;N} [\tilde{v}_\lambda^+(S \cup \{i\}) - \tilde{v}_\lambda^-(S)] \quad (5.6)$$

$$\check{\tilde{f}}_i^-(\tilde{v}_\lambda) = (\tilde{f}_i(\tilde{v}))_\lambda^- = \sum_{S \in \mathcal{P}(N \setminus \{i\})} \gamma_{S;N} [\tilde{v}_\lambda^-(S \cup \{i\}) - \tilde{v}_\lambda^+(S)] \quad (5.7)$$

为了讨论方便，我们称 $(N, \tilde{v}_\lambda)$ 的 M-Shapley 值 $\check{\tilde{f}}(\tilde{v}_\lambda)$ 为区间 Shapley 值。下面，我们通过具有区间支付的合作对策和区间 Shapley 值，具体分析 M-Shapley 值的性质。

由性质 2.2 和式（5.5），我们直接可以得出以下结论。

定理 5.2 设 $\tilde{v} \in \widetilde{G}(N)$，$\forall \lambda, \beta \in [0,1]$，如果 $\lambda \leqslant \beta$，那么 M-Shapley 值 $\check{\tilde{f}}(\tilde{v})$ 满足

$$\check{\tilde{f}}_i(\tilde{v}_\lambda) \supseteq \check{\tilde{f}}_i(\tilde{v}_\beta), \, \forall i \in N$$

由定理 5.2 知，提高置信水平 λ，减小了区间支付 $\tilde{v}_\lambda$ 的区间长度，同时缩小了区间 Shapley 值 $\check{\tilde{f}}(\tilde{v}_\lambda)$ 的区间长度。

命题 5.1 设 $\tilde{v} \in \widetilde{G}(N)$，则 $\tilde{v}$ 的 M-Shapley 值 $\check{\tilde{f}}(\tilde{v})$ 满足

$$\tilde{v}(N) \subseteq \sum_{i \in N} \check{\tilde{f}}_i(\tilde{v}) \quad (5.8)$$

证明：对于任意的 $\lambda \in [0,1]$，由式（3.10）知，$(N, \tilde{v}_\lambda^+)$ 的 Shapley 值 $\varphi(\tilde{v}_\lambda^+)$、$(N, \tilde{v}_\lambda^-)$ 的 Shapley 值 $\varphi(\tilde{v}_\lambda^-)$ 分别为：

$$\varphi_i(\tilde{v}_\lambda^+) = \sum_{S \in \mathcal{P}(N \setminus \{i\})} \gamma_{S;N} [\tilde{v}_\lambda^+(S \cup \{i\}) - \tilde{v}_\lambda^+(S)], \, \forall i \in N$$

$$\varphi_i(\tilde{v}_\lambda^-) = \sum_{S \in \mathcal{P}(N \setminus \{i\})} \gamma_{S;N} [\tilde{v}_\lambda^-(S \cup \{i\}) - \tilde{v}_\lambda^-(S)], \, \forall i \in N$$

其中 $\gamma_{S;N} = (n - |S| - 1)! \, |S|! / n!$。再根据经典 Shapley 值的有效性，

可得:

$$\sum_{i \in N} \varphi_i(\tilde{v}_\lambda^+) = \tilde{v}_\lambda^+(N)$$

$$\sum_{i \in N} \varphi_i(\tilde{v}_\lambda^-) = \tilde{v}_\lambda^-(N) \tag{5.9}$$

根据定理 2.7 可知

$$\left(\sum_{i \in N} \overset{\circ}{\tilde{f}_i}(\tilde{v}) \right)_\lambda = \sum_{i \in N} (\overset{\circ}{\tilde{f}_i}(\tilde{v}))_\lambda$$

$$= \sum_{i \in N} \overset{\circ}{f_i}(\tilde{v}_\lambda)$$

$$= \sum_{i \in N} \sum_{S \in \mathcal{P}(N \backslash \{i\})} \gamma_{S;N} [\tilde{v}_\lambda(S \cup \{i\}) - \tilde{v}_\lambda(S)]$$

因此有:

$$\left(\sum_{i \in N} \overset{\circ}{\tilde{f}_i}(\tilde{v}) \right)_\lambda^+ = \sum_{i \in N} \overset{\circ}{f_i}{}^+(\tilde{v}_\lambda)$$

$$= \sum_{i \in N} \sum_{S \in \mathcal{P}(N \backslash \{i\})} \gamma_{S;N} [\tilde{v}_\lambda^+(S \cup \{i\}) - \tilde{v}_\lambda^-(S)]$$

$$\geqslant \sum_{i \in N} \varphi_i(\tilde{v}_\lambda^+)$$

$$\left(\sum_{i \in N} \overset{\circ}{\tilde{f}_i}(\tilde{v}) \right)_\lambda^- = \sum_{i \in N} \overset{\circ}{f_i}{}^-(\tilde{v}_\lambda)$$

$$= \sum_{i \in N} \sum_{S \in \mathcal{P}(N \backslash \{i\})} \gamma_{S;N} [\tilde{v}_\lambda^-(S \cup \{i\}) - \tilde{v}_\lambda^+(S)]$$

$$\leqslant \sum_{i \in N} \varphi_i(\tilde{v}_\lambda^-)$$

再由式 (5.9) 可得:

$$\left(\sum_{i \in N} \overset{\circ}{\tilde{f}_i}(\tilde{v}) \right)_\lambda^+ \geqslant \sum_{i \in N} \varphi_i(\tilde{v}_\lambda^+) = \tilde{v}_\lambda^+(N)$$

$$\left(\sum_{i \in N} \overset{\circ}{\tilde{f}_i}(\tilde{v}) \right)_\lambda^- \leqslant \sum_{i \in N} \varphi_i(\tilde{v}_\lambda^-) = \tilde{v}_\lambda^-(N)$$

再由性质 2.2 可知, $\tilde{v}(N) \subseteq \sum_{i \in N} \overset{\circ}{\tilde{f}_i}(\tilde{v})$。证毕。

由命题 5.1 可知, $\sum_{i \in N} \overset{\circ}{\tilde{f}_i}(\tilde{v})$ 不一定等于 $\tilde{v}(N)$, 因此 M-Shapley 值 $\overset{\circ}{\tilde{f}}(\tilde{v})$ 不一定是 $\tilde{v}$ 的模糊分配。

命题 5.2 设 $\tilde{v} \in \widetilde{G}(N)$, 对于 $\forall \lambda \in [0,1]$, 若 $\tilde{v}$ 满足

$$\tilde{v}_\lambda^-(S\cup T)\geq \tilde{v}_\lambda^+(S)+\tilde{v}_\lambda^+(T), \quad \forall S,T\in\mathcal{P}(N), \quad S\cap T=\varnothing \tag{5.10}$$

则 $\tilde{v}$ 的 M-Shapley 值 $\check{f}(\tilde{v})$ 满足

$$\check{f}_i(\tilde{v})\geq \tilde{v}(i), \forall i\in N \tag{5.11}$$

证明：要证明式（5.11）成立，只需证明对于 $\forall\lambda\in[0,1]$，有：

$$\check{f}_i^+(\tilde{v}_\lambda)\geq \tilde{v}_\lambda^+(i), \forall i\in N$$

$$\check{f}_i^-(\tilde{v}_\lambda)\geq \tilde{v}_\lambda^-(i), \forall i\in N$$

任取 $i\in N$，由于 $\tilde{v}\in\widetilde{G}(N)$ 满足式（5.10），因此，对于 $\forall S\in\mathcal{P}(N\backslash\{i\})$，下式成立：

$$\tilde{v}_\lambda^+(S\cup\{i\})\geq \tilde{v}_\lambda^-(S\cup\{i\})\geq \tilde{v}_\lambda^+(S)+\tilde{v}_\lambda^+(\{i\})\geq \tilde{v}_\lambda^-(S)+\tilde{v}_\lambda^+(\{i\})$$

由此可知

$$
\begin{aligned}
\check{f}_i^-(\tilde{v}_\lambda) &= \sum_{S\in\mathcal{P}(N\backslash\{i\})}\gamma_{S;N}\left[\tilde{v}_\lambda^-(U\cup\{i\})-\tilde{v}_\lambda^+(S)\right]\\
&= \gamma_{\varnothing;N}\cdot\tilde{v}_\lambda^-(\{i\})+\sum_{S\in\mathcal{P}(N\backslash\{i\})\backslash\varnothing}\gamma_{S;N}\left[\tilde{v}_\lambda^-(S\cup\{i\})-\tilde{v}_\lambda^+(S)\right]\\
&\geq \gamma_{\varnothing;N}\cdot\tilde{v}_\lambda^-(\{i\})+\sum_{S\in\mathcal{P}(N\backslash\{i\})\backslash\varnothing}\gamma_{S;N}\cdot\tilde{v}_\lambda^-(\{i\})\\
&= \tilde{v}_\lambda^-(\{i\})\cdot\sum_{S\in\mathcal{P}(N\backslash\{i\})}\gamma_{S;N}\\
&= \tilde{v}_\lambda^-(\{i\})
\end{aligned}
$$

同理可得，$\check{f}_i^+(\tilde{v}_\lambda)\geq \tilde{v}_\lambda^+(i)$。证毕。

对于 $\forall\lambda\in[0,1]$，如果模糊支付合作对策 $(N,\tilde{v})$ 满足式（5.10），则

$$\tilde{v}_\lambda^+(S\cup T)\geq \tilde{v}_\lambda^-(S\cup T)\geq \tilde{v}_\lambda^+(S)+\tilde{v}_\lambda^+(T)\geq \tilde{v}_\lambda^-(S)+\tilde{v}_\lambda^-(T), \forall S,T\in\mathcal{P}(N), S\cap T=\varnothing,$$

由此可知，$\tilde{v}$ 一定满足式（5.2），所以 $\tilde{v}$ 是超可加的，即 $\tilde{v}\in\widetilde{G}(N)$。因此可将满足式（5.10）的 $\tilde{v}$ 称作严格超可加的模糊支付合作对策。由命题 5.2 知，在严格超可加的模糊支付合作对策中，局中人 i 在大联盟 N 中得到的分配值 $\check{f}_i(\tilde{v})$ 不少于其单干所能得到的支付 $\tilde{v}(i)$，即 $\check{f}_i(\tilde{v})\geq \tilde{v}(i)$，$\forall i\in N$。

命题 5.3　设 $\tilde{v}\in\widetilde{G}(N)$，$v\in G_0(N)$，$\lambda\in[0,1]$，若 $\tilde{v}$ 与 v 满足

$$v(S) \in \tilde{v}_\lambda(S), \quad \forall S \in \mathcal{P}(N) \tag{5.12}$$

则 M-Shapley 值 $\check{\tilde{f}}(\tilde{v}_\lambda)$ 与经典 Shapley 值 $\varphi(v)$ 存在以下关系：

$$\varphi_i(v) \in \check{\tilde{f}}_i(\tilde{v}_\lambda), \quad \forall i \in N$$

证明：给定 $\lambda \in [0,1]$，由于 $\tilde{v}$ 与 v 满足式（5.12），故对于 $\forall i \in N$，$\forall S \in \mathcal{P}(N \backslash \{i\})$，有 $\tilde{v}_\lambda^-(S) \leqslant v(S) \leqslant \tilde{v}_\lambda^+(S)$，$\tilde{v}_\lambda^-(S \cup \{i\}) \leqslant v(S \cup \{i\}) \leqslant \tilde{v}_\lambda^+(S \cup \{i\})$。由此可得：

$$\tilde{v}_\lambda^-(S \cup \{i\}) - \tilde{v}_\lambda^+(S) \leqslant v(S \cup \{i\}) - v(S) \leqslant \tilde{v}_\lambda^+(S \cup \{i\}) - \tilde{v}_\lambda^-(S)$$

再由联盟 S 的任意性，可得

$$\begin{aligned}
\varphi_i(v) &= \sum_{S \in \mathcal{P}(N \backslash \{i\})} \gamma_{S;N}[v(S \cup \{i\}) - v(S)] \\
&\geqslant \sum_{S \in \mathcal{P}(N \backslash \{i\})} \gamma_{S;N}[\tilde{v}_\lambda^-(S \cup \{i\}) - \tilde{v}_\lambda^+(S)] \\
&= \check{\tilde{f}}_i^-(\tilde{v}_\lambda)
\end{aligned}$$

并且有

$$\begin{aligned}
\varphi_i(v) &= \sum_{S \in \mathcal{P}(N \backslash \{i\})} \gamma_{S;N}[v(S \cup \{i\}) - v(S)] \\
&\leqslant \sum_{S \in \mathcal{P}(N \backslash \{i\})} \gamma_{S;N}[\tilde{v}_\lambda^+(S \cup \{i\}) - \tilde{v}_\lambda^-(S)] \\
&= \check{\tilde{f}}_i^+(\tilde{v}_\lambda)
\end{aligned}$$

因此，$\check{f}_i^-(\tilde{v}_\lambda) \leqslant \varphi_i(v) \leqslant \check{f}_i^+(\tilde{v}_\lambda)$，即 $\varphi_i(v) \in \check{\tilde{f}}_i(\tilde{v}_\lambda)$。证毕。

由命题 5.3 知，给定 $\lambda \in [0,1]$，对于 $\forall S \in \mathcal{P}(N)$，如果经典合作对策 $v \in G_0(N)$ 的支付函数 $v(S)$ 包含在区间 $[\tilde{v}_\lambda^-(S), \tilde{v}_\lambda^+(S)]$ 中，那么 Shapley 值 $\varphi(v)$ 也一定包含在 $(N, \tilde{v}_\lambda)$ 的区间 Shapley 值 $\check{\tilde{f}}(\tilde{v}_\lambda)$ 中。也就是说，对策 $(N, \tilde{v}_\lambda)$ 的区间 Shapley 值 $\check{\tilde{f}}(\tilde{v}_\lambda)$ 是一个范围值，它包含了所有满足式（5.12）的经典合作对策 v 的 Shapley 值 $\varphi(v)$。

定义 5.5　设 $\tilde{v} \in \widetilde{G}(N)$，且 $W \in \mathcal{P}(N) \backslash \varnothing$。若存在局中人 $i \in W$ 满足

$$\tilde{v}(T \cup \{i\}) = \tilde{v}(T), \quad \forall T \in \mathcal{P}(W \backslash \{i\}) \tag{5.13}$$

则称局中人 i 为对策 $\tilde{v}$ 在联盟 W 中的零元。特别地，将对策 $\tilde{v} \in \widetilde{G}(N)$ 在联盟 N 中的零元简称为对策 $\tilde{v}$ 的零元。

可见，定义 5.5 中的零元是经典合作对策的零元在模糊支付合作对策中的自然推广。

推论 5.1　设 $\tilde{v} \in \widetilde{G}(N)$，若局中人 $i \in N$ 是对策 $\tilde{v}$ 的零元，则对于 $\forall \lambda \in [0,1]$，M-Shapley 值 $\mathring{f}(\tilde{v}_\lambda)$ 满足

$$0 \in \mathring{f}_i(\tilde{v}_\lambda), \quad \forall \lambda \in [0,1]$$

证明：若局中人 $i \in N$ 满足为对策 $\tilde{v}$ 的零元，则对于 $\forall \lambda \in [0,1]$，由式（5.13）可知，$\tilde{v}_\lambda^+(S \cup \{i\}) = \tilde{v}_\lambda^+(S)$，$\forall S \in \mathcal{P}(N \backslash \{i\})$。由此可知，局中人 i 也是经典合作对策 $(N, \tilde{v}_\lambda^+)$ 的零元。由于 $\tilde{v}_\lambda^+ \in G_0(N)$，根据有效性公理知，经典合作对策 $(N, \tilde{v}_\lambda^+)$ 的 Shapley 值 $\varphi(\tilde{v}_\lambda^+)$ 满足：$\varphi_i(\tilde{v}_\lambda^+) = 0$。由于 $\tilde{v}_\lambda^+$ 满足式（5.12），从而根据命题 5.3 得：$0 = \varphi_i(\tilde{v}_\lambda^+) \in \mathring{f}_i(\tilde{v}_\lambda)$。证毕。

由推论 5.1 知，在模糊支付合作对策 $\tilde{v} \in \widetilde{G}(N)$ 中，对于 $\forall \lambda \in [0,1]$，零元 i 在 $(N, \tilde{v}_\lambda)$ 的 M-Shapley 值 $\mathring{f}_i(\tilde{v}_\lambda)$ 是一个包含实数 0 的区间数。

（三）Mareš 定义的模糊 Shapley 值在虚拟企业收益分配中的应用

由第三章第三节第三小节分析可知，经典 Shapley 值不能解决合作伙伴对未来合作产生的预期收益不确定时的虚拟企业收益分配问题。又由本章第一节介绍可知，与经典合作对策比较，模糊支付合作对策及其模糊 Shapley 值允许联盟的支付函数带有模糊信息。因此，为了弥补利用经典 Shapley 值解决虚拟企业收益分配问题的不足，本小节将提出基于模糊 Shapley 值的虚拟企业收益分配策略。

例 5.1　仍以例 3.1 为例，现假设有三家企业（即局中人集合 $N = \{1,2,3\}$）欲组建虚拟企业联合制造 7 种产品：$P_{|1|}$、$P_{|2|}$、$P_{|3|}$、$P_{|1,2|}$、$P_{|1,3|}$、$P_{|2,3|}$、P_N。已知生产 $P_{|i|}$（$i = 1,2,3$）需要原材料 R_i，生产 $P_{|i,j|}$（$i,j = 1,2,3$）需要原材料 R_i 与 R_j，生产 P_N 需要三种原材料 R_1、R_2 和 R_3。最初，企业 i 拥有 10 吨的资源 R_i，其中 $i = 1,2,3$。不同联盟组合下制

造出的产品及其产量如表 5.1 所示。

表 5.1　产品的产量和单位利润

联盟 S	产品 P_S	产量（单位：吨）	单位利润（单位：万元）
{1}	$P_{\{1\}}$	8	$(2,0.2,0.2)_T$
{2}	$P_{\{2\}}$	9	$(3,0.3,0.2)_T$
{3}	$P_{\{3\}}$	10	$(1,0.1,0.2)_T$
{1,2}	$P_{\{1,2\}}$	18	$(3.1,0.2,0.2)_T$
{1,3}	$P_{\{1,3\}}$	17.5	$(2.3,0.3,0.3)_T$
{2,3}	$P_{\{2,3\}}$	18	$(3.2,0.2,0.2)_T$
{1,2,3}	P_N	28	$(3.5,0.3,0.3)_T$

在联合生产之前，三家企业对 7 种产品的市场价格进行分析、估计和预测，以评估合作的可行性。然而，由于受产品市场价格、市场需求、相关替代产品的供给等诸多不确定因素的影响，三家企业无法精确地预测每种产品的单位利润，仅能给出单位利润的近似估计值，这里用三角模糊数 $(a,l,r)_T$（见定义 2.15）表示，具体数值如表 5.1 所示。

下面，我们利用 M-Shapley 值解决此虚拟企业的收益分配问题。

第一步，计算各种联盟组合下企业的收益（即联盟的支付函数）：

$$\tilde{v}(\{1\}) = 8 \times (2,0.2,0.2)_T = (16,1.6,1.6)_T$$

$$\tilde{v}(\{2\}) = 9 \times (3,0.3,0.2)_T = (27,2.7,1.8)_T$$

$$\tilde{v}(\{3\}) = 10 \times (1,0.1,0.2)_T = (10,1,2)_T$$

$$\tilde{v}(\{1,2\}) = 18 \times (3.1,0.2,0.2)_T = (55.8,3.6,3.6)_T$$

$$\tilde{v}(\{1,3\}) = 17.5 \times (2.3,0.3,0.3)_T = (40.25,5.25,5.25)_T$$

$$\tilde{v}(\{2,3\}) = 18 \times (3.2,0.2,0.2)_T = (57.6,3.6,3.6)_T$$

$$\tilde{v}(\{1,2,3\}) = 28 \times (3.5,0.3,0.3)_T = (98,8.4,8.4)_T$$

容易验证，模糊支付函数 $\tilde{v}$ 满足式（5.1），因此模糊支付合作对策 $(N,\tilde{v})$ 满足超可加性。

第二步，根据式（5.4）计算 M-Shapley 值 $\hat{f}(\tilde{v})$ 为：

$$\hat{f}_1(\tilde{v}) = \frac{1}{3}\tilde{v}(\{1\}) + \frac{1}{6}[\tilde{v}(\{1,2\}) - \tilde{v}(\{2\})] + \frac{1}{6}[\tilde{v}(\{1,3\}) - \tilde{v}(\{3\})]$$

$$+ \frac{1}{3} [\tilde{v}(\{1,2,3\}) - \tilde{v}(\{2,3\})]$$

$$= \frac{1}{3} (16,1.6,1.6)_{\mathrm{T}} + \frac{1}{6} (28.8,5.4,6.3)_{\mathrm{T}} + \frac{1}{6} (30.25,7.25,6.25)_{\mathrm{T}}$$

$$+ \frac{1}{3} (40.4,12,12)_{\mathrm{T}}$$

$$= (28.64,6.64,6.63)_{\mathrm{T}}$$

$$\tilde{f}_2(\tilde{v}) = \frac{1}{3} \tilde{v}(\{2\}) + \frac{1}{6} [\tilde{v}(\{1,2\}) - \tilde{v}(\{1\})] + \frac{1}{6} [\tilde{v}(\{2,3\}) - \tilde{v}(\{3\})]$$

$$+ \frac{1}{3} [\tilde{v}(\{1,2,3\}) - \tilde{v}(\{1,3\})]$$

$$= \frac{1}{3} (27,2.7,1.8)_{\mathrm{T}} + \frac{1}{6} (39.8,5.2,5.2)_{\mathrm{T}} + \frac{1}{6} (47.6,5.6,4.6)_{\mathrm{T}}$$

$$+ \frac{1}{3} (57.75,13.65,13.65)_{\mathrm{T}}$$

$$= (42.82,7.25,6.78)_{\mathrm{T}}$$

$$\tilde{f}_3(\tilde{v}) = \frac{1}{3} \tilde{v}(\{3\}) + \frac{1}{6} [\tilde{v}(\{1,3\}) - \tilde{v}(\{1\})] + \frac{1}{6} [\tilde{v}(\{2,3\}) - \tilde{v}(\{2\})]$$

$$+ \frac{1}{3} [\tilde{v}(\{1,2,3\}) - \tilde{v}(\{1,2\})]$$

$$= \frac{1}{3} (10,1,2)_{\mathrm{T}} + \frac{1}{6} (24.25,6.85,6.85)_{\mathrm{T}} + \frac{1}{6} (30.6,5.4,6.3)_{\mathrm{T}}$$

$$+ \frac{1}{3} (42.2,12,12)_{\mathrm{T}}$$

$$= (26.54,6.38,6.86)_{\mathrm{T}}$$

因此，我们求得 M-Shapley 值：

$$\tilde{f}(\tilde{v}) = (\tilde{f}_1(\tilde{v}), \tilde{f}_2(\tilde{v}), \tilde{f}_3(\tilde{v}))$$

$$= ((28.64,6.64,6.63)_{\mathrm{T}}, (42.82,7.25,6.78)_{\mathrm{T}}, (26.54,6.38,6.86)_{\mathrm{T}})$$

可见，M-Shapley 值满足 $\sum_{i \in N} \tilde{f}_i(\tilde{v}) = \tilde{f}_1(\tilde{v}) + \tilde{f}_2(\tilde{v}) + \tilde{f}_3(\tilde{v}) = (98,20.27,$ $20.27)_{\mathrm{T}}$，所以有，$\tilde{v}(N) \subseteq \sum_{i \in N} \tilde{f}_i(\tilde{v})$。

第三步，根据式（5.5），在［0,1］区间上改变置信水平 λ，计算区间 Shapley 值 $\tilde{f}(\tilde{v}_\lambda)$。现以置信水平0.3、0.7为例，我们得到区间 Shapley 值 $\tilde{f}(\tilde{v}_{0.3})$、$\tilde{f}(\tilde{v}_{0.7})$ 分别为：

$$\tilde{\hat{f}}_1(\tilde{v}_{0.3}) = [23.99, 33.28], \tilde{\hat{f}}_2(\tilde{v}_{0.3}) = [37.75, 47.57], \tilde{\hat{f}}_3(\tilde{v}_{0.3}) = [22.07, 31.34]$$

$$\tilde{\hat{f}}_1(\tilde{v}_{0.7}) = [26.65, 30.63], \tilde{\hat{f}}_2(\tilde{v}_{0.7}) = [40.64, 44.85], \tilde{\hat{f}}_3(\tilde{v}_{0.7}) = [24.63, 28.6]$$

可见，$\tilde{\hat{f}}_i(\tilde{v}_{0.3}) \supseteq \tilde{\hat{f}}_i(\tilde{v}_{0.7})$，$i = 1, 2, 3$。

由此，我们得到在不同置信水平上的虚拟企业收益分配策略：如果置信水平 $\lambda = 0.3$，则企业 1、企业 2、企业 3 的报酬分别在 23.99 万 ~ 33.28 万元、37.75 万 ~ 47.57 万元、22.07 万 ~ 31.34 万元；如果置信水平 $\lambda = 0.7$，则企业 1、企业 2、企业 3 的报酬分别在 26.65 万 ~ 30.63 万元、40.64 万 ~ 44.85 万元、24.63 万 ~ 28.6 万元。

三 基于 Hukuhara 差的模糊 Shapley 值及其应用

在本章第二节中，我们分析了 Mareš 定义的 M-Shapley 值，指出 M-Shapley 值不一定是模糊支付合作对策的模糊分配，即 N 中所有局中人的分配之和 $\sum_{i \in N} \tilde{\hat{f}}_i(\tilde{v})$ 不一定等于大联盟 N 的总体收益 $\tilde{v}(N)$。因此，为了使模糊 Shapley 值成为模糊支付合作对策的模糊分配，文献[61] 定义了基于 Hukuhara 差的模糊 Shapley 值，即 Hukuhara-Shapley 值，笔者将在本节中讨论该模糊 Shapley 值的存在性、实际意义、性质及其与 M-Shapley 值的区别，并提出基于 Hukuhara-Shapley 值的虚拟企业收益分配策略，此处是本书的创新点之一。

（一）Hukuhara-Shapley 值的定义

类似于经典合作对策，文献[61] 定义了模糊支付合作对策的承载和模糊 Shapley 值公理，下面我们逐一进行介绍。

定义 5.6 设 $\tilde{v} \in \widetilde{G}(N)$，且 $W \in \mathcal{P}(N)$。若存在联盟 $T \in \mathcal{P}(W)$ 满足

$$\tilde{v}(S \cap T) = \tilde{v}(S), \quad \forall S \in \mathcal{P}(W)$$

则称 T 为对策 $\tilde{v}$ 联盟 W 中的承载。特别地，将对策 $\tilde{v} \in \widetilde{G}(N)$ 在联盟 N 中的承载简称为对策 $\tilde{v}$ 的承载。记对策 $\tilde{v}$ 在联盟 W 中所有承载的集合为

$\tilde{C}(W|\tilde{v})$，即有

$$\tilde{C}(W|\tilde{v}) = \{T \in \mathcal{P}(W)|\tilde{v}(S \cap T) = \tilde{v}(S), \quad \forall S \in \mathcal{P}(W)\}$$

不难看出，若 $T \in \tilde{C}(W|\tilde{v})$，则任意 $i \notin T$ 都是对策 $\tilde{v}$ 在联盟 W 中的零元。

定义 5.7 设 $\tilde{v} \in \tilde{G}(N)$，若 n 维模糊向量 $\tilde{\varphi}(\tilde{v}) = (\tilde{\varphi}_1(\tilde{v}), \tilde{\varphi}_2(\tilde{v}), \cdots, \tilde{\varphi}_n(\tilde{v}))$ 满足以下三条公理。

公理 H_1（强有效性）：如果 T 是对策 $\tilde{v}$ 的承载，则 $\sum_{i \in T} \tilde{\varphi}_i(\tilde{v}) = \tilde{v}(S)$。

公理 H_2（对称性）：如果局中人 $i, j \in N$，且对于任意的联盟 $S \in \mathcal{P}(N\backslash\{i,j\})$，总有 $\tilde{v}(S \cup \{i\}) = \tilde{v}(S \cup \{j\})$，则 $\tilde{\varphi}_i(\tilde{v}) = \tilde{\varphi}_j(\tilde{v})$。

公理 H_3（可加性）：对于模糊支付合作对策 $(N, \tilde{\mu})$ 和 $(N, \tilde{\omega})$，定义对策 $(N, \tilde{\mu} + \tilde{\omega})$ 为：对于 $\forall T \in \mathcal{P}(N)$，$(\tilde{\mu} + \tilde{\omega})(T) = \tilde{\mu}(T) + \tilde{\omega}(T)$，则 $\tilde{\varphi}_i(\tilde{\mu} + \tilde{\omega}) = \tilde{\varphi}_i(\tilde{\mu}) + \tilde{\varphi}_i(\tilde{\omega})$，$i \in N$，则称向量 $\tilde{\varphi}(\tilde{v})$ 为对策 $\tilde{v}$ 的 Hukuhara-Shapley 值，简称 H-Shapley 值。

需要说明的是，定义 5.7 中的公理 H_2、H_3 分别等同于定理 5.1 中的公理 M_2、M_3。在 H-Shapley 值公理的基础上，文献[61]给出了 H-Shapley 值的具体形式。

定理 5.3[61] 设 $\tilde{v} \in \tilde{G}(N)$，如果满足定义 5.7 中三条公理的 H-Shapley 值 $\tilde{\varphi}(\tilde{v})$ 存在，则必定唯一，具有形式

$$\tilde{\varphi}_i(\tilde{v}) = \sum_{S \in \mathcal{P}(N\backslash\{i\})} \gamma_{S;N}[\tilde{v}(S \cup \{i\}) -_H \tilde{v}(S)], \forall i \in N \qquad (5.14)$$

其中 $\gamma_{S;N} = (n - |S| - 1)! |S|!/n!$，$\tilde{v}(S \cup \{i\}) -_H \tilde{v}(S)$ 表示 $\tilde{v}(S \cup \{i\})$ 和 $\tilde{v}(S)$ 的 H - 差（见定义 2.17）。

将式（5.14）与式（5.4）对比可知，H-Shapley 值与 M-Shapley 值最显著的区别是：M-Shapley 值定义在扩张运算的基础上，而 H-Shapley 值定义在模糊数的 H - 差运算基础上。然而，由第二章的介绍可知，模糊数的 H - 差不一定存在，因此 H-Shapley 值也不是一定存在的。

（二）Hukuhara-Shapley 值的性质

定义 5.8 设 $\tilde{v} \in \tilde{G}(N)$，对于 $\forall \lambda, \beta \in [0,1]$，$\beta \geq \lambda$，如果对策 $\tilde{v}$ 满足

$$\tilde{v}_\lambda^-(S)-\tilde{v}_\lambda^-(T)\leqslant\tilde{v}_\beta^-(S)-\tilde{v}_\beta^-(T)\leqslant\tilde{v}_\beta^+(S)-\tilde{v}_\beta^+(T)\leqslant\tilde{v}_\lambda^+(S)-\tilde{v}_\lambda^+(T),\quad (5.15)$$
$$\forall S,T\in\mathcal{P}(N),\,T\subseteq S$$

则称对策 $\tilde{v}$ 为 H – 模糊支付合作对策，并将全体 H – 模糊支付合作对策构成的集合记为 $\widetilde{G}_H(N)$。

注 5.3　一般来说，可以这样理解对策 $\tilde{v}\in\widetilde{G}_H(N)$：对于 $\forall S,\,T\in\mathcal{P}(N)$，若 $T\subseteq S$，那么与联盟 T 相比，构建联盟 S 存在更多的不确定因素，因此，在任意置信水平 $\beta\in[0,1]$ 上，联盟 S 收益的浮动区间应该大于或者等于联盟 T 的浮动区间，即

$$\tilde{v}_\beta^+(T)-\tilde{v}_\beta^-(T)\leqslant\tilde{v}_\beta^+(S)-\tilde{v}_\beta^-(S),\,\forall\beta\in[0,1] \quad (5.16)$$

另外，如果置信水平从 β 降低到 λ，那么联盟 S 收益变化的绝对值也应该不小于联盟 T 收益变化的绝对值，即：

$$\tilde{v}_\beta^-(T)-\tilde{v}_\lambda^-(T)\leqslant\tilde{v}_\beta^-(S)-\tilde{v}_\lambda^-(S),\,0\leqslant\lambda\leqslant\beta\leqslant1$$
$$\tilde{v}_\lambda^+(T)-\tilde{v}_\beta^+(T)\leqslant\tilde{v}_\lambda^+(S)-\tilde{v}_\beta^+(S),\,0\leqslant\lambda\leqslant\beta\leqslant1 \quad (5.17)$$

综合式（5.16）和式（5.17），我们得到式（5.15）。

根据定理 2.9 与定理 5.3，我们直接可以得到如下的定理。

定理 5.4　设 $\tilde{v}\in\widetilde{G}_H(N)$，则对策 $\tilde{v}$ 的 H-Shapley 值存在且唯一。

类似于经典合作对策，我们可以定义模糊支付合作对策的子对策。

定义 5.9　设 $\tilde{v}\in\widetilde{G}_H(N)$，$W\in\mathcal{P}(N)$，$W\neq\varnothing$，则 $\tilde{v}$ 的子对策 $(W,\tilde{v}^W)$ 定义为

$$\tilde{v}^W(S)=\tilde{v}(S),\,\forall S\in\mathcal{P}(W)$$

子对策 $(W,\tilde{v}^W)$ 也可表示为 $(W,\tilde{v})$。

注 5.4　设 $\tilde{v}\in\widetilde{G}_H(N)$，则 $\tilde{v}$ 的 H-Shapley 值不但适用于分配大联盟 N 的收益 $\tilde{v}(N)$，同时也适用于分配 $\tilde{v}$ 的任意子对策 $(W,\tilde{v})$ 的收益 $\tilde{v}(W)$。记子对策 $(W,\tilde{v})$ 的 H-Shapley 值为 $\widetilde{\varphi}_i(\tilde{v})(W)=(\widetilde{\varphi}_i(\tilde{v})(W))_{i\in N}$，则 $\widetilde{\varphi}(\tilde{v})(W)$ 的第 i 个分量为

$$\widetilde{\varphi}_i(\tilde{v})(W)=\begin{cases}\sum_{S\in\mathcal{P}(W\setminus\{i\})}\gamma_{S;W}[\tilde{v}(S\cup\{i\})-_H\tilde{v}(S)],&i\in W\\0,&其他\end{cases} \quad (5.18)$$

其中 $\gamma_{S;W} = (|W| - |S| - 1)!|S|!/|W|!$。显然，$\widetilde{\varphi}(\tilde{v})(N) = \widetilde{\varphi}(\tilde{v})$。

设 $\tilde{v} \in \widetilde{G}(N)$，$W \in \mathcal{P}(N) \backslash \varnothing$。给定任意的 $\lambda \in (0,1]$，令 $(\widetilde{\varphi}_i(\tilde{v})(W))_\lambda$ 为局中人 i 的 H-Shapley 值 $\widetilde{\varphi}_i(\tilde{v})(W)$ 的 λ 截集；当 $\lambda = 0$ 时，令

$$(\widetilde{\varphi}_i(\tilde{v})(W))_0 = \mathrm{cl}\{x \in R | (\widetilde{\varphi}_i(\tilde{v})(W))(x) > 0\}$$

其中 cl 表示集合的闭包，$(\widetilde{\varphi}_i(\tilde{v})(W))(x)$ 为模糊数 $\widetilde{\varphi}_i(\tilde{v})(W)$ 的隶属函数。因此，对于 $\forall \lambda \in [0,1]$，$(\widetilde{\varphi}_i(\tilde{v})(W))_\lambda$ 均为区间数。

根据定理 2.10，我们直接可以得出以下结论。

引理 5.1　设 $\tilde{v} \in \widetilde{G}_H(N)$，$W \in \mathcal{P}(N) \backslash \varnothing$，则对于 $\forall \lambda \in [0,1]$，子对策 $(W, \tilde{v})$ 的 H-Shapley 值 $\widetilde{\varphi}(\tilde{v})(W)$ 满足

$$(\widetilde{\varphi}_i(\tilde{v})(W))_\lambda = \widetilde{\varphi}_i(\tilde{v}_\lambda)(W) = [\varphi_i(\tilde{v}_\lambda^-)(W), \varphi_i(\tilde{v}_\lambda^+)(W)], \forall i \in N \quad (5.19)$$

其中 $\varphi(\tilde{v}_\lambda^+)(W)$、$\varphi_i(\tilde{v}_\lambda^-)(W)$ 分别为经典合作对策 $(W, \tilde{v}_\lambda^+)$、$(W, \tilde{v}_\lambda^-)$ 的 Shapley 值。

由引理 5.1，我们可以得到 H-Shapley 值与 M-Shapley 值存在以下的关系。

定理 5.5　设 $\tilde{v} \in \widetilde{G}_H(N)$，则 $\tilde{v}$ 的 M-Shapley 值 $\check{f}(\tilde{v})$ 与其 H-Shapley 值 $\widetilde{\varphi}(\tilde{v})$ 满足

$$\check{f}_i(\tilde{v}) \supseteq \widetilde{\varphi}_i(\tilde{v}), \forall i \in N$$

证明：对于 $\forall \lambda \in [0,1]$，由式（5.6）与引理 5.1 知

$$
\begin{aligned}
(\check{f}_i(\tilde{v}))_\lambda^+ &= \sum_{S \in \mathcal{P}(N \backslash \{i\})} \gamma_{S;N}[\tilde{v}_\lambda^+(S \cup \{i\}) - \tilde{v}_\lambda^-(S)] \\
&\geq \sum_{S \in \mathcal{P}(N \backslash \{i\})} \gamma_{S;N}[\tilde{v}_\lambda^+(S \cup \{i\}) - \tilde{v}_\lambda^+(S)] \\
&= (\widetilde{\varphi}_i(\tilde{v}))_\lambda^+
\end{aligned}
$$

由此可得，$(\check{f}_i(\tilde{v}))_\lambda^+ \geq (\widetilde{\varphi}_i(\tilde{v}))_\lambda^+$。同理，根据式（5.7）与引理 5.1 得 $(\check{f}_i(\tilde{v}))_\lambda^- \leq (\widetilde{\varphi}_i(\tilde{v}))_\lambda^-$。因此，$\check{f}_i(\tilde{v}) \supseteq \widetilde{\varphi}_i(\tilde{v})$。证毕。

由定理 5.5 知，若 $\tilde{v} \in \widetilde{G}_H(N)$，则局中人 i 在 $\tilde{v}$ 中的 H-Shapley 值 $\widetilde{\varphi}_i(\tilde{v})$ 包含在 M-Shapley 值 $\check{f}_i(\tilde{v})$ 中。

定理 5.6　设 $\tilde{v} \in \widetilde{G}_H(N)$，$W \in \mathcal{P}(N) \backslash \varnothing$，$R \in \mathcal{P}(W) \backslash \varnothing$。若联盟 R 为

对策 $\tilde{v}$ 在 W 中的承载，即 $R \in \widetilde{C}(W|\tilde{v})$，则 H-Shapley 值满足

$$\widetilde{\varphi}_i(\tilde{v})(W) = \widetilde{\varphi}_i(\tilde{v})(R),\ \forall\, i \in N \tag{5.20}$$

证明：设 $R \in \widetilde{C}(W|\tilde{v})$，则对于 $\forall\, \lambda \in [0,1]$，下式成立。

$$\tilde{v}_\lambda^+(S \cap R) = \tilde{v}_\lambda^+(S),\ \forall\, S \in \mathcal{P}(W)$$

$$\tilde{v}_\lambda^-(S \cap R) = \tilde{v}_\lambda^-(S),\ \forall\, S \in \mathcal{P}(W)$$

由此可知，联盟 R 是经典合作对策 $(N, \tilde{v}_\lambda^+)$ 与 $(N, \tilde{v}_\lambda^-)$ 在 W 中的承载，即 $R \in C(W|v_\lambda^+)$，且 $R \in C(W|v_\lambda^-)$。因此，对于 $\forall\, i \in N$，由引理 4.4 可得

$$\begin{aligned}\varphi_i(\tilde{v}_\lambda^+)(R) &= \sum_{S \in \mathcal{P}(W\backslash\{i\})} \gamma_{S;W}\{v_\lambda^+[(S \cup \{i\}) \cap R] - v_\lambda^+(S \cup R)\}\\ &= \sum_{S \in \mathcal{P}(W\backslash\{i\})} \gamma_{S;W}\{v_\lambda^+(S \cup \{i\}) - v_\lambda^+(S)\}\\ &= \varphi_i(\tilde{v}_\lambda^+)(W)\end{aligned}$$

同理有：$\varphi_i(\tilde{v}_\lambda^-)(R) = \varphi_i(\tilde{v}_\lambda^-)(W)$。再根据引理 5.1 可得

$$\begin{aligned}(\widetilde{\varphi}_i(\tilde{v})(W))_\lambda &= [\widetilde{\varphi}_i(\tilde{v}_\lambda^-)(W), \widetilde{\varphi}_i(\tilde{v}_\lambda^+)(W)]\\ &= [\widetilde{\varphi}_i(\tilde{v}_\lambda^-)(R), \widetilde{\varphi}_i(\tilde{v}_\lambda^+)(R)]\\ &= (\widetilde{\varphi}_i(\tilde{v})(R))_\lambda\end{aligned}$$

因此，$\widetilde{\varphi}_i(\tilde{v})(W) = \widetilde{\varphi}_i(\tilde{v})(R)$。证毕。

由定理 5.6 可知，如果非空联盟 R 为对策 $\tilde{v}$ 的承载，则任意局中人 $i \in N$ 在对策 $\tilde{v} \in \widetilde{G}_H(N)$ 中的 H-Shapley 值 $\widetilde{\varphi}_i(\tilde{v})$ 等于其在子对策 $(R, \tilde{v})$ 中的 H-Shapley 值 $\widetilde{\varphi}_i(\tilde{v})(R)$。

定理 5.7　设 $\tilde{v} \in \widetilde{G}_H(N)$，$W \in \mathcal{P}(N)\backslash\varnothing$，则子对策 $(W, \tilde{v})$ 的 H-Shapley 值 $\widetilde{\varphi}(\tilde{v})(W)$ 是对策 $\tilde{v}$ 在联盟 W 中的模糊分配，即 $\widetilde{\varphi}(\tilde{v})(W) \in \widetilde{E}(W, \tilde{v})$。

证明：要证明 $\widetilde{\varphi}(\tilde{v})(W) \in \widetilde{E}(W, \tilde{v})$，只需证明 $\widetilde{\varphi}(\tilde{v})(W)$ 满足定义 5.3。首先，由定理 5.3 和注 5.4 知，H-Shapley 值 $\widetilde{\varphi}(\tilde{v})(W)$ 满足 $\sum_{i \in N} \widetilde{\varphi}_i(\tilde{v})(W) = \tilde{v}(W)$，并且对于 $\forall\, i \notin W$，$\widetilde{\varphi}_i(\tilde{v})(W) = 0$。因此，要证明 $\widetilde{\varphi}(\tilde{v})(W) \in \widetilde{E}(W, \tilde{v})$，我们只需证明

$$\widetilde{\varphi}_i(\tilde{v})(W) \geq \tilde{v}(\{i\}), \quad \forall i \in W \tag{5.21}$$

给定任意的 $\lambda \in [0,1]$，若 $i \in W$，根据引理 5.1 可得：$(\widetilde{\varphi}_i(\tilde{v})(W))_\lambda^+ = \widetilde{\varphi}_i(\tilde{v}_\lambda^+)(W)$，$(\widetilde{\varphi}_i(\tilde{v})(W))_\lambda^- = \widetilde{\varphi}_i(\tilde{v}_\lambda^-)(W)$。又因为经典 Shapley 值 $\widetilde{\varphi}(\tilde{v}_\lambda^+)(W)$、$\widetilde{\varphi}(\tilde{v}_\lambda^+)(W)$ 分别为 $(W, \tilde{v}_\lambda^+)$、$(W, \tilde{v}_\lambda^-)$ 的 Shapley 值的分配，因此，有：

$$(\widetilde{\varphi}_i(\tilde{v})(W))_\lambda^+ = \widetilde{\varphi}_i(\tilde{v}_\lambda^+)(W) \geq \tilde{v}_\lambda^+(\{i\})$$

$$(\widetilde{\varphi}_i(\tilde{v})(W))_\lambda^- = \widetilde{\varphi}_i(\tilde{v}_\lambda^+)(W) \geq \tilde{v}_\lambda^-(\{i\})$$

由此可知，式（5.21）成立。证毕。

对比定理 5.7 与命题 5.1 可知，与 M-Shapley 值不同，H-Shapley 值是对策 $\tilde{v}$ 的模糊分配。

命题 5.4 若 $\tilde{v} \in \widetilde{G}_H(N)$ 为凸的模糊支付合作对策，则对于 $\forall S, T \in \mathcal{P}(N) \backslash \varnothing$，$S \subseteq T$，H-Shapley 值满足：

$$\widetilde{\varphi}_i(\tilde{v})(T) \geq \widetilde{\varphi}_i(\tilde{v})(S), \forall i \in N \tag{5.22}$$

证明：设 $\tilde{v} \in \widetilde{G}_H(N)$ 为凸的模糊支付合作对策，则 $(N, \tilde{v}_\lambda^+)$ 与 $(N, \tilde{v}_\lambda^-)$ 均为经典凸合作对策，因此对于 $\forall i \in N$，$\forall S, T \in \mathcal{P}(N) \backslash \varnothing$，$S \subseteq T$，根据引理 5.1 与定理 3.7 可得

$$(\widetilde{\varphi}_i(\tilde{v})(S))_\lambda^+ = \widetilde{\varphi}_i(\tilde{v}_\lambda^+)(S) \leq \widetilde{\varphi}_i(\tilde{v}_\lambda^+)(T) = (\widetilde{\varphi}_i(\tilde{v})(T))_\lambda^+, \forall \lambda \in [0,1]$$

即 $(\widetilde{\varphi}_i(\tilde{v})(S))_\lambda^+ \leq (\widetilde{\varphi}_i(\tilde{v})(T))_\lambda^+$。同理可得：$(\widetilde{\varphi}_i(\tilde{v})(S))_\lambda^- \leq (\widetilde{\varphi}_i(\tilde{v})(T))_\lambda^-$。因此，式（5.22）成立。证毕。

由命题 5.4 知，在凸的模糊支付合作对策中，局中人在大联盟 T 中的 H-Shapley 值大于或者等于其在小联盟 S 中的 H-Shapley 值。

（三）基于 Hukuhara-Shapley 值的虚拟企业收益分配策略

类似于 M-Shapley 值，我们将 H-Shapley 值应用到虚拟企业收益分配问题中，以此提出合作伙伴对未来合作产生的预期收益不确定条件下的虚拟企业收益分配策略。

例 5.2　仍以例 5.1 为例，现假设有三家企业（即局中人集合 $N=\{1,2,3\}$）欲组建虚拟企业联合制造产品。已知企业 1、企业 2、企业 3 在清晰联盟下的预期收益为：

$$\tilde{v}(\{1\}) = (16,1.6,1.6)_{\mathrm{T}}$$

$$\tilde{v}(\{2\}) = (27,2.7,1.8)_{\mathrm{T}}$$

$$\tilde{v}(\{3\}) = (10,1,2)_{\mathrm{T}}$$

$$\tilde{v}(\{1,2\}) = (55.8,3.6,3.6)_{\mathrm{T}}$$

$$\tilde{v}(\{1,3\}) = (40.25,5.25,5.25)_{\mathrm{T}}$$

$$\tilde{v}(\{2,3\}) = (57.6,3.6,3.6)_{\mathrm{T}}$$

$$\tilde{v}(\{1,2,3\}) = (98,8.4,8.4)_{\mathrm{T}}$$

不难验证，模糊支付函数 $\tilde{v}$ 满足式（5.15），因此 $\tilde{v} \in \widetilde{G}_H(N)$。下面，我们讨论基于 H-Shapley 值的虚拟企业收益分配策略。

第一步，根据式（5.14）计算 $\tilde{v} \in \widetilde{G}_H(N)$ 的 H-Shapley 值为：

$$\widetilde{\varphi}_1(\tilde{v}) = \frac{1}{3}\tilde{v}(\{1\}) + \frac{1}{6}[\tilde{v}(\{1,2\}) -_H \tilde{v}(\{2\})] + \frac{1}{6}[\tilde{v}(\{1,3\}) -_H \tilde{v}(\{3\})]$$

$$+ \frac{1}{3}[\tilde{v}(\{1,2,3\}) -_H \tilde{v}(\{2,3\})]$$

$$= \frac{1}{3}(16,1.6,1.6)_{\mathrm{T}} + \frac{1}{6}(28.8,0.9,1.8)_{\mathrm{T}} + \frac{1}{6}(30.25,4.25,3.25)_{\mathrm{T}}$$

$$+ \frac{1}{3}(40.4,4.8,4.8)_{\mathrm{T}}$$

$$= (28.64,2.99,2.98)_{\mathrm{T}}$$

$$\widetilde{\varphi}_2(\tilde{v}) = \frac{1}{3}\tilde{v}(\{2\}) + \frac{1}{6}[\tilde{v}(\{1,2\}) -_H \tilde{v}(\{1\})] + \frac{1}{6}[\tilde{v}(\{2,3\}) -_H \tilde{v}(\{3\})]$$

$$+ \frac{1}{3}[\tilde{v}(\{1,2,3\}) -_H \tilde{v}(\{1,3\})]$$

$$= \frac{1}{3}(27,2.7,1.8)_{\mathrm{T}} + \frac{1}{6}(39.8,2,2)_{\mathrm{T}} + \frac{1}{6}(47.6,2.6,1.6)_{\mathrm{T}}$$

$$+ \frac{1}{3}(57.75,3.15,3.15)_{\mathrm{T}}$$

$$= (42.82,2.72,2.25)_{\mathrm{T}}$$

$$\widetilde{\varphi}_3(\tilde{v}) = \frac{1}{3}\tilde{v}(\{3\}) + \frac{1}{6}[\tilde{v}(\{1,3\}) -_H \tilde{v}(\{1\})] + \frac{1}{6}[\tilde{v}(\{2,3\}) -_H \tilde{v}(\{2\})]$$

$$+ \frac{1}{3} [\tilde{v}(\{1,2,3\}) -_H \tilde{v}(\{1,2\})]$$

$$= \frac{1}{3}(10,1,2)_T + \frac{1}{6}(24.25,3.65,3.65)_T + \frac{1}{6}(30.6,0.9,1.8)_T$$

$$+ \frac{1}{3}(42.2,4.8,4.8)_T$$

$$= (26.54,2.69,3.17)_T$$

由此，得到的 H-Shapley 值为

$$\tilde{\varphi}(\tilde{v}) = (\tilde{\varphi}_1(\tilde{v}), \tilde{\varphi}_2(\tilde{v}), \tilde{\varphi}_3(\tilde{v}))$$

$$= ((28.64,2.99,2.98)_T, (42.82,2.72,2.25)_T, (26.54,2.69,3.17)_T)$$

由于 $\sum_{i \in N} \tilde{\varphi}_i(\tilde{v}) = \tilde{\varphi}_1(\tilde{v}) + \tilde{\varphi}_2(\tilde{v}) + \tilde{\varphi}_3(\tilde{v}) = (98,8.4,8.4)_T$，因此 $\tilde{v}(N) = \sum_{i \in N} \tilde{\varphi}_i(\tilde{v})$。

第二步，对于 $\forall W \in \mathcal{P}(N) \backslash \varnothing$，根据式（5.18），我们求得子对策 $(W, \tilde{v})$ 的 H-Shapley 值 $\tilde{\varphi}(\tilde{v})(W)$，如表5.2所示。

表 5.2 三家企业在所有子对策中的 H-Shapley 值

$\tilde{\varphi}(\tilde{v})(W)$	企业 1	企业 2	企业 3
$\tilde{\varphi}(\tilde{v})(\{1\})$	$(16,1.6,1.6)_T$	0	0
$\tilde{\varphi}(\tilde{v})(\{2\})$	0	$(27,2.7,1.8)_T$	0
$\tilde{\varphi}(\tilde{v})(\{3\})$	0	0	$(10,1,2)_T$
$\tilde{\varphi}(\tilde{v})(\{1,2\})$	$(22.4,1.25,1.7)_T$	$(33.4,2.35,1.9)_T$	0
$\tilde{\varphi}(\tilde{v})(\{1,3\})$	$(23.13,2.93,2.43)_T$	0	$(17.12,2.32,2.82)_T$
$\tilde{\varphi}(\tilde{v})(\{2,3\})$	0	$(37.3,2.65,1.7)_T$	$(20.3,0.95,1.9)_T$
$\tilde{\varphi}(\tilde{v})(\{1,2,3\})$	$(28.64,2.99,2.98)_T$	$(42.82,2.72,2.25)_T$	$(26.54,2.69,3.17)_T$

对于，$\forall S, T \in \mathcal{P}(N) \backslash \varnothing$，$S \subseteq T$，显然有：$\tilde{\varphi}_i(\tilde{v})(T) \geq \tilde{\varphi}_i(\tilde{v})(S)$，$i = 1,2,3$。因此，企业1、企业2、企业3都将选择自己获利最大的合作方案 $N = \{1,2,3\}$，并分别得到报酬 $\tilde{\varphi}_1(\tilde{v})$、$\tilde{\varphi}_2(\tilde{v})$、$\tilde{\varphi}_3(\tilde{v})$。

第三步，根据式（5.19），计算不同置信水平 λ 上的 H-Shapley 值

$\widetilde{\varphi}(\widetilde{v}_\lambda)$，其中 $\lambda \in [0,1]$。以置信水平 0.3、0.7 为例，可得 H-Shapley 值 $\widetilde{\varphi}(\widetilde{v}_{0.3})$、$\widetilde{\varphi}(\widetilde{v}_{0.7})$ 如下：

$$\widetilde{\varphi}_1(\widetilde{v}_{0.3}) = [26.54, 30.73], \widetilde{\varphi}_2(\widetilde{v}_{0.3}) = [40.92, 44.39], \widetilde{\varphi}_3(\widetilde{v}_{0.3}) = [24.66, 28.76]$$

$$\widetilde{\varphi}_1(\widetilde{v}_{0.7}) = [27.74, 29.54], \widetilde{\varphi}_2(\widetilde{v}_{0.7}) = [42.01, 43.49], \widetilde{\varphi}_3(\widetilde{v}_{0.7}) = [25.73, 27.49]$$

因此，我们得到在不同置信水平上的虚拟企业收益分配策略：如果置信水平 $\lambda = 0.3$，则企业 1、企业 2、企业 3 的报酬分别在 26.54 万～30.73 万元、40.92 万～44.39 万元、24.66 万～28.76 万元；如果置信水平 $\lambda = 0.7$，则企业 1、企业 2、企业 3 的报酬分别在 27.74 万～29.54 万元、42.01 万～43.49 万元、25.73 万～27.49 万元。

四　模糊支付合作对策的 M – 核心与 λ – 核心及其应用

在本章第二节和第三节中，我们分析了两种模糊 Shapley 值，它们都是经典 Shapley 值的模糊延拓。利用这种模糊延拓的思想，一些学者将经典合作对策的核心拓展到模糊支付合作对策中，提出了模糊核心。作为模糊支付合作对策的解，模糊核心的定义方式也不是唯一的。本节中，我们主要总结 Mareš、Nishizaki 和 Sakawa 在模糊核心方面的研究成果，并将其分别应用在虚拟企业收益分配问题中。

（一）M – 核心与 λ – 核心

基于 Dubois 和 Prade[71] 提出的模糊数排序方法（见定义 2.18），Mareš[51] 提出了模糊支付合作对策的一种模糊核心。

定义 5.10[51]　设 $\widetilde{v} \in \widetilde{G}(N)$，$C_F$ 是 R^n 上的模糊集，即 $C_F : R^n \rightarrow [0,1]$，如果

$$C_F(x) = \min\left(\text{Pos}\left[\widetilde{v}(N) \geq \sum_{i \in N} x_i \right], \right.$$
$$\left. \min\left\{ \text{Pos}\left[\sum_{i \in S} x_i \geq \widetilde{v}(S) \right] \,\middle|\, S \in \mathcal{P}(N) \right\} \right) \tag{5.23}$$

则称 C_F 为对策 $\tilde{v}$ 的模糊核心，隶属函数 $C_F(x)$ 表示 n 维向量 x 属于模糊核心 C_F 的程度。

为了与其他模糊核心区分，我们将式（5.23）定义的模糊核心称为 M - 核心。

注 5.5 设 $\tilde{v} \in \widetilde{G}(N)$，如果对于 $\forall S \in \mathcal{P}(N)$，$|\tilde{v}_1(S)| = |\ker[\tilde{v}(S)]| = 1$，则具有区间支付的合作对策 $(N, \tilde{v}_1)$ 退化为经典合作对策，并且有

$$\{x \in R^n \mid C_F(x) = 1\} = \{x' \in R^n \mid \ker[\tilde{v}(N)]$$
$$= \sum_{i \in N} x_i, \sum_{i \in S} x_i \geq \ker[\tilde{v}(S)]\}$$
$$= C(N, \tilde{v}_1)$$

由此可知，M - 核心 C_F 是经典核心在模糊支付合作对策中的推广。然而，从式（5.23）可知，M - 核心的计算十分烦琐。

为了给出模糊支付合作对策的解，Nishizaki 和 Sakawa 在文献[46]中提出了在一定置信水平上的模糊核心。与 Mareš 的方法不同，Nishizaki 和 Sakawa 首先拓展了分配及分配优超的概念，然后在此基础上定义了在一定置信水平上的模糊核心。

定义 5.11[46]   设 $\tilde{v} \in \widetilde{G}(N)$，给定 $\lambda \in [0,1]$，如果 n 维向量 $x = (x_1, x_2, \cdots, x_n)$ 满足

（1）$\tilde{v}_\lambda^-(N) \leq \sum_{i \in N} x_i \leq \tilde{v}_\lambda^+(N)$；

（2）$x_i \geq \tilde{v}_\lambda^-(\{i\})$，$\forall i \in N$。

则称 x 为对策 $\tilde{v}$ 的 λ - 分配。

定义 5.12[46]   给定 $\lambda \in [0,1]$，设 x, y 是模糊支付合作对策 $\tilde{v} \in \widetilde{G}(N)$ 的两个 λ - 分配，并设 $S \in \mathcal{P}(N)$，$S \neq \varnothing$，如果有：

（1）$x_i > y_i$，$\forall i \in S$；

（2）$\tilde{v}_\lambda^-(S) \geq \sum_{i \in S} x_i$。

则称 x 关于 $S\lambda$ - 优超 y，记为 $x\lambda - dom_S y$。对于任意两个分配 x 和 y，如果存在一个非空联盟 S，使得 $x\lambda - dom_S y$，则称 $x\lambda$ - 优超 y。

定义 5.13[46]   给定 $\lambda \in [0,1]$，在模糊支付合作对策 $\tilde{v} \in \widetilde{G}(N)$ 中，所有不被 λ - 优超的 λ - 分配的全体称为对策 $\tilde{v}$ 的 λ - 核心，记作 λ -

$C(N,\tilde{v})$。

不难看出，λ - 核心只是给出了一定置信水平上的模糊核心，如果改变置信水平 λ，那么需要重新计算对策的 λ - 分配，然后再重新计算对策的 λ - 核心。因此，λ - 核心的计算过程也比较烦琐。

定理 5.8[46]　给定 $\lambda \in [0,1]$，若 $\tilde{v} \in \widetilde{G}(N)$ 满足

$$\tilde{v}_\lambda^+(N) - \tilde{v}_\lambda^-(N) \geq \tilde{v}_\lambda^+(S) - \tilde{v}_\lambda^-(S), \forall S \in \mathcal{P}(N) \tag{5.24}$$

则 $\tilde{v}$ 的 λ - 核心 $\lambda - C(N,\tilde{v})$ 为

$$\lambda - C(N,\tilde{v}) = \left\{ x \in R^n \mid \tilde{v}_\lambda^-(N) \leq \sum_{i \in N} x_i \leq \tilde{v}_\lambda^+(N), \right. \tag{5.25}$$
$$\left. \sum_{i \in S} x_i \geq \tilde{v}_\lambda^-(S), \forall S \in \mathcal{P}(N) \right\}$$

为了讨论方便，我们将满足式（5.24）的模糊支付合作对策的集合记作 $\widetilde{G}_\lambda(N)$。如果 $\tilde{v} \in \widetilde{G}_\lambda(N)$，则式（5.25）可看作 λ - 核心的一种等价性定义。显然，H - 模糊支付合作对策满足式（5.24），因此，$\widetilde{G}_H(N) \subseteq \widetilde{G}_\lambda(N)$，$\forall \lambda \in [0,1]$。

命题 5.5　给定 $\lambda \in [0,1]$，若 $\tilde{v} \in \widetilde{G}_\lambda(N)$ 的 λ - 核心非空，即 $\lambda - C(N,\tilde{v}) \neq \varnothing$，则

$$\min\{C_F(x) \mid x \in \lambda - C(N,\tilde{v})\} \geq \lambda \tag{5.26}$$

证明：给定 $\lambda \in [0,1]$，设 $\lambda - C(N,\tilde{v}) \neq \varnothing$，对于 $\forall x \in \lambda - C(N,\tilde{v})$，根据式（2.20）和定理 5.8，有

$$\mathrm{Pos}\left\{\tilde{v}(N) \geq \sum_{i \in N} x_i\right\} = \sup_{y \in R: y \geq \sum_{i \in N} x_i} \tilde{v}(N)(y) \geq \lambda$$

再根据式（2.19）和定理 5.8，有

$$\min\left\{\mathrm{Pos}\left[\sum_{i \in S} x_i \geq \tilde{v}(S)\right] \mid S \in \mathcal{P}(N)\right\} = \min\left\{\sup_{y \in R: y \leq \sum_{i \in S} x_i} \tilde{v}(S)(y) \mid S \in \mathcal{P}(N)\right\} \geq \lambda$$

由此可知

$$C_F(x) = \min\left(\mathrm{Pos}\left\{\tilde{v}(N) \geq \sum_{i \in N} x_i\right\}, \min\left\{\mathrm{Pos}\left[\sum_{i \in S} x_i \geq \tilde{v}(S)\right] \mid S \in \mathcal{P}(N)\right\}\right) \geq \lambda$$

由 x 的任意性可知，$\min\{C_F(x)\,|\,x\in\lambda-C(N,\tilde{v})\}\geqslant\lambda$。证毕。

由命题 5.5 可知，虽然 M－核心与 λ－核心是两种不同类型的模糊核心，但是两者之间也存在一定的对应关系，即给定 $\lambda\in[0,1]$，对策 $\tilde{v}\in\tilde{G}_\lambda(N)$ 的 λ－核心包含在 M－核心 C_F 的 λ 截集中。

（二）基于 M－核心与 λ－核心的虚拟企业收益分配策略

本小节中，我们将 M－核心和 λ－核心分别应用到虚拟企业收益分配问题中，以此提出预期收益为模糊信息的虚拟企业收益分配策略。

例5.3 仍以例5.1为例，假设有三家企业（即局中人集合 $N=\{1,2,3\}$）欲组建虚拟企业联合制造七种产品。已知在三家企业完全合作的情况下，虚拟企业的合作收益为：

$$\tilde{v}(\{1\})=(16,1.6,1.6)_T$$
$$\tilde{v}(\{2\})=(27,2.7,1.8)_T$$
$$\tilde{v}(\{3\})=(10,1,2)_T$$
$$\tilde{v}(\{1,2\})=(55.8,3.6,3.6)_T$$
$$\tilde{v}(\{1,3\})=(40.25,5.25,5.25)_T$$
$$\tilde{v}(\{2,3\})=(57.6,3.6,3.6)_T$$
$$\tilde{v}(\{1,2,3\})=(98,8.4,8.4)_T$$

下面，我们分别利用 M－核心和 λ－核心解决该虚拟企业收益分配问题。

（1）基于 M－核心的虚拟企业收益分配策略。

第一步，令 $\tau_C=\text{Pos}\left\{\tilde{v}(N)\geqslant\sum_{i\in N}x_i\right\}$，计算 τ_C：

$$\tau_C=\begin{cases}(532-5x_1-5x_2-5x_3)/42, & 98<x_1+x_2+x_3\leqslant106.4\\1, & x_1+x_2+x_3\leqslant98\\0, & 其他\end{cases}$$

即 $\tau_C=\max\{0,\min[1,(532-5x_1-5x_2-5x_3)/42]\}$。

第二步，令 $\kappa_C=\min\left\{\text{Pos}\left[\sum_{i\in S}x_i\geqslant\tilde{v}(S)\right]\Big|\,S\in\mathcal{P}(N)\right\}$，计算 κ_C。

（a）若 $S = \{1\}$，则

$$\mathrm{Pos}\{x_1 \geqslant \tilde{v}(\{1\})\} = \begin{cases} (5x_1 - 72)/8, & 14.4 \leqslant x_1 < 16 \\ 1, & x_1 \geqslant 16 \\ 0, & \text{其他} \end{cases}$$

（b）若 $S = \{2\}$，则

$$\mathrm{Pos}\{x_2 \geqslant \tilde{v}(\{2\})\} = \begin{cases} (10x_2 - 243)/27, & 24.3 \leqslant x_2 < 27 \\ 1, & x_2 \geqslant 27 \\ 0, & \text{其他} \end{cases}$$

（c）若 $S = \{3\}$，则

$$\mathrm{Pos}\{x_3 \geqslant \tilde{v}(\{3\})\} = \begin{cases} x_3 - 9, & 9 \leqslant x_3 < 10 \\ 1, & x_3 \geqslant 27 \\ 0, & \text{其他} \end{cases}$$

（d）若 $S = \{1,2\}$，则

$$\mathrm{Pos}\{x_1 + x_2 \geqslant \tilde{v}(\{1,2\})\} = \begin{cases} (5x_1 + 5x_2 - 261)/18, & 52.2 \leqslant x_1 + x_2 < 55.8 \\ 1, & x_1 + x_2 \geqslant 55.8 \\ 0, & \text{其他} \end{cases}$$

（e）若 $S = \{1,3\}$，则

$$\mathrm{Pos}\{x_1 + x_3 \geqslant \tilde{v}(\{1,3\})\} = \begin{cases} (4x_1 + 4x_3 - 140)/21, & 35 \leqslant x_1 + x_3 < 40.25 \\ 1, & x_1 + x_3 \geqslant 40.25 \\ 0, & \text{其他} \end{cases}$$

（f）若 $S = \{2,3\}$，则

$$\mathrm{Pos}\{x_2 + x_3 \geqslant \tilde{v}(\{2,3\})\} = \begin{cases} (5x_2 + 5x_3 - 270)/18, & 54 \leqslant x_2 + x_3 < 57.6 \\ 1, & x_2 + x_3 \geqslant 57.6 \\ 0, & \text{其他} \end{cases}$$

（g）若 $S = N$，则

$$\text{Pos}\{x_1 + x_2 + x_3 \geq \tilde{v}(N)\} = \begin{cases} (5x_1 + 5x_2 + 5x_3 - 448)/42, & 89.6 \leq x_1 + x_2 + x_3 < 98 \\ 1, & x_1 + x_2 + x_3 \geq 98 \\ 0, & \text{其他} \end{cases}$$

由此可得

$$\kappa_C = \max\left\{0, \min\left[\begin{array}{l} 1, (5x_1 - 72)/8, (10x_2 - 243)/27, x_3 - 9, (5x_1 + 5x_2 - 261)/18, \\ (4x_1 + 4x_3 - 140)/21, (5x_2 + 5x_3 - 270)/18, (5x_1 + 5x_2 + 5x_3 - 448)/42 \end{array}\right]\right\}$$

第三步，根据式（5.23），计算 M - 核心，可得

$$C_F(x) = \max\left\{0, \min\left[\begin{array}{l} (532 - 5x_1 - 5x_2 - 5x_3)/42, (5x_1 - 72)/8, (10x_2 - 243)/27, (5x_1 + 5x_2 - 261)/18, \\ x_3 - 9, (4x_1 + 4x_3 - 140)/21, (5x_2 + 5x_3 - 270)/18, (5x_1 + 5x_2 + 5x_3 - 448)/42 \end{array}\right]\right\}$$

可见，有

$$\{x \in R^3 \mid C_F(x) = 1\}$$
$$= \left\{x \in R^3 \left| \begin{array}{l} x_1 + x_2 + x_3 = 98, x_1 \geq 16, x_2 \geq 27, x_3 \geq 10, \\ x_1 + x_2 \geq 55.8, x_1 + x_3 \geq 40.25, x_2 + x_3 \geq 57.6 \end{array}\right.\right\}$$
$$= C(N, \tilde{v}_1)$$

通过上面复杂的计算，我们求得此模糊支付合作对策的 M - 核心 C_F，它给出了每一种分配方案的隶属程度，如分配（26.54, 40.92, 24.66）属于 M - 核心 C_F 的程度为 0.3，分配（27.74, 42.01, 25.73）属于 M - 核心 C_F 的程度为 0.7，等等。

（2）基于 λ - 核心的虚拟企业收益分配策略。

接下来，以 $\lambda = 0.3$ 和 $\lambda = 0.7$ 为例，分别计算该对策在置信水平 0.3 和 0.7 上的 λ - 核心，以此提出虚拟企业的收益分配策略。

（a）当 $\lambda = 0.3$ 时，此模糊支付合作对策满足式（5.24），即 $\tilde{v} \in \widetilde{G}_\lambda(N)$，由定理 5.8 可得

$$\lambda - C(N, \tilde{v}) = \left\{x \in R^3 \left| \begin{array}{l} 92.12 \leq \sum_{i \in N} x_i \leq 103.88, x_1 \geq 14.88, x_2 \geq 25.11, x_3 \geq 9.3, \\ x_1 + x_2 \geq 53.28, x_1 + x_3 \geq 36.58, x_2 + x_3 \geq 55.08 \end{array}\right.\right\}$$

不难验证，$\lambda - C(N, \tilde{v}) \neq \varnothing$，并且 $\min\{C_F(x) \mid x \in \lambda - C(N, \tilde{v})\} \geq 0.3$。

再令 $x_1 + x_2 + x_3 = v(N)$，则 λ - 核心可表示为：

$$\lambda - C(N, \tilde{v}) = \left\{ x \in R^3 \left| \begin{array}{l} 14.88 \leq x_1 \leq v(N) - 55.08, 25.11 \leq x_2 \leq v(N) - 36.58, \\ 9.3 \leq x_3 \leq v(N) - 53.28, x_1 + x_2 + x_3 = v(N), 92.12 \leq v(N) \leq 103.88 \end{array} \right. \right\}$$

由此得到，在置信水平 0.3 上，基于 λ - 核心的虚拟企业收益分配策略：三家企业合作取得的总收益 $v(N)$ 在 92.12 万～103.88 万元，并且企业 1、企业 2、企业 3 所得到的报酬分别在 14.88 万～$[v(N) - 55.08]$ 万元、25.11 万～$[v(N) - 36.58]$ 万元、9.3 万～$[v(N) - 53.28]$ 万元。

（b）若 $\lambda = 0.7$，则 $\tilde{v} \in \tilde{\tilde{G}}_\lambda(N)$，再根据定理 5.8，可得

$$\lambda - C(N, \tilde{v}) = \left\{ x \in R^3 \left| \begin{array}{l} 95.48 \leq \sum_{i \in N} x_i \leq 100.52, x_1 \geq 15.52, x_2 \geq 26.19, x_3 \geq 9.7, \\ x_1 + x_2 \geq 54.72, x_1 + x_3 \geq 38.68, x_2 + x_3 \geq 56.52 \end{array} \right. \right\}$$

可以验证，$\lambda - C(N, \tilde{v}) \neq \varnothing$，并且 $\min\{C_F(x) \mid x \in \lambda - C(N, \tilde{v})\} \geq 0.7$。

再令 $x_1 + x_2 + x_3 = v(N)$，则 λ - 核心可表示为

$$\lambda - C(N, \tilde{v}) = \left\{ x \in R^3 \left| \begin{array}{l} 15.52 \leq x_1 \leq v(N) - 56.52, 26.19 \leq x_2 \leq v(N) - 38.68 \\ 9.7 \leq x_3 \leq v(N) - 54.72, x_1 + x_2 + x_3 = v(N), 95.48 \leq v(N) \leq 100.52 \end{array} \right. \right\}$$

因此，我们得到在置信水平 0.7 上，基于 λ - 核心的虚拟企业收益分配策略：三家企业合作取得的总收益 $v(N)$ 在 95.48 万～100.52 万元，并且企业 1、企业 2、企业 3 所得到的报酬分别在 15.52 万～$[v(N) - 56.52]$ 万元、26.19 万～$[v(N) - 38.68]$ 万元、9.7 万～$[v(N) - 54.72]$ 万元。

从上面的例子可以看出，M - 核心的计算比较复杂，而且 M - 核心给出的是分配方案隶属于模糊核心的程度，并没有给出确切的分配结果；而 λ - 核心给出的是在特定置信水平 λ 上的收益分配策略，对于不同的置信水平 λ，我们需要重新计算对策的 λ - 分配，然后才可以重新确定对策的 λ - 核心。因此，从某种角度来说，M - 核心和 λ - 核心都不是真正意义上的模糊核心。

五　模糊最大序核心及其应用

本节是本书创新点之一。由于 M - 核心和 λ - 核心都不是真正意义上

的模糊支付合作对策的模糊核心，因此，我们考虑是否能够通过一种模糊数的序关系重新定义模糊支付合作对策的模糊核心，从而使得新定义的模糊核心与模糊 Shapley 值之间的关系类似于经典核心与经典 Shapley 值的关系。基于模糊最大序，笔者在本节中提出了两种模糊最大核心，即强模糊核心和有效模糊核心，研究了两种模糊最大核心的存在条件，及其与 M - 核心、λ - 核心、模糊 Shapley 值的关系，并在此基础上提出了基于模糊核心和模糊 Shapley 值的虚拟企业收益分配策略。

（一）模糊支付合作对策的模糊最大序核心

在经典合作对策 (N,v) 中，由于支付函数 v 是 $\mathcal{P}(N)$ 到实数集 R 的一个映射，因此核心 $C(N,v)$ 中的元素是 n 维向量 $x = (x_1, x_2, \cdots, x_n)$，其中 $x_i \in R$，$\forall i \in N$。而在模糊支付合作对策 $(N,\tilde{v})$ 中，模糊支付函数 $\tilde{v}$ 是 $\mathcal{P}(N)$ 到模糊数集合 FR 的映射，所以我们考虑能否通过模糊数的序关系提出一类模糊核心，使得定义的模糊核心是满足一定条件的 n 维模糊向量 $\tilde{x} = (\tilde{x}_1, \tilde{x}_2, \cdots, \tilde{x}_n)$ 的集合。本小节中，我们将沿袭上述思路，拓展经典合作对策的核心，提出基于模糊最大序的模糊核心。首先，对于 $\forall \tilde{v} \in \widetilde{G}(N)$，引入如下符号：

$$\widetilde{X}(N,\tilde{v}) = \{\tilde{x} = (\tilde{x}_1, \tilde{x}_2, \cdots, \tilde{x}_n) \in (FR)^n \mid \tilde{x}_1 + \tilde{x}_2 + \cdots + \tilde{x}_n = \tilde{v}(N)\}$$

通过模糊数的最大序，我们定义了模糊支付合作对策的强模糊分配（见定义 5.3）。下面，基于强模糊最大序，我们给出一种新的模糊分配定义。

定义 5.14 设 $\tilde{v} \in \widetilde{G}(N)$，$\tilde{x} \in \widetilde{X}(N,\tilde{v})$，如果不存在 $i \in N$，使得 $\tilde{v}(\{i\}) > \tilde{x}_i$，则称模糊向量 $\tilde{x}$ 为对策 $\tilde{v}$ 的有效模糊分配。记 $\tilde{v}$ 的有效模糊分配的全体为 $\widetilde{E}_a(N,\tilde{v})$。

可见，强模糊分配与有效模糊分配都是经典合作对策中分配概念的推广。如果模糊向量 $\tilde{x}$ 为模糊支付合作对策 $(N,\tilde{v})$ 的强模糊分配，即 $\tilde{x} \in \widetilde{E}(N,\tilde{v})$，那么 $\tilde{x}$ 一定是 $(N,\tilde{v})$ 的有效模糊分配，即 $\tilde{x} \in \widetilde{E}_a(N,\tilde{v})$，因此有 $\widetilde{E}(N,\tilde{v}) \subseteq \widetilde{E}_a(N,\tilde{v})$。

基于模糊最大序和强模糊最大序，我们可以定义以下两种模糊核心。

定义 5.15 设模糊支付合作对策 $\tilde{v} \in \widetilde{G}(N)$，则：

（1）$\tilde{v}$ 的强模糊核心 $\widetilde{C}_s(N,\tilde{v})$ 定义为

$$\widetilde{C}_s(N,\tilde{v}) = \left\{ \tilde{x} \in \widetilde{E}(N,\tilde{v}) \ \bigg| \ \sum_{i \in S} \tilde{x}_i \geq \tilde{v}(S), \quad \forall S \in \mathcal{P}(N) \right\} \tag{5.27}$$

（2）$\tilde{v}$ 的有效模糊核心 $\widetilde{C}_a(N,\tilde{v})$ 定义为

$$\widetilde{C}_a(N,\tilde{v}) = \left\{ \tilde{x} \in \widetilde{E}_a(N,\tilde{v}) \ \bigg| \ \nexists S \in \mathcal{P}(N), \tilde{v}(S) > \sum_{i \in S} \tilde{x}_i \right\} \tag{5.28}$$

为了表述方便，我们将强模糊核心与有效模糊核心统称为基于模糊最大序的核心，简称为模糊最大序核心。

对于任意的 $\lambda \in [0,1]$，由于具有区间支付的合作对策 $(N,\tilde{v}_\lambda)$ 是一种特殊的模糊支付合作对策，即 $\tilde{v}_\lambda \in \widetilde{G}(N)$，所以模糊最大序核心也适用于对策 $\tilde{v}_\lambda$。我们将 $\tilde{v}_\lambda$ 的强模糊核心与有效模糊核心分别表示为 $\widetilde{C}_s(N,\tilde{v}_\lambda)$、$\widetilde{C}_a(N,\tilde{v}_\lambda)$。显然，$\widetilde{C}_s(N,\tilde{v}_\lambda)$ 与 $\widetilde{C}_a(N,\tilde{v}_\lambda)$ 中的元素均为 n 维区间向量，即每个分量均为区间数的 n 维向量。

注 5.6 设 $\tilde{v} \in \widetilde{G}(N)$，$\tilde{x} = (\tilde{x}_1, \tilde{x}_2, \cdots, \tilde{x}_n) \in \widetilde{X}(N,\tilde{v})$。对于 $\forall \lambda \in (0,1]$，令 $(\tilde{x}_i)_\lambda$ 为模糊数 $\tilde{x}_i$ 的 λ 截集，若 $\lambda = 0$，令

$$(\tilde{x}_i)_0 = \mathrm{cl}\{y \in R | \tilde{x}_i(y) > 0\}$$

其中 cl 表示集合的闭包，$\tilde{x}_i(y)$ 为模糊数 $\tilde{x}_i$ 的隶属函数。因此，对 $\forall \lambda \in [0,1]$，$(\tilde{x}_i)_\lambda$ 均为区间数。若设 $\tilde{x}_\lambda = [(\tilde{x}_1)_\lambda, (\tilde{x}_2)_\lambda, \cdots, (\tilde{x}_n)_\lambda]$，$\forall \lambda \in [0,1]$，则由定义 2.20 知，$\widetilde{C}_s(N,\tilde{v})$ 与 $\widetilde{C}_s(N,\tilde{v}_\lambda)$ 之间存在下面的对应关系：

$$\tilde{x} \in \widetilde{C}_s(N,\tilde{v}) \Leftrightarrow \tilde{x}_\lambda \in \widetilde{C}_s(N,\tilde{v}_\lambda), \ \forall \lambda \in [0,1]$$

由于经典合作对策可看作一种特殊的模糊支付合作对策，因此，模糊最大序核心同样适用于经典合作对策。当模糊支付合作对策 $\tilde{v} \in \widetilde{G}(N)$ 退化为经典合作对策 $v \in G_0(N)$ 时，模糊最大序核心均等价于 v 的经典核心，即

$$\widetilde{C}_s(N,v) = C_a(N,v) = C(N,v), \ \forall v \in G_0(N)$$

由此可知，模糊最大序核心是经典核心在模糊支付合作对策中的拓展。不难看出，上述模糊最大序核心之间存在如下的关系：

$$\widetilde{C}_s(N,\tilde{v}) \subseteq C_a(N,\tilde{v})$$

由上一节的第一小节的介绍知，M – 核心（见定义 5.10）是基于 Dubois 和 Prade 提出的模糊数排序方法定义的，而模糊最大序核心是基于模糊最大序给出的，所以模糊最大序核心与 M – 核心是两种不同的模糊核心；Nishizaki 和 Sakawa 提出的 λ – 核心是在置信水平 λ 上的模糊支付合作对策的模糊核心（见定义 5.13），因此可将 λ – 核心看作具有区间支付的合作对策 $(N,\tilde{v}_\lambda)$ 的一种模糊核心，而模糊最大序核心是定义在模糊支付合作对策 $(N,\tilde{v})$ 上的，由此可知，模糊最大序核心与 λ – 核心也是两种不同的模糊核心。

综上所述，模糊最大序核心、M – 核心、λ – 核心是三种不同的模糊核心，但是它们之间也存在一定的联系。

命题 5.6 给定 $\lambda \in [0,1]$，设 $\tilde{v} \in \widetilde{G}_\lambda(N)$，若具有区间支付的合作对策 $(N,\tilde{v}_\lambda)$ 的强模糊核心 $\widetilde{C}_s(N,\tilde{v}_\lambda)$ 非空，则对于任意 $\bar{x} = (\bar{x}_1, \bar{x}_2, \cdots, \bar{x}_n) \in \widetilde{C}_s(N,\tilde{v}_\lambda)$，有

$$(x_1, x_2, \cdots, x_n) \in \lambda - C(N,\tilde{v}), \ \forall x_i \in \bar{x}_i, \ \forall i \in N \tag{5.29}$$

证明：给定 $\lambda \in [0,1]$，设 $\bar{x} = (\bar{x}_1, \bar{x}_2, \cdots \bar{x}_n) \in \widetilde{C}_s(N,\tilde{v}_\lambda)$，$\bar{x}_i = [x_i^-, x_i^+]$，$\forall i \in N$，则根据定义 5.15 可有：

$$\sum_{i \in N} x_i^+ = \tilde{v}_\lambda^+(N)$$

$$\sum_{i \in N} x_i^- = \tilde{v}_\lambda^-(N)$$

$$\sum_{i \in S} x_i^- \geqslant \tilde{v}_\lambda^-(S), \ \forall S \in \mathcal{P}(N)$$

因此，对于 $\forall x_i \in \bar{x}_i$，由于 $x_i^- \leqslant x_i \leqslant x_i^+$，$\forall i \in N$，可有：

$$\tilde{v}_\lambda^-(N) = \sum_{i \in N} x_i^- \leqslant \sum_{i \in N} x_i \leqslant \sum_{i \in N} x_i^+ = \tilde{v}_\lambda^+(N)$$

$$\sum_{i \in S} x_i \geqslant \sum_{i \in S} x_i^- \geqslant \tilde{v}_\lambda^-(S), \ \forall S \in \mathcal{P}(N)$$

再由定理 5.8 知，$(x_1, x_2, \cdots, x_n) \in \lambda - C(N,\tilde{v})$。证毕。

注 5.7　给定 $\lambda \in [0,1]$，设 $\tilde{v} \in \widetilde{G}_\lambda(N)$。如果具有区间支付的合作对策 $(N, \tilde{v}_\lambda)$ 的强模糊核心 $\widetilde{C}_s(N, \tilde{v}_\lambda)$ 为空，则 $\lambda - C(N, \tilde{v})$ 不一定为空。例如，设 $N = \{1,2,3\}$，$\lambda = 0.5$，$\tilde{v} \in \widetilde{G}_\lambda(N)$ 定义为

$$\tilde{v}(S) = \begin{cases} (2.5, 1)_{\mathrm{T}}, & |S| \geq 2 \\ 0, & \text{其他} \end{cases}$$

则 $\widetilde{C}_s(N, \tilde{v}_\lambda) = \varnothing$，但是，$\lambda - C(N, \tilde{v}) \neq \varnothing$，比如，向量 $(1,1,1)$ 就包含在 $\lambda - C(N, \tilde{v})$ 中。

根据命题 5.5，命题 5.6 有如下的推论。

推论 5.2　给定 $\lambda \in [0,1]$，设 $\tilde{v} \in \widetilde{G}_\lambda(N)$。若具有区间支付的合作对策 $(N, \tilde{v}_\lambda)$ 的强模糊核心非空，即 $\widetilde{C}_s(N, \tilde{v}_\lambda) \neq \varnothing$，则对于任意的 $\bar{x} = (\bar{x}_1, \bar{x}_2, \cdots \bar{x}_n) \in \widetilde{C}_s(N, \tilde{v}_\lambda)$，有

$$C_F(x_1, x_2, \cdots, x_n) \geq \lambda, \ \forall x_i \in \bar{x}_i, \ \forall i \in N \tag{5.30}$$

上述命题 5.6 和推论 5.2 说明了模糊最大序核心、M - 核心、λ - 核心之间存在一定的联系。下面，我们进一步讨论模糊最大序核心与模糊 Shapley 值之间的关系。

命题 5.7　若 $\tilde{v} \in \widetilde{G}_H(N)$ 满足凸性，则对策 $\tilde{v}$ 的 H-Shapley 值 $\widetilde{\varphi}(\tilde{v})$ 包含在强模糊核心 $\widetilde{C}_s(N, \tilde{v})$ 中，即 $\widetilde{\varphi}(\tilde{v}) \in \widetilde{C}_s(N, \tilde{v})$。

证明：由定理 5.7 知，对策 $\tilde{v} \in \widetilde{G}_H(N)$ 的 H-Shapley 值 $\widetilde{\varphi}(\tilde{v})$ 是对策 $\tilde{v}$ 的模糊分配，即 $\widetilde{\varphi}(\tilde{v}) \in \widetilde{E}(N, \tilde{v})$，于是 $\sum_{i \in N} \widetilde{\varphi}_i(\tilde{v}) = \tilde{v}(N)$。因此，要证明 $\widetilde{\varphi}(\tilde{v}) \in \widetilde{C}_s(N, \tilde{v})$，只需证明

$$\sum_{i \in S} \widetilde{\varphi}_i(\tilde{v}) \geq \tilde{v}(S), \ \forall S \in \mathcal{P}(N) \tag{5.31}$$

接下来，我们证明式（5.31）成立。设 $\tilde{v} \in \widetilde{G}_H(N)$ 为凸的模糊支付合作对策，由于 $(N, \tilde{v}_\lambda^+)$ 与 $(N, \tilde{v}_\lambda^-)$ 皆为经典凸合作对策，因此，对于 $\forall S \in \mathcal{P}(N)$，$\forall \lambda \in [0,1]$，根据引理 5.1 与定理 3.6 可得：

$$\left(\sum_{i \in S} \widetilde{\varphi}_i(\tilde{v}) \right)_\lambda^+ = \sum_{i \in S} (\widetilde{\varphi}_i(\tilde{v}))_\lambda^+ = \sum_{i \in S} \widetilde{\varphi}_i(\tilde{v}_\lambda^+) \geq \tilde{v}_\lambda^+(S)$$

$$\left(\sum_{i \in S} \widetilde{\varphi}_i(\tilde{v}) \right)_\lambda^- = \sum_{i \in S} (\widetilde{\varphi}_i(\tilde{v}))_\lambda^- = \sum_{i \in S} \widetilde{\varphi}_i(\tilde{v}_\lambda^-) \geq \tilde{v}_\lambda^-(S)$$

再由式 (2.24) 得, $\sum_{i \in S} \tilde{\varphi}_i(\tilde{v}) \geq \tilde{v}(S)$ 。证毕。

由命题 5.7 可知, $\tilde{v} \in \tilde{G}_H(N)$ 中强模糊核心和 H-Shapley 值的关系与经典合作对策中核心和 Shapley 值的关系相似。根据定理 5.4, 命题 5.7 有如下的推论。

推论 5.3 若 $\tilde{v} \in \tilde{G}_H(N)$ 是凸的模糊支付合作对策, 则对策 $\tilde{v}$ 的强模糊核心 $\tilde{C}_s(N, \tilde{v})$ 非空, 即 $\tilde{C}_s(N, \tilde{v}) \neq \varnothing$。

可见, 推论 5.3 给出了强模糊核心存在的充分条件。下面, 我们举例说明强模糊核心、有效模糊核心、M-核心、λ-核心之间的区别与联系, 以及强模糊核心和 H-Shapley 值之间的关系。

例 5.4 设 $(N, \tilde{v})$ 为模糊支付合作对策, 其中 $N = \{1, 2, 3\}$, 模糊支付函数 $\tilde{v}$ 如表 5.3 所示。可见, 模糊支付合作对策 $(N, \tilde{v})$ 是超可加的, 即 $\tilde{v} \in \tilde{G}(N)$。

表 5.3 模糊支付函数 $\tilde{v}$

S	$\{1\}$	$\{2\}$	$\{3\}$	$\{1,2\}$	$\{1,3\}$	$\{2,3\}$	$\{1,2,3\}$
$\tilde{v}(S)$	$(1,0.2)_T$	$(1,0.3)_T$	$(1,0.1)_T$	$(3,0.4)_T$	$(3,0.2)_T$	$(3,0.3)_T$	$(5,0.4)_T$

首先, 设 3 维模糊向量 $\tilde{x}$、$\tilde{y}$ (其中每个分量均为对称三角模糊数) 分别为:

$$\tilde{x} = ((1.75, 0.35)_T, (1.25, 0.05)_T, (2, 0)_T)$$
$$\tilde{y} = ((2.2, 0.4)_T, (1.8, 0)_T, (1, 0)_T)$$

不难验证, $\tilde{x}, \tilde{y} \in \tilde{X}(N, \tilde{v})$, 并且有:

(1) $\tilde{x} \in \tilde{C}_s(N, \tilde{v}) \cap \tilde{C}_a(N, \tilde{v})$;

(2) $\tilde{y} \in \tilde{C}_a(N, \tilde{v})$, 但由于 $\tilde{y}_3 \geq \tilde{v}(\{3\})$ 不成立, 所以 $\tilde{y} \notin \tilde{C}_s(N, \tilde{v})$。

由此可知, 强模糊核心与有效模糊核心是两种不同的模糊核心, 并且两者存在关系: $\tilde{C}_s(N, \tilde{v}) \subseteq \tilde{C}_a(N, \tilde{v})$。

其次, 令 $\lambda = 0.5$, $\tilde{x}_1 = (1.75, 0.35)_T$, $\tilde{x}_2 = (1.25, 0.05)_T$, $\tilde{x}_3 = (2, 0)_T$, $\tilde{x} = (\tilde{x}_1, \tilde{x}_2, \tilde{x}_3)$, $\tilde{x}_{0.5} = ((\tilde{x}_1)_{0.5}, (\tilde{x}_2)_{0.5}, (\tilde{x}_3)_{0.5}) = ([1.575, 1.925], [1.225, 1.275], 2)$, 则根据注 5.6 可知, $\tilde{x}_{0.5} \in \tilde{C}_s(N, \tilde{v}_\lambda)$, 进一步, 可以

验证 $(x_1, x_2, x_3) \in \lambda - C(N, \tilde{v})$, $\forall x_i \in (\tilde{x}_i)_{0.5}$, $i = 1, 2, 3$。

最后，该模糊支付合作对策 $\tilde{v}$ 满足式（5.15），即 $\tilde{v} \in \widetilde{G}_H(N)$。因此通过式（5.14），我们求得 $\tilde{v}$ 的 H-Shapley 值为 $\widetilde{\varphi}(\tilde{v}) = ((1.67, 0.133)_\text{T}$, $(1.67, 0.233)_\text{T}$, $(1.67, 0.033)_\text{T})$，通过定义 5.15，可以判断 $\widetilde{\varphi}(\tilde{v}) \in \widetilde{C}_s(N, \tilde{v})$。

（二）具有三角模糊数支付的合作对策及其模糊最大序核心

通过例 5.4 可知，虽然我们已经定义了两种模糊最大序核心，但是很难得到模糊核心的具体形式。类似于模糊联盟合作对策的研究思路，我们考虑能否通过经典核心来构造模糊核心，以使模糊核心的求解问题转化为经典核心的计算问题。本书在该方面做了尝试性的研究，然而由于模糊支付函数、模糊分配都是由模糊数表示的，而模糊数的类型又非常多，因此很难得到模糊最大序核心与经典核心的转换关系。有鉴于此，笔者采用一类比较特殊的模糊数表示模糊支付函数，并在此基础上给出了模糊最大序核心的计算方法。

定义 5.16 设 $\tilde{v} \in \widetilde{G}(N)$，如果模糊支付函数 $\tilde{v}$ 是 $\mathcal{P}(N)$ 到三角模糊数集合 R_T 的映射，即 $\tilde{v}: \mathcal{P}(N) \to R_\text{T}$，则将对策 $\tilde{v}$ 称为具有三角模糊数支付的合作对策，并将全体具有三角模糊数支付的合作对策构成的集合记为 $\widetilde{G}_\text{T}(N)$。特别地，如果模糊支付函数 $\tilde{v}$ 是 $\mathcal{P}(N)$ 到对称三角模糊数集合 R_ST 的映射，则将对策 $\tilde{v}$ 称为具有对称三角模糊数支付的合作对策，并将全体具有对称三角模糊数支付的合作对策构成的集合记为 $\widetilde{G}_\text{ST}(N)$。

显然，$\widetilde{G}_\text{ST}(N) \subset \widetilde{G}_\text{T}(N)$。对于 $\forall S \in \mathcal{P}(N)$，我们将 $\tilde{v} \in \widetilde{G}_\text{T}(N)$ 的支付函数 $\tilde{v}(S)$ 表示为三角模糊数 $(v_S, l_S^v, r_S^v)_\text{T}$，即 $\tilde{v}(S) = (v_S, l_S^v, r_S^v)_\text{T}$，则：

$$\tilde{v}_0^+(S) = v_S + r_S^v$$

$$\tilde{v}_0^-(S) = v_S - l_S^v$$

$$\tilde{v}_1(S) = v_S$$

并且函数 $\tilde{v}_0^+$、$\tilde{v}_0^-$、$\tilde{v}_1$ 都是从集合 $\mathcal{P}(N)$ 到实数集 R 的映射，且满足 $\tilde{v}_0^+(\varnothing) = 0$, $\tilde{v}_0^-(\varnothing) = 0$, $\tilde{v}_1(\varnothing) = 0$。因此，$(N, \tilde{v}_0^+)$、$(N, \tilde{v}_0^-)$ 与 $(N, \tilde{v}_1)$

皆为经典合作对策，又由于 $\tilde{v} \in \widetilde{G}_{\mathrm{T}}(N)$，于是 $(N, \tilde{v}_0^+)$、$(N, \tilde{v}_0^-)$ 与 $(N, \tilde{v}_1)$ 均为超可加的合作对策，即 $\tilde{v}_0^+, \tilde{v}_0^-, \tilde{v}_1 \in G_0(N)$。

为了表述方便，我们将 $\tilde{x} = ((x_1, l_1^x, r_1^x)_{\mathrm{T}}, (x_2, l_2^x, r_2^x)_{\mathrm{T}}, \cdots, (x_n, l_n^x, r_n^x)_{\mathrm{T}})$ 称为 n 维三角模糊向量，特别地，若 $l_i^x = r_i^x$，$i = 1, 2, \cdots, n$，则将 $\tilde{x}$ 称为 n 维对称三角模糊向量。对于 $\forall S \in \mathcal{P}(N)$，$\tilde{x} = ((x_1, l_1^x, r_1^x)_{\mathrm{T}}, (x_2, l_2^x, r_2^x)_{\mathrm{T}}, \cdots, (x_n, l_n^x, r_n^x)_{\mathrm{T}})$，记：

$$x(S) = \sum_{i \in S} x_i$$

$$l_S^x = \sum_{i \in S} l_i^x$$

$$r_S^x = \sum_{i \in S} r_i^x$$

$$\tilde{x}(S) = \sum_{i \in S} \tilde{x}_i = (x(S), l_S^x, r_S^x)_{\mathrm{T}}$$

下面，我们利用 $(N, \tilde{v}_0^+)$、$(N, \tilde{v}_0^-)$ 与 $(N, \tilde{v}_1)$ 的核心推导强模糊核心的存在条件。首先，需要将第二章的定理 2.12 推广到一般的三角模糊数中。

引理 5.2 设 $\forall \tilde{A}, \tilde{B} \in R_{\mathrm{T}}$，$\tilde{A} = (a, l, r)_{\mathrm{T}}$，$\tilde{B} = (b, m, n)_{\mathrm{T}}$，则有：

(1) $\tilde{A} \geq \tilde{B} \Leftrightarrow \max(l - m, n - r, 0) \leq a - b$；　　　　(5.32)

(2) $\tilde{A} > \tilde{B} \Leftrightarrow \max(l - m, n - r, 0) < a - b$。　　　　(5.33)

证明：只证式（5.32），式（5.33）证法与式（5.32）类同。

（$\Rightarrow$）设 $\tilde{A} = (a, l, r)_{\mathrm{T}}$，$\tilde{B} = (b, m, n)_{\mathrm{T}}$，$\tilde{A} \geq \tilde{B}$，则：

$$\tilde{A}_{[0]}^- = a - l, \quad \tilde{A}_{[0]}^+ = a + r$$

$$\tilde{B}_{[0]}^- = b - m, \quad \tilde{B}_{[0]}^+ = b + n$$

根据定义 2.20 知，$a - l \geq b - m$，$a + r \geq b + n$，即：

$$\begin{aligned} a - b &\geq l - m, \\ a - b &\geq n - r \end{aligned}$$　　　　(5.34)

对于 $\forall \lambda \in (0, 1]$，由三角模糊数定义（即定义 2.15）知：

$$\tilde{A}_\lambda^- = a - (1 - \lambda)l, \quad \tilde{A}_\lambda^+ = a + (1 - \lambda)r$$

$$\tilde{B}_\lambda^- = b - (1 - \lambda)m, \quad \tilde{B}_\lambda^+ = b + (1 - \lambda)n$$

再根据定义 2.20 知：

$$\widetilde{A}_\lambda^- - \widetilde{B}_\lambda^- = (a - b) - (1 - \lambda)(l - m) \geqslant 0$$

$$\widetilde{A}_\lambda^+ - \widetilde{B}_\lambda^+ = (a - b) + (1 - \lambda)(r - n) \geqslant 0$$

当 $\lambda = 1$ 时，可有 $\widetilde{A}_1^- - \widetilde{B}_1^- = a - b \geqslant 0$，即 $a - b \geqslant 0$。因此，由式（5.34）和 $a - b \geqslant 0$ 知，$\max(l - m, 0) \leqslant a - b$，$\max(n - r, 0) \leqslant a - b$，即 $\max(l - m, n - r, 0) \leqslant a - b$。

（⇐）设 $\max(l - m, n - r, 0) \leqslant a - b$，则易知 $\widetilde{A}_1 = a \geqslant \widetilde{B}_1 = b$，并且有：

$$\widetilde{A}_{[0]}^- - \widetilde{B}_{[0]}^- = (a - l) - (b - m) = (a - b) - (l - m) \geqslant 0 \tag{5.35}$$

$$\widetilde{A}_{[0]}^+ - \widetilde{B}_{[0]}^+ = (a + r) - (b + n) = (a - b) + (r - n) \geqslant 0 \tag{5.36}$$

从而可得：$(\widetilde{A}_{[0]}^-, \widetilde{A}_{[0]}^+)^T \geqslant (\widetilde{B}_{[0]}^-, \widetilde{B}_{[0]}^+)^T$。

对于 $\forall \lambda \in (0,1)$，由于 $0 < 1 - \lambda < 1$，则根据式（5.35）及 $a \geqslant b$ 可知

$$(a - b) - (1 - \lambda)(l - m) \geqslant 0$$

故有：$\widetilde{A}_\lambda^- = a - (1 - \lambda)l \geqslant b - (1 - \lambda)m = \widetilde{B}_\lambda^-$。同理，$\widetilde{A}_\lambda^+ \geqslant \widetilde{B}_\lambda^+$，即 $(\widetilde{A}_\lambda^-, \widetilde{A}_\lambda^+) \geqslant (\widetilde{B}_\lambda^-, \widetilde{B}_\lambda^+)$，$\forall \lambda \in (0,1]$，又由于 $(\widetilde{A}_{[0]}^-, \widetilde{A}_{[0]}^+)^T \geqslant (\widetilde{B}_{[0]}^-, \widetilde{B}_{[0]}^+)^T$，因此，$\widetilde{A} \geqslant \widetilde{B}$。证毕。

命题 5.8　设 $\widetilde{v} \in \widetilde{G}_T(N)$，$\widetilde{x} = ((x_1, l_1^x, r_1^x)_T, (x_2, l_2^x, r_2^x)_T, \cdots, (x_n, l_n^x, r_n^x)_T) \in (R_T)^n$，则 $\widetilde{x} \in \widetilde{C}_s(N, \widetilde{v})$ 当且仅当 $\widetilde{x}$ 满足下面三个条件：

（1）$(x_1 + r_1^x, x_2 + r_2^x, \cdots, x_n + r_n^x) \in C(N, \widetilde{v}_0^+)$； $\tag{5.37}$

（2）$(x_1 - l_1^x, x_2 - l_2^x, \cdots, x_n - l_n^x) \in C(N, \widetilde{v}_0^-)$； $\tag{5.38}$

（3）$(x_1, x_2, \cdots, x_n) \in C(N, \widetilde{v}_1)$。 $\tag{5.39}$

证明：设 $\widetilde{x} = ((x_1, l_1^x, r_1^x)_T, (x_2, l_2^x, r_2^x)_T, \cdots, (x_n, l_n^x, r_n^x)_T) \in (R_T)^n$，则根据定义 5.15，有

$$\widetilde{x} \in \widetilde{C}_s(N, \widetilde{v}) \Leftrightarrow \widetilde{x}(N) = \widetilde{v}(N), \ \widetilde{x}(S) \geqslant \widetilde{v}(S), \ \forall S \in \mathcal{P}(N) \tag{5.40}$$

再根据引理 5.2 知，对于 $\forall S \in \mathcal{P}(N)$，有：

$$\widetilde{x}(S) \geqslant \widetilde{v}(S) \Leftrightarrow v_S + r_S^v \leqslant x(S) + r_S^x, \ v_S - l_S^v \leqslant x(S) - l_S^x, \ v_S \leqslant x(S) \tag{5.41}$$

$$\widetilde{x}(N) = \widetilde{v}(N) \Leftrightarrow x(N) + r_N^x = v_N + r_N^v, \ x(N) - l_N^x = v_N - l_N^v, \ x(N) = v_N \tag{5.42}$$

综合式（5.40）、式（5.41）、式（5.42）可得式（5.37）、式（5.38）、式（5.39）。证毕。

由命题 5.8 知，验证三角模糊向量 $\tilde{x} = ((x_1, l_1^x, r_1^x)_T, (x_2, l_2^x, r_2^x)_T, \cdots, (x_n, l_n^x, r_n^x)_T)$ 是否属于对策 $\tilde{v} \in \widetilde{G}_T(N)$ 的强模糊核心 $\widetilde{C}_s(N, \tilde{v})$，可以转化为判断 $(x_1 + r_1^x, x_2 + r_2^x, \cdots, x_n + r_n^x)$ 是否包含在 $(N, \tilde{v}_0^+)$ 的核心 $C(N, \tilde{v}_0^+)$ 中、$(x_1 - l_1^x, x_2 - l_2^x, \cdots, x_n - l_n^x)$ 是否包含在 $(N, \tilde{v}_0^-)$ 的核心 $C(N, \tilde{v}_0^-)$ 中，以及 $(x_1, x_2, \cdots, x_n)$ 是否包含在 $(N, \tilde{v}_1)$ 的核心 $C(N, \tilde{v}_1)$ 中。

对于具有对称三角模糊数支付的合作对策，以下结论成立。

推论 5.4　设 $\tilde{v} \in \widetilde{G}_{ST}(N)$，$\tilde{x} = ((x_1, l_1^x)_T, (x_2, l_2^x)_T, \cdots, (x_n, l_n^x)_T) \in (R_{ST})^n$，则 $\tilde{x} \in \widetilde{C}_s(N, \tilde{v})$ 当且仅当 $\tilde{x}$ 满足下面两个条件：

（1）$(x_1 + l_1^x, x_2 + l_2^x, \cdots, x_n + l_n^x) \in C(N, \tilde{v}_0^+)$；　　　　　　　(5.43)

（2）$(x_1 - l_1^x, x_2 - l_2^x, \cdots, x_n - l_n^x) \in C(N, \tilde{v}_0^-)$。　　　　　　　(5.44)

由推论 5.4 知，若存在 $x^+ = (x_1^+, x_2^+, \cdots, x_n^+) \in C(N, \tilde{v}_0^+)$、$x^- = (x_1^-, x_2^-, \cdots, x_n^-) \in C(N, \tilde{v}_0^-)$，满足 $x^+ \geqslant x^-$，即 $x_i^+ \geqslant x_i^-$，$\forall i \in N$，则对策 $\tilde{v} \in \widetilde{G}_{ST}(N)$ 的强模糊核心 $\widetilde{C}_s(N, \tilde{v})$ 一定存在，并且 $(\tilde{x}_1, \tilde{x}_2, \cdots, \tilde{x}_n)$ 包含在 $\widetilde{C}_s(N, \tilde{v})$ 中，其中，$\tilde{x}_i = ((x_i^+ + x_i^-)/2, (x_i^+ - x_i^-)/2)_T$，$\forall i \in N$。

注 5.8　对于 $\tilde{v} \in \widetilde{G}_T(N)$，定义集合 $\widetilde{C}_{ts}(N, \tilde{v})$ 为

$$\widetilde{C}_{ts}(N, \tilde{v}) = \left\{ (\tilde{x}_1, \tilde{x}_2, \cdots, \tilde{x}_n) \left| \begin{array}{l} \tilde{x}_i = ((x_i^+ + x_i^-)/2, (x_i^+ - x_i^-)/2)_T, x_i^+ \geqslant x_i^-, \forall i \in N \\ (x_1^+, x_2^+, \cdots, x_n^+) \in C(N, \tilde{v}_0^+), (x_1^-, x_2^-, \cdots, x_n^-) \in C(N, \tilde{v}_0^-) \end{array} \right. \right\}$$

则由推论 5.4 知：$\widetilde{C}_{ts}(N, \tilde{v}) \subseteq \widetilde{C}_s(N, \tilde{v})$。但是，$\widetilde{C}_{ts}(N, \tilde{v})$ 不一定等于 $\widetilde{C}_s(N, \tilde{v})$，也就是说，$\widetilde{C}_s(N, \tilde{v})$ 中的元素不一定全是三角模糊向量。例如，设 $N = \{1, 2\}$，$\tilde{v} \in \widetilde{G}_{ST}(N)$ 定义为 $\tilde{v}(\{1, 2\}) = (3/2, 3/2)_T$，$\tilde{v}(\{1\}) = \tilde{v}(\{2\}) = 0$，令模糊向量 $\tilde{x} = (\tilde{x}_1, \tilde{x}_2)$，其中

$$\tilde{x}_1 = \begin{cases} 2y, & 0 \leqslant y \leqslant 1/2 \\ \sqrt{3 - 4y}, & 1/2 < y \leqslant 3/4 \\ 0, & \text{其他} \end{cases} \qquad \tilde{x}_2 = \begin{cases} y, & 0 \leqslant y \leqslant 1 \\ 3 - 2\sqrt{y}, & 1 < y \leqslant 9/4 \\ 0, & \text{其他} \end{cases}$$

则根据定义 5.15，模糊向量 $\tilde{x} \in \widetilde{C}_s(N, \tilde{v})$，但是 $\tilde{x} \notin \widetilde{C}_{ts}(N, \tilde{v})$。

强模糊核心与有效模糊核心都是经典核心在模糊支付合作对策中的拓

展，其中有效模糊核心是比强模糊核心更具有一般性的概念，因此当一个模糊向量不属于强模糊核心时，一般还需要辨别该模糊向量是否包含在有效模糊核心中，进而判断出模糊分配的相对稳定性。下面，根据引理 5.2，我们讨论对策 $\tilde{v} \in \widetilde{C}_T(N)$ 的有效模糊核心中三角模糊向量存在的条件。

命题 5.9　设 $\tilde{v} \in \widetilde{G}_T(N)$，$\tilde{x} = ((x_1, l_1^x, r_1^x)_T, (x_2, l_2^x, r_2^x)_T, \cdots, (x_n, l_n^x, r_n^x)_T) \in \widetilde{X}(N, \tilde{v})$，则 $\tilde{x} \in \widetilde{C}_a(N, \tilde{v})$ 当且仅当对于 $\forall S \in \mathcal{P}(N)$ 有

$$x(S) - v_S \geq \min(l_S^x - l_S^v, r_S^v - r_S^x, 0) \tag{5.45}$$

证明：设 $\tilde{x} = ((x_1, l_1^x, r_1^x)_T, (x_2, l_2^x, r_2^x)_T, \cdots, (x_n, l_n^x, r_n^x)_T) \in \widetilde{X}(N, \tilde{v})$，则根据定义 5.15 知，$\tilde{x} \in \widetilde{C}_a(N, \tilde{v})$ 的充要条件是不存在 $S \in \mathcal{P}(N)$，使得 $\tilde{v}(S) > \sum_{i \in S} \tilde{x}_i$。再由引理 5.2 知 $\forall S \in \mathcal{P}(N)$，对于 $\forall S \in \mathcal{P}(N)$，有

$$\tilde{v}(S) > \sum_{i \in S} \tilde{x}_i \Leftrightarrow v_S - x(S) > \max(l_S^v - l_S^x, r_S^x - r_S^v, 0)$$

由此可得，$\tilde{x} \in \widetilde{C}_a(N, \tilde{v})$ 的充要条件是：不存在 $\forall S \in \mathcal{P}(N)$，使得

$$v_S - x(S) > max(l_S^v - l_S^x, r_S^x - r_S^v, 0) \tag{5.46}$$

即对于 $\forall S \in \mathcal{P}(N)$，$v_S - x(S) \leq \max(l_S^v - l_S^x, r_S^x - r_S^v, 0)$，整理可得：$\tilde{x} \in \widetilde{C}_a(N, \tilde{v}) \Leftrightarrow x(S) - v_S \geq \min(l_S^x - l_S^v, r_S^v - r_S^x, 0)$，$\forall S \in \mathcal{P}(N)$。证毕。

由命题 5.9 知，验证模糊向量 $\tilde{x} = ((x_1, l_1^x, r_1^x)_T, (x_2, l_2^x, r_2^x)_T, \cdots, (x_n, l_n^x, r_n^x)_T) \in \widetilde{X}(N, \tilde{v})$ 是否包含在对策 $\tilde{v} \in \widetilde{G}_T(N)$ 的有效模糊核心 $\widetilde{C}_a(N, \tilde{v})$ 中，可以转化为判断 $\tilde{x}$ 是否满足式（5.45）。如果三角模糊向量 $\tilde{x} = ((x_1, l_1^x, r_1^x)_T, (x_2, l_2^x, r_2^x)_T, \cdots, (x_n, l_n^x, r_n^x)_T)$ 包含在强模糊核心 $\widetilde{C}_s(N, \tilde{v})$ 中，则由命题 5.8 知

$$x(S) - v_S \geq \max(l_S^x - l_S^v, r_S^v - r_S^x, 0) \geq \min(l_S^x - l_S^v, r_S^v - r_S^x, 0)$$

因此，三角模糊向量 $\tilde{x}$ 一定包含在有效模糊核心 $\widetilde{C}_a(N, \tilde{v})$ 中。这表明，包含在强模糊核心 $\widetilde{C}_s(N, \tilde{v})$ 中的三角模糊向量一定也包含在有效模糊核心 $\widetilde{C}_a(N, \tilde{v})$ 中，从而更加直观地说明了 $\widetilde{C}_s(N, \tilde{v}) \subseteq \widetilde{C}_a(N, \tilde{v})$。

由命题 5.9，我们可以得到以下的推论。

推论 5.5　设 $\tilde{v} \in \widetilde{G}_{ST}(N)$，$\tilde{x} = ((x_1, l_1^x)_T, (x_2, l_2^x)_T, \cdots, (x_n, l_n^x)_T) \in$

$\widetilde{X}(N,\tilde{v})$，则 $\tilde{x} \in \widetilde{C}_a(N,\tilde{v})$ 当且仅当对于 $\forall S \in \mathcal{P}(N)$，$\tilde{x}$ 满足

$$x(S) - v_s \geqslant - |l_s^r - l_s^l| \qquad (5.47)$$

下面，我们以具有对称三角模糊支付的合作对策为例，说明如何利用推论 5.4 和推论 5.5 判断强模糊核心和有效模糊核心中的对称三角模糊向量。

例 5.5 仍以例 5.4 为例，设 $(N,\tilde{v})$ 为模糊支付合作对策，其中 $N = \{1,2,3\}$，模糊支付合作对策 $\tilde{v} \in \widetilde{G}_{ST}(N)$ 及经典合作对策 $(N,\tilde{v}_0^+)$、$(N,\tilde{v}_0^-)$ 如表 5.4 所示。

表 5.4 模糊支付合作对策 $\tilde{v}$ 及其经典合作对策 $(N,\tilde{v}_0^+)$、$(N,\tilde{v}_0^-)$

S	$\{1\}$	$\{2\}$	$\{3\}$	$\{1,2\}$	$\{1,3\}$	$\{2,3\}$	$\{1,2,3\}$
$\tilde{v}(S)$	$(1,0.2)_T$	$(1,0.3)_T$	$(1,0.1)_T$	$(3,0.4)_T$	$(3,0.2)_T$	$(3,0.3)_T$	$(5,0.4)_T$
$\tilde{v}_0^+(S)$	1.2	1.3	1.1	3.4	3.2	3.3	5.4
$\tilde{v}_0^-(S)$	0.8	0.7	0.9	2.6	2.8	2.7	4.6

首先，根据推论 5.4，计算经典合作对策 $(N,\tilde{v}_0^+)$、$(N,\tilde{v}_0^-)$ 的核心，可得：

$$C(N,\tilde{v}_0^+) = \left\{ x^+ = (x_1^+,x_2^+,x_3^+) \;\middle|\; \begin{matrix} x_1^+ \geqslant 1.2, x_2^+ \geqslant 1.3, x_3^+ \geqslant 1.1, x_1^+ + x_2^+ \geqslant 3.4, \\ x_1^+ + x_3^+ \geqslant 3.2, x_2^+ + x_3^+ \geqslant 3.3, x_1^+ + x_2^+ + x_3^+ = 5.4 \end{matrix} \right\}$$

$$= \{ x^+ = (x_1^+,x_2^+,x_3^+) \mid 1.2 \leqslant x_1^+ \leqslant 2.1, 1.3 \leqslant x_2^+ \leqslant 2.2, 1.1 \leqslant x_3^+ \leqslant 2,$$
$$x_1^+ + x_2^+ + x_3^+ = 5.4 \}$$

$$C(N,\tilde{v}_0^-) = \left\{ x^- = (x_1^-,x_2^-,x_3^-) \;\middle|\; \begin{matrix} x_1^- \geqslant 0.8, x_2^- \geqslant 0.7, x_3^- \geqslant 0.9, x_1^- + x_2^- \geqslant 2.6, \\ x_1^- + x_3^- \geqslant 2.8, x_2^- + x_3^- \geqslant 2.7, x_1^- + x_2^- + x_3^- = 4.6 \end{matrix} \right\}$$

$$= \{ x^- = (x_1^-,x_2^-,x_3^-) \mid 0.8 \leqslant x_1^- \leqslant 1.9, 0.7 \leqslant x_2^- \leqslant 1.8, 0.9 \leqslant x_3^- \leqslant 2,$$
$$x_1^- + x_2^- + x_3^- = 4.6 \}$$

其次，求集合 $\widetilde{C}_{ts}(N,\tilde{v})$，可得

$$\widetilde{C}_{ts}(N,\tilde{v}) = \left\{ (\tilde{x}_1,\tilde{x}_2,\tilde{x}_3) \;\middle|\; \begin{matrix} \tilde{x}_i = ((x_i^+ + x_i^-)/2, (x_i^+ - x_i^-)/2)_T, \forall i \in N, 0.8 \leqslant x_1^- \leqslant 1.9 \\ 0.7 \leqslant x_2^- \leqslant 1.8, 0.9 \leqslant x_3^- \leqslant 2, \sum_{i \in N} x_i^- = 4.6, \max\{1.2, x_1^-\} \leqslant x_1^+ \leqslant 2.1 \\ \max\{1.3, x_2^-\} \leqslant x_2^+ \leqslant 2.2, \max\{1.1, x_3^-\} \leqslant x_3^+ \leqslant 2, \sum_{i \in N} x_i^+ = 5.4 \end{matrix} \right\}$$

再次，由于存在 $x^+ \in C(N, \tilde{v}_0^+)$、$x^- \in C(N, \tilde{v}_0^-)$，满足 $x^+ \geqslant x^-$，因此 $\widetilde{C}_{ts}(N, \tilde{v}) \neq \varnothing$，再根据推论 5.4 知，$\widetilde{C}_s(N, \tilde{v}) \neq \varnothing$，并且 $\widetilde{C}_{ts}(N, \tilde{v}) \subseteq \widetilde{C}_s(N, \tilde{v})$。

最后，设 $\tilde{x} = ((1.75, 0.35)_T, (1.25, 0.05)_T, (2, 0)_T)$，$\tilde{y} = ((2.2, 0.4)_T, (1.8, 0)_T, (1, 0)_T)$，验证模糊向量 $\tilde{x}$ 与 $\tilde{y}$ 是否属于模糊最大序核心。

（1）由于有：

$$(x_1 + l_1^r, x_2 + l_2^r, x_3 + l_3^r) = (2.1, 1.3, 2)$$

$$(x_1 - l_1^r, x_2 - l_2^r, x_3 - l_3^r) = (1.4, 1.2, 2)$$

$$(y_1 + l_1^r, y_2 + l_2^r, y_3 + l_3^r) = (2.6, 1.8, 1)$$

$$(y_1 - l_1^r, y_2 - l_2^r, y_3 - l_3^r) = (1.8, 1.8, 1)$$

并且 $(2.1, 1.3, 2) \in C(N, \tilde{v}_0^+)$，$(1.4, 1.2, 2) \in C(N, \tilde{v}_0^-)$，于是由推论 5.4 可知：$\tilde{x} \in \widetilde{C}_s(N, \tilde{v})$；又由于 $(2.6, 1.8, 1) \notin C(N, \tilde{v}_0^+)$，$(1.8, 1.8, 1) \in C(N, \tilde{v}_0^-)$，因此 $\tilde{y} \notin \widetilde{C}_s(N, \tilde{v})$。

（2）由于 $\tilde{y} \notin \widetilde{C}_s(N, \tilde{v})$，我们需要判断模糊向量 $\tilde{y}$ 是否属于有效模糊核心 $\widetilde{C}_a(N, \tilde{v})$。

根据推论 5.5，求得不同联盟组合下的模糊向量 $\tilde{y}$ 的判别关系如表 5.5 所示。

表 5.5　三角模糊向量 $\tilde{y}$ 的判别

S	$\{1\}$	$\{2\}$	$\{3\}$	$\{1,2\}$	$\{1,3\}$	$\{2,3\}$	$\{1,2,3\}$
$\tilde{v}(S)$	$(1, 0.2)_T$	$(1, 0.3)_T$	$(1, 0.1)_T$	$(3, 0.4)_T$	$(3, 0.2)_T$	$(3, 0.3)_T$	$(5, 0.4)_T$
$\tilde{y}(S)$	$(2.2, 0.4)_T$	$(1.8, 0)_T$	$(1, 0)_T$	$(4, 0.4)_T$	$(3.2, 0.4)_T$	$(2.8, 0)_T$	$(5, 0.4)_T$
$y(S) - v_S$	1.2	0.8	0	1	0.2	-0.2	0
$-\|l_S^y - l_S^v\|$	-0.2	-0.3	-0.1	0	-0.2	-0.3	0

容易验证，模糊向量 $\tilde{y}$ 满足不等式 $y(S) - v_S \geqslant -\|l_S^y - l_S^v\|$，因此 $\tilde{y} \in \widetilde{C}_a(N, \tilde{v})$。可见，三角模糊向量 $\tilde{x}$ 与 $\tilde{y}$ 的判断结果与例 5.4 相同。

（三）基于模糊最大序核心和模糊 Shapley 值的虚拟企业收益分配策略

在本章第三节第三小节中，我们提出了基于 H-Shapley 值的虚拟企业收益分配策略，本小节将综合利用模糊核心和模糊 Shapley 值解决虚拟企业的收益分配问题，以得到更加合理的分配策略。

例 5.6 仍以例 5.1 和例 5.2 为例，假设有三家企业（即局中人集合 $N = \{1,2,3\}$）欲组建虚拟企业联合制造产品。已知企业 1、2、3 在清晰联盟下的预期收益为：

$$\tilde{v}(\{1\}) = (16, 1.6, 1.6)_{\mathrm{T}}$$

$$\tilde{v}(\{2\}) = (27, 2.7, 1.8)_{\mathrm{T}}$$

$$\tilde{v}(\{3\}) = (10, 1, 2)_{\mathrm{T}}$$

$$\tilde{v}(\{1,2\}) = (55.8, 3.6, 3.6)_{\mathrm{T}}$$

$$\tilde{v}(\{1,3\}) = (40.25, 5.25, 5.25)_{\mathrm{T}}$$

$$\tilde{v}(\{2,3\}) = (57.6, 3.6, 3.6)_{\mathrm{T}}$$

$$\tilde{v}(\{1,2,3\}) = (98, 8.4, 8.4)_{\mathrm{T}}$$

下面，我们结合 H-Shapley 值和模糊最大序核心提出虚拟企业收益的分配策略。

第一步，模糊支付函数 $\tilde{v}$ 满足式（5.15），即 $\tilde{v} \in \widetilde{G}_H(N)$。

第二步，由例 5.2 的计算知，$\tilde{v}$ 的 H-Shapley 值 $\widetilde{\varphi}(\tilde{v})$ 为：

$$\widetilde{\varphi}(\tilde{v}) = ((28.64, 2.99, 2.98)_{\mathrm{T}}, (42.82, 2.72, 2.25)_{\mathrm{T}}, (26.54, 2.69, 3.17)_{\mathrm{T}})$$

第三步，根据命题 5.8 和命题 5.9，验证 H-Shapley 值 $\widetilde{\varphi}(\tilde{v})$ 的稳定性：

$$\widetilde{\varphi}(\tilde{v}) = ((x_1, l_1^r, r_1^r)_{\mathrm{T}}, (x_2, l_2^r, r_2^r)_{\mathrm{T}}, (x_3, l_3^r, r_3^r)_{\mathrm{T}})$$

我们求得不同联盟组合下的 H-Shapley 值 $\widetilde{\varphi}(\tilde{v})$ 的判别关系（如表 5.6 所示）。

表 5.6　H-Shapley 值的判别表

S	$\{1\}$	$\{2\}$	$\{3\}$	$\{1,2\}$	$\{1,3\}$	$\{2,3\}$	$\{1,2,3\}$
$\tilde{v}_1(S)$	16	27	10	55.8	40.25	57.6	98
$\tilde{v}_0^+(S)$	17.6	28.8	12	59.4	45.5	61.2	106.4
$\tilde{v}_0^-(S)$	14.4	24.3	9	52.2	35	54	89.6
$x(S)$	28.64	42.82	26.54	71.46	55.18	69.36	98

S	{1}	{2}	{3}	{1,2}	{1,3}	{2,3}	{1,2,3}
$x(S) + r_S^x$	31.62	45.07	29.71	76.69	61.33	74.78	106.4
$x(S) - l_S^x$	25.65	40.1	23.85	65.75	49.5	63.95	89.6

由表 5.6 可知，对于 $\forall S \in \mathcal{P}(N)$，$x(S) \geqslant \tilde{v}_1(S)$，$x(S) - l_S^x \geqslant \tilde{v}_0^-(S)$，$x(S) + r_S^x \geqslant \tilde{v}_0^+(S)$。因此，有：

$$(x_1 + r_1^x, x_2 + r_2^x, x_3 + r_3^x) \in C(N, \tilde{v}_0^+), (x_1, x_2, x_3) \in C(N, \tilde{v}_1)$$

$$(x_1 - l_1^x, x_2 - l_2^x, x_3 - l_3^x) \in C(N, \tilde{v}_0^-), (x_1, x_2, x_3) \in C(N, \tilde{v}_1)$$

再由命题 5.8 知，H-Shapley 值 $\widetilde{\varphi}(\tilde{v})$ 包含在强模糊核心 $\widetilde{C}_s(N, \tilde{v})$ 中，即 $\widetilde{\varphi}(\tilde{v}) \in \widetilde{C}_s(N, \tilde{v})$，所以 H-Shapley 值 $\widetilde{\varphi}(\tilde{v})$ 具有较强的稳定性，没有联盟对基于 H-Shapley 值的虚拟企业收益分配策略存在异议。

第四步，根据式（5.19），计算不同置信水平 λ 上的 H-Shapley 值 $\widetilde{\varphi}(\tilde{v}_\lambda)$，其中 $\lambda \in [0,1]$：由于 $\widetilde{\varphi}(\tilde{v}) \in \widetilde{C}_s(N, \tilde{v})$，因此由式（5.19）和注 5.6 可知：$\widetilde{\varphi}(\tilde{v}_\lambda) = (\widetilde{\varphi}(\tilde{v}))_\lambda \in \widetilde{C}_s(N, \tilde{v}_\lambda)$，其中 $(\widetilde{\varphi}(\tilde{v}))_\lambda = ((\widetilde{\varphi}_1(\tilde{v}))_\lambda$，$(\widetilde{\varphi}_2(\tilde{v}))_\lambda, (\widetilde{\varphi}_3(\tilde{v}))_\lambda)$，即对于 $\forall \lambda \in [0,1]$，$(N, \tilde{v}_\lambda)$ 的 H-Shapley 值 $\widetilde{\varphi}(\tilde{v}_\lambda)$ 包含在强模糊核心 $\widetilde{C}_s(N, \tilde{v}_\lambda)$ 中。以置信水平 0.3、0.7 为例，可得 H-Shapley 值 $\widetilde{\varphi}(\tilde{v}_{0.3})$、$\widetilde{\varphi}(\tilde{v}_{0.7})$ 分别为：

$$\widetilde{\varphi}_1(\tilde{v}_{0.3}) = [26.54, 30.73], \widetilde{\varphi}_2(\tilde{v}_{0.3}) = [40.92, 44.39], \widetilde{\varphi}_3(\tilde{v}_{0.3}) = [24.66, 28.76]$$

$$\widetilde{\varphi}_1(\tilde{v}_{0.7}) = [27.74, 29.54], \widetilde{\varphi}_2(\tilde{v}_{0.7}) = [42.01, 43.49], \widetilde{\varphi}_3(\tilde{v}_{0.7}) = [25.73, 27.49]$$

因此，综合 H-Shapley 值 $\widetilde{\varphi}(\tilde{v})$ 和模糊最大序核心可知：如果置信水平 $\lambda = 0.3$，则企业 1、企业 2、企业 3 的报酬分别在 26.54 万 ~ 30.73 万元、40.92 万 ~ 44.39 万元、24.66 万 ~ 28.76 万元；如果置信水平 $\lambda = 0.7$，则企业 1、企业 2、企业 3 的报酬分别在 27.74 万 ~ 29.54 万元、42.01 万 ~ 43.49 万元、25.73 万 ~ 27.49 万元。

六　小结

本章介绍了模糊支付合作对策的基本概念，并重点讨论了模糊支付合作对策的模糊 Shapley 值与模糊核心。

首先，介绍了模糊支付合作对策的基本概念和模糊 Shapley 值。这一部分，主要讨论了两种模糊 Shapley 值，即 M-Shapley 值 $\hat{f}(\tilde{v})$ 和 H-Shapley 值 $\widetilde{\varphi}(\tilde{v})$，并通过具有区间支付的合作对策 $(N, \tilde{v}_\lambda)(\forall \lambda \in [0, 1])$，分析了 M-Shapley 值 $\hat{f}(\tilde{v})$ 与 H-Shapley 值 $\widetilde{\varphi}(\tilde{v})$ 的性质以及两者之间的联系，此处是本书的创新点之一，得到的主要结论为：对于超可加的模糊支付合作对策 $\tilde{v} \in \widetilde{G}(N)$，M-Shapley 值 $\hat{f}(\tilde{v})$ 一定存在，但是 M-Shapley 值 $\hat{f}(\tilde{v})$ 不一定是对策 $\tilde{v}$ 的模糊分配。定义了 H - 模糊支付合作对策 $\widetilde{G}_H(N)$（见定义 5.8），解释了 H - 模糊支付合作对策 $\widetilde{G}_H(N)$ 的实际意义，指出了 H - 模糊支付合作对策的 H-Shapley 值是唯一存在的；若 H-Shapley 值 $\widetilde{\varphi}(\tilde{v})$ 存在，则必定是对策的模糊分配，并且 H-Shapley 值与 M-Shapley 值之间存在一定的包含关系（见定理 5.5）。在上述结论的基础上，笔者将 M-Shapley 值和 H-Shapley 值分别应用到虚拟企业的收益分配问题中。

其次，总结了 Mareš、Nishizaki 和 Sakawa 在模糊核心方面的研究成果，介绍了 Mareš 定义的 M - 核心 C_F、Nishizaki 和 Sakawa 定义的 λ - 核心 $\lambda - C(N, \tilde{v})$。为了给出 M - 核心和 λ - 核心之间的关系，笔者定义了 $\widetilde{G}_\lambda(N)$［即满足式（5.24）的模糊支付合作对策］，并分析了 M - 核心和 λ - 核心存在的问题。在此基础上，将 M - 核心和 λ - 核心应用到虚拟企业的收益分配问题中。

最后，针对已有模糊核心研究存在的问题，基于模糊最大序关系，提出了两种模糊最大序核心，即强模糊核心 $\widetilde{C}_s(N, \tilde{v})$ 和有效模糊核心 $\widetilde{C}_a(N, \tilde{v})$，给出了模糊最大序核心的存在条件及其与模糊 Shapley 值、其他模糊核心的关系，分析了模糊支付合作对策 $\tilde{v}$ 与具有区间支付的合作对策 $(N, \tilde{v}_\lambda)(\forall \lambda \in [0, 1])$ 的模糊最大序核心之间的关系。另外，为了给出模糊最大序核心与经典核心的转换关系，笔者选择比较特殊的模糊数表示模糊支付函数，定义了具有三角模糊支付的合作对策 $\widetilde{G}_T(N)$，以此给出了三角模糊向量属于模糊最大序核心的充要条件，并具体讨论了具有对称三角模糊支付的合作对策 $\widetilde{G}_{ST}(N)$ 的模糊最大序核心。然而，由于具有三角模糊数支付的合作对策的模糊最大序核心中的元素不一定为三角模糊向量，笔者最终没有给出强模糊核心和有效模糊核心的具体形式。在上述结论的基础上，提出了基于模糊最大序核心和模糊 Shapley 值的虚拟企业收益分配策略。这部分内容是本书方法创新之处。

综上所述，本章主要讨论了两种模糊 Shapley 值、四种模糊核心的性质及其相互关系，在分析的过程中笔者提出了一些特殊的模糊支付合作对策，并给出了它们的性质，具体内容如表 5.7 所示。总之，本章的创新点可以总结为：（1）以区间 Shapley 值为例，分析了 Mareš 定义的模糊 Shapley 值的性质，并讨论了 H-Shapley 值的存在性、实际意义及其与 Mareš 定义的模糊 Shapley 值之间的区别和联系；（2）利用模糊最大序，提出了模糊支付合作对策的两种模糊最大序核心，即强模糊核心与有效模糊核心，分析了模糊最大序核心的存在性、性质及与其他模糊核心的对应关系，并给出了模糊最大序核心和模糊 Shapley 值之间的关系。

表 5.7　各种模糊支付合作对策及其解

模糊支付合作对策	支付函数 $\tilde{v}$	性质
$\tilde{G}(N)$	$\tilde{v} \in FR$ 且满足式（5.1）	$\check{f}(\tilde{v})$ 一定存在，$\check{f}(\tilde{v})$ 不一定是对策 $\tilde{v}$ 的模糊分配；$\tilde{\varphi}(\tilde{v})$ 不一定存在；强模糊核心包含在有效模糊核心中：$\tilde{C}_s(N,\tilde{v}) \subseteq \tilde{C}_a(N,\tilde{v})$
$\tilde{G}_H(N)$	$\tilde{v} \in \tilde{G}(N)$ 且满足式（5.15）	$\tilde{\varphi}(\tilde{v})$ 唯一存在（定理 5.4），且 $\tilde{\varphi}(\tilde{v})$ 一定是对策 $\tilde{v}$ 的模糊分配（定理 5.7）；$\check{f}(\tilde{v})$ 与 $\tilde{\varphi}(\tilde{v})$ 的关系（定理 5.5）；$\tilde{\varphi}(\tilde{v})$ 与 $\tilde{C}_s(N,\tilde{v})$ 的关系（命题 5.7）
$G_\lambda(N)$	$\tilde{v} \in \tilde{G}(N)$ 且满足式（5.24）	$\tilde{C}_s(N,\tilde{v}_\lambda)$、$C_F$ 与 $\lambda - C(N,\tilde{v})$ 之间的关系（命题 5.5、命题 5.6 和推论 5.2）
$\tilde{G}_T(N)$	$\tilde{v} \in \tilde{G}(N)$ 且为三角模糊数	利用 $(N,\tilde{v}_0^+)$、$(N,\tilde{v}_0^-)$ 与 $(N,\tilde{v}_1)$ 的核心给出 $\tilde{C}_s(N,\tilde{v})$ 的存在条件（命题 5.8）；$\tilde{C}_a(N,\tilde{v})$ 的存在条件（命题 5.9）
$G_{ST}(N)$	$\tilde{v} \in \tilde{G}(N)$ 且为对称三角模糊数	对称三角模糊向量包含于 $\tilde{C}_s(N,\tilde{v})$ 和 $\tilde{C}_a(N,\tilde{v})$ 的充要条件（推论 5.4 和推论 5.5）

第六章

基于具有模糊联盟和模糊支付的
合作对策的虚拟企业收益
分配策略

在经典合作对策中，局中人组成的联盟及联盟的支付都是清晰的，因此为了使经典合作对策更加贴近现实的收益分配问题，在本书的第四章，笔者介绍了模糊联盟支付合作对策，即联盟模糊、支付函数清晰的合作对策，从而解决了局中人部分参与合作时的收益分配问题；另外，在本书的第五章，笔者将经典合作对策推广为模糊支付合作对策，即联盟清晰、支付函数模糊的合作对策，以此解决了具有模糊支付的收益分配问题。可见，虽然模糊联盟合作对策和模糊支付合作对策都是经典合作对策的自然推广，但是模糊联盟合作对策中联盟的支付仍然是清晰的，模糊支付合作对策中局中人组成的联盟也是清晰的，因此，这两种模糊合作对策都没有真正解决局中人组成的联盟和联盟的支付皆为模糊信息的收益分配问题。

鉴于此，笔者考虑是否可以定义一种广义的模糊合作对策，从而使其能够处理联盟和支付函数同时模糊的收益分配问题。本章中，笔者做了该方面的尝试性研究，首先，总结了 Borkotokey 的研究成果，指出 Borkotokey 定义的模糊合作对策及其模糊 Shapley 值存在的问题；其次，针对 Borkotokey 方法存在的问题，重新定义了具有模糊联盟和模糊支付的合作对策的一般形式，指出该模型包括经典合作对策、模糊联盟合作对策、模糊支付合作对策；再次，为了求解具有模糊联盟和模糊支付的合作对策，定义了广义模糊 Shapley 值；最后，将 Tsurumi 定义的 Choquet 积分模糊对策进行推广，定义了一类具有模糊联盟和模糊支付的合作对策，给出了该模糊合作对策的广义模糊 Shapley 值，并提出了基于广义模糊 Shapley 值的虚拟企业收益分配策略。

一　Borkotokey 定义的模糊合作对策及其模糊 Shapley 值

目前，模糊联盟合作对策和模糊支付合作对策的研究已经受到越来越多学者的关注，而对于局中人参与联盟程度和支付函数同时模糊的合作对策（即具有模糊联盟和模糊支付的合作对策），只有 Borkotokey 在文献[68]中做了初步的研究，Borkotokey 扩展了 Tsurumi 等[56]定义的 Choquet 积分模糊对策 $w \in G_c(N)$（见定义 4.6），提出了一类具有模糊联盟和模糊支付的合作对策。本节主要介绍 Borkotokey 的模糊延拓方法，将此模糊合作对策应用到虚拟企业收益分配问题中，并指出该方法存在的问题。

（一）Borkotokey 定义的模糊合作对策

首先，令 $R_+ = [0, +\infty)$，记论域 R_+ 上全体模糊集构成的集合为 $\mathcal{F}(R_+)$。根据 Zadeh[141] 对模糊集的定义（见定义 2.1），Borkotokey[68] 将 Choquet 积分模糊对策的支付函数取值由 R_+ 推广到模糊集 $\mathcal{F}(R_+)$，形成了所谓的具有模糊联盟和模糊支付的合作对策。

设 $N = \{1, 2, \cdots, n\}$ 为全体局中人的集合，记 N 上的全部模糊集组成的集合为 $\mathcal{F}(N)$，则 $\mathcal{F}(N)$ 的任一元素为一个模糊联盟，这里的模糊联盟等同于模糊联盟合作对策中的模糊联盟，因此，对于模糊联盟的表示方法及相关符号，将沿用第四章第一节中的定义，这里不再赘述。下面，介绍 Borkotokey 提出的具有模糊联盟和模糊支付的合作对策。

定义 6.1[68]　设 Choquet 积分模糊对策 $w \in G_c(N)$，对于 $\forall U \in \mathcal{F}(N)$，若函数 $\tilde{w}: \mathcal{F}(N)^R \rightarrow \mathcal{F}(R_+)^{[0,1]}$ 满足以下三个条件：

（1）$\tilde{w}(K)[w(K)] = 1$；

（2）存在 $x_1, x_2 \in R$，使得 $\tilde{w}(K)(x) = 0$，$\forall x \notin [x_1, x_2]$；

（3）$\tilde{w}(\varnothing) = 0$。

则将二元组 $(N, \tilde{w})$ 称为由 $w \in G_c(N)$ 扩展的具有模糊联盟和模糊支付的合作对策 [extended fuzzy game of $w \in G_c(N)$ with fuzzy coalition and vague expectations]，或称为 Borkotokey 模糊合作对策，称 Choquet 积分模糊对策 $w \in G_c(N)$ 为 $(N, \tilde{w})$ 的相关对策。记全体 Borkotokey 模糊合作对策构成的集合为 $\widetilde{G}_B(N)$。

为了论述方便，我们将 Borkotokey 模糊合作对策 $(N, \tilde{w})$ 简记为 $\tilde{w}$，也就是说，$\tilde{w} \in \widetilde{G}_B(N)$ 是指局中人集合为 N、模糊支付函数为 $\tilde{w}$ 的 Borkotokey 模糊合作对策。

注 6.1 设 $\tilde{w} \in \widetilde{G}_B(N)$，给定任意的模糊联盟 $K \in \mathcal{F}(N)$，由定义 6.1 可知，$\tilde{w}(K)$ 为论域 R_+ 上的模糊集，对于 $\forall x \in R_+$，$\tilde{w}(K)(x)$ 表示实数 x 对模糊集 $\tilde{w}(K)$ 的隶属度，需要说明的是，这里的模糊集 $\tilde{w}(K)$ 不一定为模糊数。

基于模糊集的代数和（+）运算（见定义 2.9），Borkotokey 将模糊联盟合作对策的超可加性、凸性扩展到具有模糊联盟和模糊支付的合作对策中，定义了具有模糊联盟和模糊支付的合作对策的超可加性和凸性。

定义 6.2[68] 设 $\tilde{w} \in \widetilde{G}_B(N)$，对于 $\forall x \in R_+$，若 $\tilde{w}$ 满足

$$[\tilde{w}(K \cup U)](x) \geq [\tilde{w}(K) + \tilde{w}(U)](x), \ \forall U, K \in \mathcal{F}(N), \ U \cap K = \varnothing \quad (6.1)$$

则称 $\tilde{w}$ 是超可加的，或称 $\tilde{w}$ 满足超可加性。记 $\widetilde{G}_B(N)$ 中满足超可加性的合作对策集合为 $\widetilde{G}_{B_0}(N)$。

定义 6.3[68] 设 $\tilde{w} \in \widetilde{G}_B(N)$，对于 $\forall x \in R_+$，若 $\tilde{w}$ 满足

$$[\tilde{w}(K \cup U) + \tilde{w}(K \cap U)](x) \geq [\tilde{w}(K) + \tilde{w}(U)](x), \ \forall U, K \in \mathcal{F}(N) \quad (6.2)$$

则称 $\tilde{w}$ 是凸的，或称 $\tilde{w}$ 满足凸性。

注 6.2 设 $\tilde{w} \in \widetilde{G}_B(N)$，若 $\tilde{w}$ 是超可加的，则由定义 2.2 可知

$$\tilde{w}(K \cup U) \supseteq \tilde{w}(K) + \tilde{w}(U), \ \forall U, K \in \mathcal{F}(N), \ U \cap K = \varnothing \quad (6.3)$$

同理，若 $\tilde{w}$ 是凸的，则有

$$\tilde{w}(K \cup U) + \tilde{w}(K \cap U) \supseteq \tilde{w}(K) + \tilde{w}(U), \forall U, K \in \mathcal{F}(N) \quad (6.4)$$

根据式（6.3）和式（6.4）知，如果 $(N, \tilde{w})$ 是凸的，那么 $\tilde{w}$ 一定是

超可加的。

（二） Borkotokey 定义的模糊 Shapley 值

与经典合作对策类似，具有模糊联盟和模糊支付的合作对策想要解决的一个重要问题就是找一个或者一组使每个局中人都满意的模糊分配。于是，基于模糊集的隶属函数，Borkotokey 定义了 $\widetilde{G}_B(N)$ 上的模糊 Shapley 值应该满足的公理体系。首先，Borkotokey 将 Tsurumi 等[56]定义的 f – 承载和 γ – 零元（见定义 4.9）推广到具有模糊联盟和模糊支付的合作对策中。

定义 6.4[68] 设 $\tilde{w} \in \widetilde{G}_B(N)$，$U \in \mathcal{F}(N)$，$0 \le \gamma < U(i)$。对于 $\forall U \in \mathcal{F}(N)$，$\forall K \in \mathcal{F}(U)$，$\forall i \in N$，定义模糊集 K_i^U：

$$K_i^U(k) = \begin{cases} U(j), & k = i \\ K(k), & \text{其他} \end{cases}$$

若存在局中人 $i \in \mathrm{Supp}U$ 满足

$$\tilde{w}(K) = \tilde{w}(K_i^U), \ \forall K \in \mathcal{F}(U) \text{ 且 } K(i) > \gamma$$

则称局中人 i 为对策 $\tilde{w} \in \widetilde{G}_B(N)$ 在联盟 U 中的 γ – 零元。若存在联盟 $K \in \mathcal{F}(U)$ 满足

$$\tilde{w}(K \cap L) = \tilde{w}(L), \ \forall L \in \mathcal{F}(U)$$

则称 K 为对策 $\tilde{w}$ 在模糊联盟 U 中的 f – 承载；记对策 $\tilde{w}$ 在模糊联盟 U 中的全体 f – 承载构成的集合为 $F\widetilde{C}(U \mid \tilde{w})$。

接下来，仿照 Tsurumi 定义的模糊联盟对策的 Shapley 值公理，Borkotokey 提出了 $\widetilde{G}_B(N)$ 上的模糊 Shapley 值应该满足的公理体系。

定义 6.5[68] $\widetilde{G}_B(N)$ 上的模糊 Shapley 函数 $\tilde{\phi}: \widetilde{G}_B(N) \to (R_+^n)^{\mathcal{F}(N)}$ 应该满足如下四条公理。

公理 B_1 若 $\tilde{w} \in \widetilde{G}_B(N)$，且 $U \in \mathcal{F}(N)$，则

$$\sum_{i \in N} \tilde{\phi}_i(\tilde{w})(U) = \tilde{w}(U)$$

其中 $\tilde{\phi}_i(\tilde{w})(U)$ 为 $\tilde{\phi}(\tilde{w})(U) \in R_+^n$ 的第 i 个分量。

公理 B_2 如果 $\tilde{w} \in \widetilde{G}_B(N)$，$U \in \mathcal{F}(N)$ 且 $K \in F\widetilde{C}(U \mid \tilde{w})$，则

$$\tilde{\phi}_i(\tilde{w})(U) = \tilde{\phi}_i(\tilde{w})(K), \quad \forall i \in N$$

公理 B_3　如果 $\tilde{w} \in \widetilde{G}_B(N)$，$U \in \mathcal{F}(N)$，且局中人 i 和 j 为对策 $\tilde{w}$ 在联盟 U 中的 γ - 零元，则

$$\tilde{\phi}_i(\tilde{w})(U) = \tilde{\phi}_j(\tilde{w})(U)$$

公理 B_4　对于任意两个对策 μ，$\omega \in \widetilde{G}_B(N)$，定义模糊合作对策 $\tilde{\mu} + \tilde{\omega}$ 为：对于 $\forall K \in \mathcal{F}(N)$，$(\tilde{\mu} + \tilde{\omega})(K) = \tilde{\mu}(K) + \tilde{\omega}(K)$，如果 $\tilde{\mu} + \tilde{\omega} \in \widetilde{G}_B(N)$，且 $U \in \mathcal{F}(N)$，则

$$\tilde{\phi}_i(\tilde{\mu} + \tilde{\omega})(U) = \tilde{\phi}_i(\tilde{\mu})(U) + \tilde{\phi}_i(\tilde{\omega})(U)$$

与 Tsurumi 类似，虽然 Borkotokey 提出了 $\widetilde{G}_B(N)$ 上的模糊 Shapley 值应该满足的公理体系，但是他并没有给出 $\widetilde{G}_B(N)$ 上模糊 Shapley 值的具体形式，只是讨论了一类特殊的模糊合作对策的模糊 Shapley 值。

定义 6.6[68]　设 $\tilde{w} \in \widetilde{G}_B(N)$ 的相关 Choquet 积分模糊对策为 w，$\delta \in R$，$\delta > 0$。若 $\tilde{w} \in \widetilde{G}_B(N)$ 的模糊支付函数 $\tilde{w}: \mathcal{F}(N)^{R_+} \to \mathcal{F}(R_+)^{[0,1]}$ 满足

$$\tilde{w}(U)(x) = \begin{cases} \bigvee_{\substack{K \in \mathcal{F}(U) \\ w(K) \in [w(U) - \delta, w(U)] \\ |w(K) - x| \le \delta}} \{\bigvee_{i \in N} K(i)\}, & x \ne w(U) \\ 1, & x = w(U) \\ 0, & \text{其他} \end{cases} \quad (6.5)$$

则称 $\tilde{w}$ 为 δ - 模糊合作对策，并称 Choquet 积分模糊对策 $w \in G_c(N)$ 为 $\tilde{w}$ 的相关对策。记全体 δ - 模糊合作对策构成的集合为 $\widetilde{G}_B^\delta(N)$。

显然，$\widetilde{G}_B^\delta(N) \subseteq \widetilde{G}_B(N)$。由式（6.5）知，给定模糊联盟 $U \in \mathcal{F}(N)$，δ - 模糊合作对策 $\tilde{w} \in \widetilde{G}_B^\delta(N)$ 的模糊支付函数 $\tilde{w}(U)$ 完全取决于参数 δ，并且 $\tilde{w}(U)$ 的隶属函数具有以下的性质。

命题 6.1　设 $\tilde{w} \in \widetilde{G}_B^\delta(N)$，$\tilde{w}$ 的相关对策为 $w \in G_c(N)$，对于 $\forall x \in R_+$，$\forall U \in \mathcal{F}(N)$，有：

（1）若 $x \ne w(U)$，则 $\tilde{w}(U)(x) \le \bigvee_{i \in N} U(i)$；

（2）若 $x > w(U) + \delta$ 或者 $x < w(U) - 2\delta$，则 $\tilde{w}(U)(x) = 0$。

证明：（1）若 $x \ne w(U)$，则由式（6.5）知

$$\tilde{w}(U)(x) = \bigvee_{\substack{K \in \mathcal{F}(U) \\ w(K) \in [w(U)-\delta, w(U)] \\ |w(K)-x| \le \delta}} \{ \bigvee_{i \in N} K(i) \} \le \bigvee_{K \in \mathcal{F}(U)} \{ \bigvee_{i \in N} K(i) \} \le \bigvee_{i \in N} U(i)$$

（2）由定理 4.1 和定理 4.2 知，$\tilde{w} \in \widetilde{G}_B^\delta(N)$ 的相关对策 $w \in G_c(N)$ 关于局中人参与联盟程度单调非减且连续。因此，对于任意实数 $a \in [\max\{0, w(U)-\delta\}, w(U)]$，都存在模糊联盟 $K \in \mathcal{F}(U)$，使得 $w(K) = a$，并且：

（a）若 $x > w(U) + \delta$，则对于 $\forall K \in \mathcal{F}(U)$，$x - w(K) \ge x - w(U) > \delta$，即 $|x - w(K)| > \delta$；

（b）若 $x < w(U) - 2\delta$，则对于 $\forall w(K) \in [\max\{0, w(U)-\delta\}, w(U)]$，可有

$$w(K) - x \ge [w(U)-\delta] - x > \delta$$

即 $|x - w(K)| > \delta$。

综合（a）和（b）可知，若 $x > w(U) + \delta$ 或者 $x < w(U) - 2\delta$，则 $\tilde{w}(U)(x) = 0$。证毕。

基于 δ - 模糊合作对策的特殊性质，Borkotokey 给出了 $\widetilde{G}_B^\delta(N)$ 上的模糊 Shapley 值的计算式。

定理 6.1[68]　设 $\tilde{w} \in \widetilde{G}_B^\delta(N)$，$w \in G_c(N)$ 为 $\tilde{w}$ 的相关对策，$\phi(w)(U)$ 为 w 在模糊联盟 U 中的 Shapley 值，$\forall U \in \mathcal{F}(N) \backslash \varnothing$。对于 $\forall x \in R$，$x > 0$，若存在 $\delta_i \in R$，$\delta_i > 0$，$1 \le i \le n$，$\sum_{i=1}^{n} \delta_i = \delta$ 满足

$$\left| \phi_i(w)(U) - \frac{x}{|\operatorname{Supp} U|} \right| \le \delta_i, \quad 1 \le i \le n \tag{6.6}$$

则 $\tilde{w}$ 在联盟 U 中的模糊 Shapley 值 $(\widetilde{\phi}_1^{\delta_1}(\tilde{w})(U)(x_1), \widetilde{\phi}_2^{\delta_2}(\tilde{w})(U)(x_2), \cdots, \widetilde{\phi}_n^{\delta_n}(\tilde{w})(U)(x_n))$ 存在，并且模糊 Shapley 值第 i 个分量为

$$\widetilde{\phi}_i^{\delta_i}(\tilde{w})(U)(x_i) = \begin{cases} \tilde{w}(U)(x) \wedge \beta_{i,\delta_i}^{\tilde{w},U}(x_i), & i \in \operatorname{Supp} U \\ 0, & \text{其他} \end{cases} \tag{6.7}$$

其中 $\sum_{i=1}^{n} x_i = x$，$x_i \in R_+$，$1 \le i \le n$，函数 $\beta^{\tilde{w},U}: R_+^n \to [0,1]^n$ 满足

$$\beta_{i,\delta_i}^{\tilde{w},U}(x_i) = \begin{cases} 1, & x_i = \phi_i(w)(U) \\ \dfrac{|\operatorname{Supp} U| \cdot x_i}{x}, & 0 < |\phi_i(w)(U) - x_i| \le \delta_i \\ 0, & \text{其他} \end{cases} \tag{6.8}$$

（三） Borkotokey 方法在虚拟企业收益分配中的应用

从定义 6.6 和定理 6.1 可以看出，δ - 模糊合作对策及其模糊 Shapley 值的构造非常烦琐，但是 Borkotokey 的确为我们提供了一种解决具有模糊联盟和模糊支付的合作对策的思路，有鉴于此，笔者拟将 Borkotokey 定义的模糊合作对策及其模糊 Shapley 值应用到虚拟企业收益分配问题中，然而，在采用 Borkotokey 的方法解决实际问题时，笔者发现很难解释 δ - 模糊合作对策及其模糊 Shapley 值的实际意义，因此本小节仅给出了 δ - 模糊合作对策及其模糊 Shapley 值的计算过程，并没有详细论述各种参数的实际意义及其确定方法。

例 6.1 设 $N = \{1,2\}$，$\tilde{w} \in \widetilde{G}_B^\delta(N)$ 的相关对策为 $w \in G_c(N)$，且 $w \in G_c(N)$ 的相关经典对策 $v \in G_0(N)$ 定义为：$v(\{1\}) = 0$，$v(\{2\}) = 1$，$v(\{1,2\}) = 2$。

设 $\delta = 1$，模糊联盟 $U = (0.7, 0.8)$，则可构造 δ - 模糊合作对策及其模糊 Shapley 值如下。

第一步，根据式（4.5），即 $w(U) = \sum_{m=1}^{q(U)} v(U_{r_m}) \cdot (r_m - r_{m-1})$，求得 $w \in G_c(N)$ 的支付函数 $w(U) = 1.5$。

第二步，根据式（6.5），计算 δ - 模糊合作对策 $\tilde{w}$ 的模糊支付函数 $\tilde{w}(U)$ 为

$$\tilde{w}(U)(x) = \begin{cases} 0.8, & x \in [0,1.5) \cup (1.5, 2.5] \\ 1, & x = 1.5 \\ 0, & 其他 \end{cases}$$

第三步，根据式（4.18），即 $\phi_i(w)(U) = \sum_{m=1}^{q(U)} \varphi_i(v)(U_{r_m}) \cdot (r_m - r_{m-1})$，求得 $w \in G_c(N)$ 的 Shapley 值为：$\phi_1(w)(U) = 0.35$，$\phi_2(w)(U) = 1.15$。

第四步，设 $x = 1.7$，则存在 δ_1、δ_2 满足式（6.6），即存在 δ_1、δ_2 满足 $\delta_1 + \delta_2 = 1$，$\delta_1 \geqslant 0.5$，$\delta_2 \geqslant 0.3$。因此由定理 6.1 知，δ - 模糊合作对策 $\tilde{w}$ 的模糊 Shapley 值 $(\widetilde{\phi}_1^{\delta_1}(\tilde{w})(x_1), \widetilde{\phi}_2^{\delta_2}(\tilde{w})(x_2))$ 存在。

第五步，以 $\delta_1 = \delta_2 = 0.5$ 为例，计算 $\tilde{w}$ 的模糊 Shapley 值（$\widetilde{\phi_1^{\delta_1}}(\tilde{w})$ (x_1)，$\widetilde{\phi_2^{\delta_2}}(\tilde{w})(x_2)$），其中 x_1，$x_2 \in R_+$，$x_1 + x_2 = 1.7$。

首先，根据第一步求得的结果可知：$\tilde{w}(U)(1.7) = 0.8$，再根据式（6.7）和式（6.8）知，$\beta_{1,\delta_1}^{\tilde{w},U}(x_1) \neq 0$ 的充要条件为：$0 < |\phi_1(w)(U) - x_1| \leq \delta_1$，$0 < |\mathrm{Supp}U| \cdot x_1/x \leq 1$ 或者 $x_1 = \phi_1(w)(U)$，即 $\beta_{1,\delta_1}^{\tilde{w},U}(x_1) \neq 0$ 当且仅当 $0 < x_1 \leq 0.85$。

于是，可分以下三种情况讨论局中人 1 的模糊 Shapley 值 $\widetilde{\phi_1^{\delta_1}}(\tilde{w})$ (x_1)。

（a）当 $x_1 = 0.35$ 时，有

$$\widetilde{\phi_1^{\delta_1}}(\tilde{w})(U)(x_1) = \tilde{w}(U)(1.7) \wedge \beta_{1,\delta_1}^{\tilde{w},U}(x_1) = 0.8 \wedge 1 = 0.8$$

（b）当 $0 < x_1 < 0.68$ 且 $x_1 \neq 0.35$ 时，有

$$\beta_{1,\delta_1}^{\tilde{w},U}(x_1) = |\mathrm{Supp}U| \cdot x_1/x = 20 \cdot x_1/17 < \tilde{w}(U)(1.7)$$
$$\widetilde{\phi_1^{\delta_1}}(\tilde{w})(U)(x_1) = \tilde{w}(U)(1.7) \wedge \beta_{1,\delta_1}^{\tilde{w},U}(x_1) = 20 \cdot x_1/17$$

（c）当 $0.68 \leq x_1 \leq 0.85$ 时，有

$$\beta_{1,\delta_1}^{\tilde{w},U}(x_1) = |\mathrm{Supp}U| \cdot x_1/x = 20 \cdot x_1/17 \geq 0.8 = \tilde{w}(U)(1.7)$$
$$\widetilde{\phi_1^{\delta_1}}(\tilde{w})(U)(x_1) = \tilde{w}(U)(1.7) \wedge \beta_{1,\delta_1}^{\tilde{w},U}(x_1) = \tilde{w}(U)(1.7) = 0.8$$

综合（a）、（b）与（c）可知

$$\widetilde{\phi_1^{\delta_1}}(\tilde{w})(U)(x_1) = \begin{cases} 0.8, & 0.68 \leq x_1 \leq 0.85 \text{ 或 } x_1 = 0.35 \\ \dfrac{20 \cdot x_1}{17}, & 0 < x_1 < 0.35 \text{ 或 } 0.35 < x_1 < 0.68 \\ 0, & \text{其他} \end{cases} \quad (6.9)$$

同理，$\beta_{2,\delta_2}^{\tilde{w},U}(x_2) \neq 0$ 当且仅当 $0.65 \leq x_2 \leq 0.85$ 或者 $x_2 = 1.15$，因此求得局中人 2 的模糊 Shapley 值 $\widetilde{\phi_2^{\delta_2}}(\tilde{w})(x_2)$ 为

$$\widetilde{\phi_2^{\delta_2}}(\tilde{w})(U)(x_2) = \begin{cases} 0.8, & 0.68 \leq x_2 \leq 0.85 \text{ 或 } x_2 = 1.15 \\ \dfrac{20 \cdot x_2}{17}, & 0.65 \leq x_2 < 0.68 \\ 0, & \text{其他} \end{cases}$$

由于 $x_1 + x_2 = 1.7$，因此有

$$\widetilde{\phi}_2^{\delta_2}(\widetilde{w})(U)(x_2) = \widetilde{\phi}_2^{\delta_2}(\widetilde{w})(U)(1.7 - x_1) = \begin{cases} 0.8, & 0.85 \leqslant x_1 \leqslant 1.02 \ \text{或} \ x_1 = 0.55 \\ 2 - \dfrac{20 \cdot x_1}{17}, & 1.02 < x_1 \leqslant 1.05 \\ 0, & \text{其他} \end{cases}$$

$$(6.10)$$

综上所述，当 $\delta_1 = \delta_2 = 0.5$ 时，我们求得 δ - 模糊合作对策的模糊 Shapley 值（$\widetilde{\phi}_1^{\delta_1}(\widetilde{w})(x_1)$，$\widetilde{\phi}_2^{\delta_2}(\widetilde{w})(x_2)$），其中 $\widetilde{\phi}_1^{\delta_1}(\widetilde{w})(U)(x_1)$、$\widetilde{\phi}_2^{\delta_2}(\widetilde{w})(U)(x_2)$ 如式（6.9）和式（6.10）所示，$x_1 + x_2 = 1.7$。

下面，我们对 δ - 模糊合作对策 $\widetilde{w} \in \widetilde{G}_B^{\delta}(N)$ 及其模糊 Shapley 值做进一步的分析。

首先，当 $0.68 \leqslant x_1 \leqslant 0.85$ 或 $x_1 = 0.35$ 时，$\widetilde{\phi}_1^{\delta_1}(\widetilde{w})(U)(x_1) = 0.8$，但是 $x_1 = 0.35$ 并不包括在闭区间 [0.68，0.85] 中，并且

$$\lim_{x_1 \to 0.35} \widetilde{\phi}_1^{\delta_1}(\widetilde{w})(U)(x_1) = 0.412 \neq \widetilde{\phi}_1^{\delta_1}(\widetilde{w})(U)(0.35)$$

即 $\widetilde{\phi}_1^{\delta_1}(\widetilde{w})(U)(x_1)$ 在点 $x_1 = 0.35$ 处间断，这是不合理的。

其次，由于 $\beta_{i,\delta_i}^{\widetilde{w},U}(x_i)$ 的取值区间 [0，1] 上，$1 \leqslant i \leqslant n$，因此当 $0 < |\phi_i(w)(U) - x_i| \leqslant \delta_i$ 时，要求 $\beta_{i,\delta_i}^{\widetilde{w},U}(x_i) = |\text{Supp}U| \cdot x_i/x \leqslant 1$，即 $x_i \leqslant |\text{Supp}U|/x|$，从而限制了变量 x_i 的取值范围，例如，当 $x_2 > 0.85$ 且 $x_2 \neq \phi_2(w)(U) = 1.15$ 时，$\beta_{2,\delta_2}^{\widetilde{w},U}(x_2) = 0$。

最后，令向量 $x = (x_1, x_2)$，其中 $x_1 + x_2 = 1.7$，若将 $\bigvee\limits_{x_1 + x_2 = 1.7} \left[\widetilde{\phi}_1^{\delta_1}(\widetilde{w}) (U)(x_1) \wedge \widetilde{\phi}_2^{\delta_2}(\widetilde{w})(U)(x_2) \right]$ 看作向量 x 对 δ - 模糊合作对策 $\widetilde{w}$ 的"分配"的隶属度，则由于

$$\widetilde{\phi}_1^{\delta_1}(\widetilde{w})(U)(x_1) \wedge \widetilde{\phi}_2^{\delta_2}(\widetilde{w})(U)(x_2) = \begin{cases} 0.8, & x_1 = x_2 = 0.85 \\ 0.647, & x_1 = 0.55, x_2 = 1.15 \\ 0, & \text{其他} \end{cases}$$

因此 $\bigvee\limits_{x_1 + x_2 = 1.7} \left[\widetilde{\phi}_1^{\delta_1}(\widetilde{w})(U)(x_1) \wedge \widetilde{\phi}_2^{\delta_2}(\widetilde{w})(U)(x_2) \right] = 0.8$，并且 (x_1, x_2) 属于 δ - 模糊合作对策 $\widetilde{w}$ 的"分配"的程度在（0.85，085）达到最大值

0.8。产生这样的结果是与函数 $\beta^{\tilde{w},U}$ 的定义方式有关的：由式（6.8）可知，Borkotokey 定义的模糊 Shapley 值倾向于平均分配总收益，即当 $x_1 = x_2 = x/2 = 0.85$ 时，$\beta^{\tilde{w},U}_{1,\delta_1}(x_1) = \beta^{\tilde{w},U}_{2,\delta_2}(x_2) = 1$，这也是不合理的。

通过分析可知，Borkotokey 定义的模糊 Shapley 值不具有明显的实际意义。

需要说明的是，通过上述复杂的计算，我们仅仅得到了一部分模糊 Shapley 值，即 $x = 1.7$、$\delta_1 = \delta_2 = 0.5$ 时的模糊 Shapley 值。由定理 6.1 可以看出，δ - 模糊合作对策 $\tilde{w} \in \widetilde{G}^{\delta}_B(N)$ 的模糊 Shapley 值完全取决于参数 δ_i，$1 \leqslant i \leqslant n$，然而满足式（6.6）的 δ_i 可能存在无限个，也可能不存在，因此模糊 Shapley 值 $\widetilde{\phi}^{\delta_i}_i(\tilde{w})(U)$ 并不是唯一的。在一般情况下，我们只能计算给定参数 δ_1，δ_2，$\cdots$，δ_n 下的模糊 Shapley 值。

（四）Borkotokey 方法存在的问题

Borkotokey 的方法体现了具有模糊联盟和模糊支付的合作对策的思想，然而与 Tsurumi 定义的 Choquet 积分模糊对策相比，也存在一些不合理的情况。概括起来，主要有几点：（1）定义 6.5 中的模糊 Shapley 值公理体系只是模糊联盟合作对策的 Shapley 值公理体系（见定义 4.10）的部分推广；（2）虽然 $\tilde{w} \in \widetilde{G}^{\delta}_B(N)$ 的相关对策 $w \in G_c(N)$ 是超可加的，但是 $\tilde{w} \in \widetilde{G}^{\delta}_B(N)$ 不一定满足超可加性；（3）δ - 模糊合作对策 $\tilde{w} \in \widetilde{G}^{\delta}_B(N)$ 的模糊 Shapley 值不唯一存在；（4）δ - 模糊合作对策的模糊 Shapley 值不具有明显的实际意义。

其中，第（3）、第（4）方面的问题已经在 6.1.3 节中讨论过了，下面我们通过例子说明其余两方面的问题。

（1）定义 6.5 中的模糊 Shapley 值公理体系只是模糊联盟合作对策的 Shapley 值公理体系（见定义 4.10）的部分推广。

定义 6.5 中的公理 B_2、公理 B_4 分别为定义 4.10 中的公理 F_2、公理 F_4 的推广，然而，公理 B_1 只是定义 4.10 中公理 F_1 的部分推广，公理 B_3 不是定义 4.10 中公理 F_3 的推广，并且 Choquet 积分模糊对策 $w \in G_c(N)$ 的 Shapley 值不一定满足公理 B_3，可举例说明此问题。

例 6.2 设 $N = \{1,2,3\}$，Choquet 积分模糊对策 $w \in G_c(N)$ 的相关合作对策 $v \in G_0(N)$ 定义为：

$$v(\{1\}) = v(\{2\}) = v(\{3\}) = v(\{1,2\}) = 0$$
$$v(\{2,3\}) = 2$$
$$v(\{1,3\}) = v(\{1,2,3\}) = 3$$

设模糊联盟 $U = (0.3，0.3，0.2)$，则局中人 1 和局中人 2 是在联盟 U 中的 $0.2 -$ 零元，然而根据式（4.18），即 $\phi_i(w)(U) = \sum_{m=1}^{q(U)} \varphi_i(v)(U_{r_m}) \cdot (r_m - r_{m-1})$，求得 $w \in G_c(N)$ 的 Shapley 值为：

$$\phi_1(w)(U) = 1/6$$
$$\phi_2(w)(U) = 1/15$$
$$\phi_3(w)(U) = 11/30$$

可见，$\phi_1(w)(U) \neq \phi_2(w)(U)$。由此可知，在 Choquet 积分模糊对策 $w \in G_c(N)$ 中，$\gamma -$ 零元的 Shapley 值不一定相等。

由于具有模糊联盟和模糊支付的合作对策 $\tilde{w} \in \widetilde{G}_B(N)$ 是由 Choquet 积分模糊对策 $w \in G_c(N)$ 扩展而来的，因此可将 Choquet 积分模糊对策 $w \in G_c(N)$ 看作一类特殊的具有模糊联盟和模糊支付的合作对策，即 $G_c(N) \subset \widetilde{G}_B(N)$，所以 $\widetilde{G}_B(N)$ 上的模糊 Shapley 值公理也应该适用于 $G_c(N)$ 上的 Shapley 值，但是，Borkotokey 提出的 $\widetilde{G}_B(N)$ 上的模糊 Shapley 值公理并不具有此性质，所以定义 6.5 中的模糊 Shapley 值公理不是很合理。

同时，虽然 $\delta -$ 模糊合作对策的模糊 Shapley 值满足定义 6.5 中的模糊 Shapley 值公理，但是由于定义 6.5 中的模糊 Shapley 值公理体系只是模糊联盟合作对策的 Shapley 值公理体系的部分推广，所以 $\delta -$ 模糊合作对策的模糊 Shapley 值并不是 Choquet 积分模糊对策的 Shapley 值的自然推广。

（2）$\widetilde{G}_B^\delta(N) \not\subset \widetilde{G}_{B_0}(N)$，即 $\delta -$ 模糊合作对策不一定满足超可加性。

一方面，超可加性的意义是两个不相交的联盟合作之后，大联盟的收益值要大于或者等于两个子联盟的收益值之和，即合作之后的能量要更大些。若一个合作对策不满足超可加性，那么联盟之间便失去了合作的意义，合作对策的研究也就没什么必要了。因此，我们研究的合作对策都是满足超可加性的。由定理 4.3 和定理 4.4 可知，$\tilde{w} \in \widetilde{G}_B^{\delta}(N)$ 的相关对策 $w \in G_c(N)$ 是超可加的，然而 $\tilde{w} \in \widetilde{G}_B^{\delta}(N)$ 却不一定满足其提出的超可加性。下面我们举例说明此问题。

例 6.3　仍以例 6.1 为例，设 $N = \{1,2\}$，$\delta = 1$，模糊联盟 $K = (0.7, 0)$，$L = (0, 0.8)$，则 $K \cup L = (0.7, 0.8)$，且 $K \cap L = \varnothing$。

首先，根据式（4.5），得到支付函数 $w(K \cup L) = 1.5$，$w(K) = 0$，$w(L) = 0.8$；其次，由定义 6.6 可知，$\tilde{w}(K)(0) = 1$，$\tilde{w}(L)(0.8) = 1$，$\tilde{w}(K \cup L)(0.8) = 0.8$，再根据定义 2.9 得，$[\tilde{w}(K) + \tilde{w}(L)](0.8) = 1$，于是，$\tilde{w}(K \cup L)(0.8) < [\tilde{w}(K) + \tilde{w}(L)](0.8)$，即 $\tilde{w} \in \widetilde{G}_B^{\delta}(N)$ 不满足式（6.1），因此，虽然 $\tilde{w}$ 的相关对策 w 是超可加的，但是 $\tilde{w} \in \widetilde{G}_B^{\delta}(N)$ 不满足超可加性。

二　广义模糊合作对策模型及其相关概念

在本章第一节中，我们介绍了 Borkotokey 提出的具有模糊联盟和模糊支付的合作对策及其模糊 Shapley 值，由第一节第四小节的分析可知，Borkotokey 的方法具有一定的不合理性，并且他仅仅提出了一种特殊形式的模糊合作对策，并没有给出具有模糊联盟和模糊支付的合作对策的一般形式。

本节是本书创新点之一，在 Borkotokey 的方法及本书第四、第五章研究的基础上，笔者将经典合作对策拓展到具有模糊联盟和模糊支付的合作对策中，并以此定义了具有模糊联盟和模糊支付的合作对策的一般模型及其相关概念。

（一）　具有模糊联盟和模糊支付的合作对策的基本概念

Borkotokey 定义的具有模糊联盟和模糊支付的合作对策（即定义 6.1）是由 Choquet 积分模糊对策扩展而来的，所以 Borkotokey 并没有给出具有模糊联盟和模糊支付的合作对策的一般模型。本小节中，针对 Borkotokey 方法存在的问题，我们采用模糊数表示模糊支付函数，提出了具有模糊联盟和模糊支付的合作对策的一般模型。

定义 6.7 设 $N = \{1,2,\cdots,n\}$ 为全体局中人的集合，$\tilde{w}$ 为从 $\mathcal{F}(N)$ 到模糊数集合 FR 的映射，即 $\tilde{w}: \mathcal{F}(N) \to FR$，满足 $\tilde{w}(\phi) = 0$，则我们将二元组 $(N,\tilde{w})$ 称为具有模糊联盟和模糊支付的合作对策，或称为广义模糊合作对策，将 $\tilde{w}$ 称为 $(N,\tilde{w})$ 的模糊支付函数，并将 $\mathcal{F}(N)$ 的任一元素称为一个模糊联盟。

类似于经典支付合作对策，本书主要讨论模糊支付函数取值为非负模糊数的广义模糊合作对策 $(N,\tilde{w})$，即模糊支付函数 $\tilde{w}: \mathcal{F}(N) \to FR_+$。同样，我们将广义模糊合作对策 $(N,\tilde{w})$ 简记为 $\tilde{w}$，也就是说，$\tilde{w}$ 代表局中人集合为 N、模糊支付函数为 $\tilde{w}$ 的广义模糊合作对策。

注 6.3 由于实数是一种特殊的模糊数，因此如果将广义模糊合作对策 $(N,\tilde{w})$ 的模糊支付函数 $\tilde{w}$ 限制为从 $\mathcal{F}(N)$ 到实数集 R 的映射，即 $\tilde{w}: \mathcal{F}(N) \to R$，则广义模糊合作对策 $(N,\tilde{w})$ 退化为模糊联盟合作对策。设 N 的全部子集组成的集合（即幂集）为 $\mathcal{P}(N)$，由于 $\mathcal{P}(N) \subseteq \mathcal{F}(N)$，所以，若将广义模糊合作对策 $(N,\tilde{w})$ 的模糊支付函数 $\tilde{w}$ 限制为从 $\mathcal{P}(N)$ 到模糊数集合 FR 的映射，即 $\tilde{w}: \mathcal{P}(N) \to FR$，则广义模糊合作对策 $(N,\tilde{w})$ 退化为模糊支付合作对策；进一步，如果将广义模糊合作对策 $(N,\tilde{w})$ 的模糊支付函数 $\tilde{w}$ 限制为从 $\mathcal{P}(N)$ 到实数集 R 的映射，即 $\tilde{w}: \mathcal{P}(N) \to R$，则广义模糊合作对策 $(N,\tilde{w})$ 退化为经典合作对策。因此，经典合作对策、模糊联盟合作对策、模糊支付合作对策都可看作一种特殊的广义模糊合作对策，而广义模糊合作对策可看作经典合作对策、模糊联盟对策、模糊支付合作对策的推广。

需要说明的是，模糊联盟 $U \in \mathcal{F}(N)$ 用向量 $(U(1), U(2), \cdots, U(n))$ 表示，其中 $U(i)$ 为局中人 i 在 U 中的隶属函数，取值在 $[0,1]$，模糊支付函数 $\tilde{w}(U)$ 是模糊数，它表示每个局中人以其在模糊联盟 U 中的参与度共同合作所取得的模糊期望收益。给定任意的 $\lambda \in (0,1]$，令 $\tilde{w}_\lambda(U)$ 为模糊支付函数 $\tilde{w}(U)$ 的 λ 截集，当 $\lambda = 0$ 时，令

$$\tilde{w}_0(U) = \mathrm{cl}\{x \in R \mid \tilde{w}(U)(x) > 0\}$$

其中 cl 表示集合的闭包，$\tilde{w}(U)(x)$ 表示实数 x 对模糊数 $\tilde{w}(U)$ 的隶属度。

因此, 对于 $\forall \lambda \in [0,1]$, $\tilde{w}_\lambda(U)$ 是区间数, 令 $\tilde{w}_\lambda^-(U)$、$\tilde{w}_\lambda^+(U)$ 分别为区间数 $\tilde{w}_\lambda(U)$ 的左、右端点, 即

$$\tilde{w}_\lambda(U) = [\tilde{w}_\lambda^-(U), \tilde{w}_\lambda^+(U)], \quad \forall U \in \mathcal{F}(N)$$

则函数 $\tilde{w}_\lambda^+$ 和 $\tilde{w}_\lambda^-$ 都是从集合 $\mathcal{F}(N)$ 到实数集 R 的映射, 且满足 $\tilde{w}_\lambda^+(\varnothing) = 0$, $\tilde{w}_\lambda^-(\varnothing) = 0$。因此, $(N, \tilde{w}_\lambda^+)$ 与 $(N, \tilde{w}_\lambda^-)$ 皆为模糊联盟合作对策。

对于 $\forall \lambda \in [0,1]$, 函数 $\tilde{w}_\lambda$ 是从集合 $\mathcal{F}(N)$ 到区间数集合 IR 的映射, 且满足 $\tilde{w}_\lambda(\varnothing) = 0$。由于区间数是一种特殊的模糊数, 因此 $(N, \tilde{w}_\lambda)$ 也属于广义模糊合作对策。

下面, 将经典合作对策的超可加性、凸性分别扩展到广义模糊合作对策中, 为了与 Borkotokey 的方法区别开, 我们将广义模糊合作对策 $(N, \tilde{w})$ 的超可加性、凸性分别称为模糊超可加性、模糊凸性。

定义 6.8　对于 $\forall \lambda \in [0,1]$, $\forall U, K \in \mathcal{F}(N)$, $U \cap K = \varnothing$, 若广义模糊合作对策 $(N, \tilde{w})$ 满足:

$$\tilde{w}_\lambda^+(K \cup U) \geq \tilde{w}_\lambda^+(K) + \tilde{w}_\lambda^+(U) \tag{6.11}$$

$$\tilde{w}_\lambda^-(K \cup U) \geq \tilde{w}_\lambda^-(K) + \tilde{w}_\lambda^-(U) \tag{6.12}$$

则称广义模糊合作对策 $(N, \tilde{w})$ 是模糊超可加的, 或称 $(N, \tilde{w})$ 满足模糊超可加性。

与其他合作对策相同, 本书主要讨论模糊超可加的广义模糊合作对策, 并将全体模糊超可加的广义模糊合作对策 $(N, \tilde{w})$ 构成的集合记为 $\widetilde{G}_F(N)$。

定义 6.9　对于 $\forall \lambda \in [0,1]$, $\forall U, K \in \mathcal{F}(N)$, 若广义模糊合作对策 $(N, \tilde{w})$ 满足

$$\tilde{w}_\lambda^+(K \cup U) + \tilde{w}_\lambda^+(K \cap U) \geq \tilde{w}_\lambda^+(K) + \tilde{w}_\lambda^+(U) \tag{6.13}$$

$$\tilde{w}_\lambda^-(K \cup U) + \tilde{w}_\lambda^-(K \cap U) \geq \tilde{w}_\lambda^-(K) + \tilde{w}_\lambda^-(U) \tag{6.14}$$

则称广义模糊合作对策 $(N, \tilde{w})$ 是模糊凸的, 或称 $(N, \tilde{w})$ 满足模糊凸性。

由定义 6.8 和定义 6.9 可知, 若广义模糊合作对策 $(N, \tilde{w})$ 满足模糊

凸性，则 $\tilde{w} \in \widetilde{G}_F(N)$；广义模糊合作对策的模糊超可加性、模糊凸性既是模糊联盟合作对策的超可加性、凸性的推广，同时也是模糊支付合作对策的超可加性、凸性的推广。

注 6.4 由定义 2.20 知，广义模糊合作对策 $(N,\tilde{w})$ 的模糊超可加性可表示为

$$\tilde{w}(K \cup U) \geq \tilde{w}(K) + \tilde{w}(U), \quad \forall U,K \in \mathcal{F}(N), \quad U \cap K = \varnothing \qquad (6.15)$$

再由注 6.2 知，Borkotokey 定义的 $\tilde{w} \in \widetilde{G}_B(N)$ 超可加性可表示为

$$\tilde{w}(K \cup U) \supseteq \tilde{w}(K) + \tilde{w}(U), \quad \forall U,K \in \mathcal{F}(N), \quad U \cap K = \varnothing \qquad (6.16)$$

由此可知，定义 6.8 中的模糊超可加性与 Borkotokey 定义的超可加性（见定义 6.2）是不同的，同理，定义 6.9 中的模糊凸性与 Borkotokey 定义的凸性（见定义 6.3）也是不同的。

定义 6.10 设广义模糊合作对策 $\tilde{w} \in \widetilde{G}_F(N)$，$U \in \mathcal{F}(N)$，如果存在模糊向量 $\tilde{x}(U) = (\tilde{x}_1(U), \tilde{x}_2(U), \cdots, \tilde{x}_n(U))$ 满足：

(1) $\tilde{x}_i(U) = 0, \quad \forall i \notin \mathrm{Supp}U$；

(2) $\sum \tilde{x}_i(U) = \tilde{w}(U)$；

(3) $\tilde{x}_i(U) \geq \tilde{w}(i_U), \quad \forall i \in \mathrm{Supp}U$。

则称模糊向量 $\tilde{x}(U) = (\tilde{x}_1(U), \tilde{x}_2(U), \cdots, \tilde{x}_n(U))$ 为对策 $\tilde{w}$ 在模糊联盟 U 中的模糊分配。记 $\tilde{w}$ 在模糊联盟 U 中的模糊分配的全体为 $\tilde{E}(U,\tilde{w})$。

可见，广义模糊合作对策的模糊分配也是经典合作对策分配的推广，该模糊分配同样适用于经典合作对策、模糊联盟合作对策和模糊支付合作对策。

（二）广义模糊 Shapley 值的公理体系

由第一节第四小节的分析得知，Borkotokey 定义的模糊 Shapley 值公理体系只是模糊联盟合作对策的 Shapley 值公理体系（见定义 4.10）的部分推广。因此，为了完善模糊 Shapley 值的公理体系，本小节将重新定义广义模糊合作对策的模糊 Shapley 值，并将此模糊 Shapley 值称为广义模糊 Shapley 值。

需要说明的是，Borkotokey 提出的 $\widetilde{G}_B(N)$ 上的 f-承载和 γ-零元同样适用于广义模糊合作对策 $\tilde{w} \in \widetilde{G}_F(N)$，因此，我们不再重复定义 $\widetilde{G}_F(N)$ 上的 f-承载和 γ-零元，读者可参见本书定义 6.4。另外，对于 $\forall U \in \mathcal{F}(N)$，$\forall K \in \mathcal{F}(U)$，$\forall i, j \in N$，记：

$$p_{ij}[K](k) = \begin{cases} K(j), & k=i \\ K(i), & k=j \\ K(k), & \text{其他} \end{cases} \qquad K_{ij}^U(k) = \begin{cases} \min\{K(i), U(j)\}, & k=i \\ \min\{K(j), U(i)\}, & k=j \\ K(k), & \text{其他} \end{cases}$$

显然，$K_{ij}^U, p_{ij}[K_{ij}^U] \in \mathcal{F}(U)$。

下面，我们定义广义模糊合作对策的广义模糊 Shapley 值，其中 $F\widetilde{C}(U \mid \tilde{w})$ 为广义模糊合作对策 $\tilde{w}$ 在模糊联盟 U 中的全体 f-承载构成的集合。

定义 6.11 设 $\widetilde{G}_F'(N) \subseteq \widetilde{G}_F(N)$，则 $\widetilde{G}_F'(N)$ 上的广义模糊 Shapley 函数 $\tilde{\phi}: \widetilde{G}_F'(N) \rightarrow (FR_+^n)^{\mathcal{F}(N)}$ 应该满足如下公理。

公理 FR$_1$　若 $\tilde{w} \in \widetilde{G}_F'(N)$，且 $U \in \mathcal{F}(N)$，则

$$\sum_{i \in N} \tilde{\phi}_i(\tilde{w})(U) = \tilde{w}(U), \quad \forall i \notin \text{Supp} U$$

$$\tilde{\phi}_i(\tilde{w})(U) = 0, \quad \forall i \notin \text{Supp} U$$

其中 $\tilde{\phi}_i(\tilde{w})(U)$ 为 $\tilde{\phi}(\tilde{w})(U) \in FR_+^n$ 的第 i 个分量。

公理 FR$_2$　如果 $\tilde{w} \in \widetilde{G}_F'(N)$，$U \in \mathcal{F}(N)$ 且 $K \in F\widetilde{C}(U \mid \tilde{w})$，则

$$\tilde{\phi}_i(\tilde{w})(U) = \tilde{\phi}_i(\tilde{w})(K), \quad \forall i \in N$$

公理 FR$_3$　如果 $\tilde{w} \in \widetilde{G}_F'(N)$，$U \in \mathcal{F}(N)$，$U_{ij}^U \in F\widetilde{C}(U \mid \tilde{w})$ 且对于 $\forall K \in F(U_{ij}^U)$，总有 $\tilde{w}(K) = \tilde{w}(p_{ij}[K])$，则

$$\tilde{\phi}_i(\tilde{w})(U) = \tilde{\phi}_j(\tilde{w})(U)$$

公理 FR$_4$　对于任意两个对策 $\tilde{\mu}, \tilde{\omega} \in \widetilde{G}_F'(N)$，定义模糊联盟合作对策 $\tilde{\mu} + \tilde{\omega}$ 为：对于 $\forall K \in \mathcal{F}(N)$，$(\tilde{\mu} + \tilde{\omega})(K) = \tilde{\mu}(K) + \tilde{\omega}(K)$，如果 $\tilde{\mu} + \tilde{\omega} \in \widetilde{G}_F'(N)$，且 $U \in \mathcal{F}(N)$，则

$$\widetilde{\phi}_i(\widetilde{\mu} + \widetilde{\omega})(U) = \widetilde{\phi}_i(\widetilde{\mu})(U) + \widetilde{\phi}_i(\widetilde{\omega})(U), \quad \forall i \in N$$

需要说明的是，广义模糊 Shapley 值是 Tsurumi 定义的模糊联盟合作对策的 Shapley 值（见定义 4.10）的自然推广，其中公理 FR_1、公理 FR_2、公理 FR_3、公理 FR_4 分别对应公理 F_1、公理 F_2、公理 F_3、公理 F_4。

由于经典合作对策、模糊联盟合作对策、模糊支付合作对策均可看作一种特殊的广义模糊合作对策，因此，广义模糊 Shapley 值同样适用于经典合作对策、模糊联盟合作对策、模糊支付合作对策：当广义模糊合作对策退化为经典合作对策时，广义模糊 Shapley 值 $\widetilde{\phi}$ 退化为经典 Shapley 值，即 $\widetilde{\phi}: G_0(N) \to (R_+^n)^{\mathcal{P}(N)}$；当广义模糊合作对策退化为模糊联盟合作对策时，广义模糊 Shapley 值 $\widetilde{\phi}$ 退化为模糊联盟合作对策的 Shapley 值，即 $\widetilde{\phi}: G_F(N) \to (R_+^n)^{\mathcal{F}(N)}$；当广义模糊合作对策退化为模糊支付合作对策时，广义模糊 Shapley 值 $\widetilde{\phi}$ 退化为 H-Shapley 值（参见 5.3 节），即 $\widetilde{\phi}: \widetilde{G}(N) \to (FR_+^n)^{\mathcal{P}(N)}$。

注 6.5　由定义 5.7、定理 5.4 和定理 5.6 可知，H-模糊支付合作对策的 H-Shapley 值满足定义 6.11 中的广义 Shapley 值公理。

三　广义 Choquet 积分模糊对策及其应用

本节是本书的又一创新点。由本章第一节介绍可知，Borkotokey[68] 将 Choquet 积分模糊对策 $w \in G_c(N)$ 的支付函数取值由 R_+ 推广到模糊集 $\mathcal{F}(R_+)$，定义了 δ - 模糊合作对策，并研究了 δ - 模糊合作对策的 Shapley 值，Borkotokey 的方法给我们提供了一种解决具有模糊联盟和模糊支付的合作对策的思路。然而，由于 δ - 模糊合作对策及其模糊 Shapley 值没有很好地继承 Choquet 积分模糊对策的性质，因此，我们需要考虑能否通过广义模糊合作对策重新扩展 Choquet 积分模糊对策，从而使扩展后的合作对策不仅能够保留 Choquet 积分模糊对策的连续性和单调性，而且具有唯一的广义模糊 Shapley 值。本节中，笔者做了该方面的尝试性研究，扩展了 Choquet 积分模糊对策，给出了该模糊合作对策的广义模糊 Shapley 值，并且证明了广义模糊 Shapley 值的唯一存在性，在此基础上，提出了基于广义 Shapley 值的虚拟企业收益分配策略。

（一）广义 Choquet 积分模糊对策及其性质

对于任意 $\tilde{w} \in \widetilde{G}_F(N)$，$\forall U \in \mathcal{F}(N)$，我们设

$$Q(U) = \{U(i) \mid U(i) > 0, i \in N\}$$

$q(U)$ 为 $Q(U)$ 中元素的个数，即 $q(U) = | Q(U) |$，将 $Q(U)$ 中的元素按升序排列为

$$r_1 < r_2 < \cdots < r_{q(U)}$$

并令 $r_0 = 0$。

定义 6.12　设模糊支付合作对策 $\tilde{v} \in \widetilde{G}_H(N)$，若由 $\tilde{v}$ 扩展的广义模糊合作对策 $(N, \tilde{w})$ 满足

$$\tilde{w}(U) = \sum_{m=1}^{q(U)} \tilde{v}(U_{r_m}) \cdot (r_m - r_{m-1}), \quad \forall U \in \mathcal{F}(N) \tag{6.17}$$

则将 $(N, \tilde{w})$ 称为广义 Choquet 积分模糊对策，模糊支付合作对策 $\tilde{v} \in \widetilde{G}_H(N)$ 称为 $(N, \tilde{w})$ 的相关模糊对策。记全体广义 Choquet 积分模糊对策构成的集合为 $\widetilde{G}_{FH}(N)$。

注 6.6　在实际的对策问题中，由于局中人对问题认识的模糊性、所搜集信息的不完全性以及决策环境本身的不确定性等，实际中的联盟收益往往带有不确定性或者模糊性，于是，对于任意清晰联盟 $S \in \mathcal{P}(N)$，我们将联盟 S 的收益表示为模糊数，形成了所谓的模糊支付合作对策；但是，为了以相对较少的参与率来获取较高的利润，局中人往往选择以任意的参与率或者参与程度加入多个联盟，这就形成了所谓的模糊联盟 U，由于已知局中人组成的清晰联盟的模糊收益，因此，模糊联盟 U 的模糊收益可以由清晰联盟的模糊收益构造出来。式（6.17）给出了计算模糊联盟 U 的模糊收益 $\tilde{w}(U)$ 的一种方法，得到的模糊收益 $\tilde{w}(U)$ 表示局中人 $i(i = 1, 2, \cdots, n)$ 以参与度 $U(i)$ 共同合作所取得的模糊期望收益。

注 6.7　设 $\tilde{w} \in \widetilde{G}_{FH}(N)$，给定任意模糊联盟 $U \in \mathcal{F}(N)$，若集合 $\{t_1, t_2, \cdots, t_l\} \supseteq Q(U)$，且 $0 \leq t_1 < t_2, \cdots, < t_l \leq 1$，$t_0 = 0$，则有

$$\tilde{w}(U) = \sum_{m=1}^{l} \tilde{v}(K_{t_m}) \cdot (t_m - t_{m-1}), \quad \forall U \in \mathcal{F}(N) \tag{6.18}$$

注 6.7 说明，增加集合 $Q(U)$ 中的元素不改变广义 Choquet 积分模糊对策 $(N, \tilde{w})$ 的模糊支付函数 $\tilde{w}(U)$。

由式 (6.17) 定义的广义 Choquet 积分模糊对策 $\tilde{w}$ 是由模糊支付合作对策 $\tilde{v} \in \widetilde{G}(N)$ 扩展而来的，具体来说，是由模糊支付合作对策中的 H-模糊支付合作对策 $\tilde{v} \in \widetilde{G}_H(N)$（见定义 5.8 和注 5.3）扩展的。由于 $(N, \tilde{w})$ 的相关模糊对策 $\tilde{v} \in \widetilde{G}_H(N)$ 满足超可加性，因此，由式 (6.17) 和注 6.7 知，广义 Choquet 积分模糊对策 $(N, \tilde{w})$ 满足广义超可加性，即 $\widetilde{G}_{FH}(N) \subseteq \widetilde{G}_F(N)$。

进一步，由本章第一节的分析可知，给定任意的 $\lambda \in [0, 1]$，模糊支付合作对策 $\tilde{v} \in \widetilde{G}_H(N)$ 对应着两个经典合作对策 $(N, \tilde{v}_\lambda^+)$、$(N, \tilde{v}_\lambda^-)$ 与一个具有区间支付的合作对策 $(N, \tilde{v}_\lambda)$，并且 $(N, \tilde{v}_\lambda^+)$、$(N, \tilde{v}_\lambda^-)$ 是超可加的经典合作对策，$(N, \tilde{v}_\lambda)$ 是 H - 模糊支付合作对策，即 $\tilde{v}_\lambda^+, \tilde{v}_\lambda^- \in G_0(N)$，$\tilde{v}_\lambda \in \widetilde{G}_H(N)$。同时，对于 $\forall U \in \mathcal{F}(N)$，可有：

$$\tilde{w}_\lambda(U) = \sum_{m=1}^{q(U)} \tilde{v}_\lambda(U_{r_m}) \cdot (r_m - r_{m-1}) \tag{6.19}$$

$$\tilde{w}_\lambda^+(U) = \sum_{m=1}^{q(U)} \tilde{v}_\lambda^+(U_{r_m}) \cdot (r_m - r_{m-1}) \tag{6.20}$$

$$\tilde{w}_\lambda^-(U) = \sum_{m=1}^{q(U)} \tilde{v}_\lambda^-(U_{r_m}) \cdot (r_m - r_{m-1}) \tag{6.21}$$

其中 $\tilde{w}_\lambda^+(U)$、$\tilde{w}_\lambda^-(U)$ 分别为区间数 $\tilde{w}_\lambda(U)$ 的右端点、左端点，因此式 (6.19) 中的 $\tilde{w}_\lambda$ 属于广义 Choquet 积分模糊对策，式 (6.20) 中的 $\tilde{w}_\lambda^+(U)$ 是模糊联盟 U 关于支付函数 $\tilde{v}_\lambda^+$ 的 Choquet 积分，而式 (6.21) 中的 $\tilde{w}_\lambda^-(U)$ 是模糊联盟 U 关于支付函数 $\tilde{v}_\lambda^-$ 的 Choquet 积分，因此，$\tilde{w}_\lambda \in \widetilde{G}_{FH}(N)$，$\tilde{w}_\lambda^+, \tilde{w}_\lambda^- \in G_c(N)$。由此可知，式 (6.17) 定义的广义 Choquet 积分模糊对策也可看作 Tsurumi 定义的 Choquet 积分模糊对策的推广。

定理 6.2 设 $\tilde{w} \in \widetilde{G}_{FH}(N)$，则有

$$\tilde{w}(U) \geq \tilde{w}(K), \quad \forall U, K \in \mathcal{F}(N), \text{ 且 } K \subseteq U \tag{6.22}$$

证明：由于 $K \subseteq U$，因此根据性质 2.2 可知，$K_\lambda \subseteq U_\lambda$，$\forall \lambda \in [0,1]$。又因为 $(N, \tilde{w})$ 的相关模糊对策 $\tilde{v} \in \widetilde{G}_H(N)$ 满足超可加性，因此，$\tilde{v}(U_\lambda) \geq \tilde{v}(K_\lambda)$，再由定义 6.12 可知，$\tilde{w}(U) \geq \tilde{w}(K)$。证毕。

定理 6.3　设广义 Choquet 积分模糊对策 $\tilde{w} \in \widetilde{G}_{FH}(N)$，对于任意的 U，$K \in \mathcal{F}(N)$，定义距离 $d(U,K) = \max_{i \in N} |U(i) - K(i)|$，则模糊支付函数 $\tilde{w}$ 关于局中人参与联盟程度连续。

证明：设 ε 为充分小的正数，模糊联盟 U，$K \in \mathcal{F}(N)$ 满足 $d(U,K) < \varepsilon$。给定任意 $\lambda \in [0,1]$，由于 $\tilde{w}_\lambda^+, \tilde{w}_\lambda^- \in G_c(N)$，因此根据定理 4.2 可知，当 $\varepsilon \to 0$ 时，$\tilde{w}_\lambda^+, \tilde{w}_\lambda^-$ 满足：

$$\tilde{w}_\lambda^+(K) \to \tilde{w}_\lambda^+(U)$$
$$\tilde{w}_\lambda^-(K) \to \tilde{w}_\lambda^-(U)$$

又由于 $\tilde{w}(K)$ 与 $\tilde{w}(U)$ 的模糊距离 $\tilde{\rho}(\tilde{w}(K), \tilde{w}(U))$ 为

$$\tilde{\rho}(\tilde{w}(K), \tilde{w}(U)) = \bigcup_{\lambda \in [0,1]} \lambda \left[|\tilde{w}_1^-(K) - \tilde{w}_1^-(U)|, \sup_{\lambda \leq \eta \leq 1} |\tilde{w}_\eta^-(K) - \tilde{w}_\eta^-(U)| \vee |\tilde{w}_\eta^+(K) - \tilde{w}_\eta^+(U)| \right]$$

因此，当 $\varepsilon \to 0$ 时，$(\tilde{\rho}(\tilde{w}(K), \tilde{w}(U)))_\lambda^+ \to 0$，$(\tilde{\rho}(\tilde{w}(K), \tilde{w}(U)))_\lambda^- \to 0$。证毕。

由上述分析可知，广义 Choquet 积分模糊对策不仅满足广义超可加性，而且继承了 Choquet 积分模糊对策的连续性和单调非减性。

（二）广义 Choquet 积分模糊对策的广义模糊 Shapley 值

与 δ - 模糊合作对策的模糊 Shapley 值不同，广义 Choquet 积分模糊对策的广义模糊 Shapley 值是一定存在的。

命题 6.2　在 $\widetilde{G}_{FH}(N)$ 上，存在满足定义 6.11 中四条公理的广义模糊 Shapley 值函数 $\tilde{\phi}: \widetilde{G}_{FH}(N) \to (FR_+^n)^{\mathcal{F}(N)}$，具有形式

$$\tilde{\phi}_i(\tilde{w})(U) = \sum_{m=1}^{q(U)} \tilde{\varphi}_i(\tilde{v})(U_{r_m}) \cdot (r_m - r_{m-1}), \forall i \in N \tag{6.23}$$

其中 $r_0 = 0$，$U_{r_m} = \{i \in N \mid U(i) \geq r_m\}$ 表示参与程度满足 $U(i) \geq r_m$ 的所有局

中人组成的清晰联盟，H-模糊支付合作对策 $\tilde{v}$ 为 $\tilde{w}$ 的相关模糊对策，$\tilde{\varphi}(\tilde{v})$ (U_{r_m}) 为式（5.18）定义的函数，即 $\tilde{\varphi}(\tilde{v})(U_{r_m}) = \left(\tilde{\varphi}_1(\tilde{v})(U_{r_m}), \tilde{\varphi}_2(\tilde{v}) \right.$ $\left. (U_{r_m}), \cdots, \tilde{\varphi}_n(\tilde{v})(U_{r_m}) \right)$ 为子对策 $(U_{r_m}, \tilde{v})$ 的 H-Shapley 值。

证明：由定理 5.4 可知，H-模糊支付合作对策 $\tilde{v}$ 的 H-Shapley 值存在并且唯一，于是式（6.23）定义的函数 $\tilde{\phi}$ 一定存在。又由于 $\tilde{G}_{FH}(N) \subseteq \tilde{G}_F(N)$，因此，要证明 $\tilde{\phi}$ 是 $\tilde{G}_{FH}(N)$ 上的广义模糊 Shapley 函数，则需证明式（6.23）中的函数 $\tilde{\phi}$ 满足定义 6.11 中的四条公理。下面，我们逐一证明 $\tilde{\phi}$ 满足定义 6.11 中的公理 FR_1、FR_2、FR_3 和 FR_4。

公理 FR_1　设 $U \in \mathcal{F}(N)$，若 $i \notin \mathrm{Supp}U$，则对于 $\forall \lambda \in (0,1]$，可有 $i \notin U_\lambda$，$\tilde{\varphi}_i(\tilde{v})(U_\lambda) = 0$，进一步可有

$$\tilde{\phi}_i(\tilde{w})(U) = \sum_{m=1}^{q(U)} \tilde{\varphi}_i(\tilde{v})(U_{r_m}) \cdot (r_m - r_{m-1}) = 0$$

又由于 H-Shapley 值满足强有效性公理（见定义 5.7），于是有

$$\sum_{i \in N} \tilde{\phi}_i(\tilde{w})(U) = \sum_{i \in N} \sum_{m=1}^{q(U)} \tilde{\varphi}_i(\tilde{v})(U_{r_m}) \cdot (r_m - r_{m-1})$$

$$= \sum_{m=1}^{q(U)} (r_m - r_{m-1}) \cdot \sum_{i \in N} \tilde{\varphi}_i(\tilde{v})(U_{r_m})$$

$$= \sum_{m=1}^{q(U)} (r_m - r_{m-1}) \cdot \tilde{v}(U_{r_m})$$

$$= \tilde{w}(U)$$

公理 FR_2　设 $U \in \mathcal{F}(N)$，$K \in F\tilde{C}(U|\tilde{w})$，对于 $\forall \lambda \in [0, 1]$，$\forall S \in \mathcal{F}(N) \backslash \emptyset$，根据引理 5.1 可知

$$\left[\tilde{\varphi}_i(\tilde{v})(S) \right]_\lambda = \tilde{\varphi}_i(\tilde{v}_\lambda)(S) = \left[\varphi_i(\tilde{v}_\lambda^-)(S), \varphi_i(\tilde{v}_\lambda^+)(S) \right], \forall i \in N \qquad (6.24)$$

其中 $\varphi(\tilde{v}_\lambda^+)(S)$、$\varphi_i(\tilde{v}_\lambda^-)(S)$ 分别为 $(S, \tilde{v}_\lambda^+)$、$(S, \tilde{v}_\lambda^-)$ 的 Shapley 值，$\tilde{v}_\lambda^+$，$\tilde{v}_\lambda^- \in G_0(N)$。再由式（6.20）及式（6.21）可知，$\tilde{w}_\lambda^+, \tilde{w}_\lambda^- \in G_c(N)$，因此对于 $\forall i \in N$，由定理 4.7 可得：

$$\phi_i(\tilde{w}_\lambda^+)(U) = \sum_{m=1}^{q(U)} \varphi_i(\tilde{v}_\lambda^+)(U_{r_m}) \cdot (r_m - r_{m-1}) \qquad (6.25)$$

$$\phi_i(\tilde{w_\lambda})(U) = \sum_{m=1}^{q(U)} \varphi_i(\tilde{v_\lambda})(U_{r_m}) \cdot (r_m - r_{m-1}) \qquad (6.26)$$

综合式 (6.23)、式 (6.24)、式 (6.25) 及式 (6.26) 可知

$$[\phi_i(\tilde{w_\lambda})(U), \phi_i(\tilde{w_\lambda^+})(U)] = \sum_{m=1}^{q(U)} (r_m - r_{m-1}) \cdot [\varphi_i(\tilde{v_\lambda})(U_{r_m}), \varphi_i(\tilde{v_\lambda^+})(U_{r_m})]$$

$$= \sum_{m=1}^{q(U)} (r_m - r_{m-1}) \cdot (\tilde{\varphi_i}(\tilde{v})(U_{r_m}))_\lambda$$

$$= (\tilde{\phi_i}(\tilde{w})(U))_\lambda$$

即

$$(\tilde{\phi_i}(\tilde{w})(U))_\lambda = [\phi_i(\tilde{w_\lambda})(U), \phi_i(\tilde{w_\lambda^+})(U)], \forall i \in N \qquad (6.27)$$

又因为 $\tilde{w}(K \cap L) = \tilde{w}(L)$，$\forall L \in \mathcal{F}(U)$，从而有

$$\tilde{w_\lambda^+}(K \cap L) = \tilde{w_\lambda^+}(L), \tilde{w_\lambda^-}(K \cap L) = \tilde{w_\lambda^-}(L), \forall \lambda \in [0,1] \qquad (6.28)$$

也就是说，K 为对策 $\tilde{w_\lambda^+}$ 和 $\tilde{w_\lambda^-}$ 在 U 中的 f-承载，即 $K \in FC(U \mid \tilde{w_\lambda^+}) \cap FC(U \mid \tilde{w_\lambda^-})$。再根据对策 $\tilde{w_\lambda^+}$ 和 $\tilde{w_\lambda^-}$ 的 Shapley 值满足定义 4.10 中的公理 F_2，我们有：

$$\phi_i(\tilde{w_\lambda^+})(U) = \phi_i(\tilde{w_\lambda^+})(K), \forall \lambda \in [0,1]$$
$$\phi_i(\tilde{w_\lambda^-})(U) = \phi_i(\tilde{w_\lambda^-})(K), \forall \lambda \in [0,1] \qquad (6.29)$$

综合式 (6.27) 与式 (6.29) 可知，对于 $\forall \lambda \in (0,1]$，下式成立：

$$(\tilde{\phi_i}(\tilde{w})(U))_\lambda = [\phi_i(\tilde{w_\lambda^-})(U), \phi_i(\tilde{w_\lambda^+})(U)]$$

$$= [\phi_i(\tilde{w_\lambda^-})(K), \phi_i(\tilde{w_\lambda^+})(K)]$$

$$= (\tilde{\phi_i}(\tilde{w})(K))_\lambda \qquad (6.30)$$

由 $\lambda \in [0,1]$ 的任意性可知，$\tilde{\phi_i}(\tilde{w})(U) = \tilde{\phi_i}(\tilde{w})(K)$。

公理 FR_3　设 $U \in \mathcal{F}(N)$，$U_{ij}^U \in F\tilde{C}(U \mid \tilde{w})$，$\tilde{w}(K) = \tilde{w}(p_{ij}[K])$，$\forall K \in \mathcal{F}(U_{ij}^U)$。

由公理 FR_2 的证明可知，$U_{ij}^U \in FC(U \mid \tilde{w_\lambda^+}) \cap FC(U \mid \tilde{w_\lambda^-})$。对于 $\forall K \in \mathcal{F}(U_{ij}^U)$，可有：

$$\tilde{w}_\lambda^+(K) = \tilde{w}_\lambda^+(p_{ij}[K])$$

$$\tilde{w}_\lambda^-(K) = \tilde{w}_\lambda^-(p_{ij}[K])$$

于是根据 $\phi(\tilde{w}_\lambda^-)(U)$、$\phi(\tilde{w}_\lambda^+)(U)$ 满足公理 F_3（见定义 4.10），可得

$$[\phi_i(\tilde{w}_\lambda^-)(U), \phi_i(\tilde{w}_\lambda^+)(U)] = [\phi_j(\tilde{w}_\lambda^-)(U), \phi_j(\tilde{w}_\lambda^+)(U)] \tag{6.31}$$

综合式（6.27）与式（6.31）可知

$$(\tilde{\phi}_i(\tilde{w})(U))_\lambda = (\tilde{\phi}_j(\tilde{w})(U))_\lambda, \forall \lambda \in [0,1]$$

因此，$\tilde{\phi}_i(\tilde{w})(U) = \tilde{\phi}_j(\tilde{w})(U)$。

公理 FR_4 设 $\tilde{\mu}, \tilde{\omega} \in \tilde{G}_{FH}(N)$，并设 $\tilde{\mu}, \tilde{\omega}$ 的相关模糊对策分别为 $\tilde{v}_1$，$\tilde{v}_2$。定义模糊合作对策 $\tilde{\mu} + \tilde{\omega}$ 为：对于 $\forall K \in \mathcal{F}(N)$，$(\tilde{\mu} + \tilde{\omega})(K) = \tilde{\mu}(K) + \tilde{\omega}(K)$，显然 $\tilde{\mu} + \tilde{\omega} \in \tilde{G}_{FH}(N)$，并且 $\tilde{\mu} + \tilde{\omega}$ 的相关模糊对策为 $\tilde{v}_1 + \tilde{v}_2$。对于 $\forall i \in N$，根据 H-Shapley 值的可加性有：

$$
\begin{aligned}
\tilde{\phi}_i(\tilde{\mu} + \tilde{\omega})(U) &= \sum_{m=1}^{q(U)} \tilde{\varphi}_i(\tilde{v}_1 + \tilde{v}_2)(U_{r_m}) \cdot (r_m - r_{m-1}) \\
&= \sum_{m=1}^{q(U)} \left\{ \tilde{\varphi}_i(\tilde{v}_1)(U_{r_m}) + \tilde{\varphi}_i(\tilde{v}_2)(U_{r_m}) \right\} \cdot (r_m - r_{m-1}) \\
&= \tilde{\phi}_i(\tilde{\mu})(U) + \tilde{\phi}_i(\tilde{\omega})(U)
\end{aligned}
$$

证毕。

由命题 6.2 可知，任何广义模糊支付合作对策都存在广义模糊 Shapley 值，下面，我们证明式（6.23）定义的广义模糊 Shapley 函数是满足公理 FR_1、FR_2、FR_3 和 FR_4 的唯一表达式。

引理 6.1 设 $\forall U \in \mathcal{F}(N) \setminus \emptyset$，对于 $T \in \mathcal{P}(N) \setminus \emptyset$，定义支付函数 $w_T : \mathcal{F}(N) \to R_+$：

$$w_T(U) = \begin{cases} \min_{i \in T} U(i), & T \subseteq \text{Supp}U \\ 0, & \text{其他} \end{cases} \tag{6.32}$$

则对于 $\forall c \in R_+$，(N, cw_T) 为超可加的模糊联盟合作对策，即 $cw_T \in G_F(N)$，并且 cw_T 在 U 中的任何 Shapley 值都满足

$$\phi_i(cw_T)(U) = \begin{cases} \dfrac{c\min\limits_{i \in T} U(i)}{|T|}, & i \in T \\ 0, & \text{其他} \end{cases} \qquad (6.33)$$

证明：不难验证，模糊联盟合作对策 (N, cw_T) 满足超可加性，并且对于 $\forall K \in \mathcal{F}(U)$，等式 $w_T[(T \cap U) \cap K] = w_T(K)$ 成立，即 $T \cap U$ 为 cw_T 在模糊联盟 U 中的 f - 承载。下面，我们分三种情况讨论 cw_T 在 U 中的 Shapley 值。

（1）如果 $T \not\subseteq \mathrm{Supp}U$，则 $w_T(K) = 0$，$\forall K \in \mathcal{F}(U)$，从而根据定义 4.10 中的公理 F_1 与公理 F_2 可得：$\phi_i(cw_T)(U) = 0$，$\forall i \in N$。

（2）如果 $T \subseteq \mathrm{Supp}U$，且 $|T| = 1$，则根据定义 4.10 中的公理 F_1 与公理 F_2 可得

$$\phi_i(cw_T)(U) = \phi_i(cw_T)(T \cap U) = \begin{cases} c\min\limits_{i \in T} U(i), & i \in T \\ 0, & \text{其他} \end{cases}$$

（3）如果 $T \subseteq \mathrm{Supp}U$，且 $|T| \geqslant 2$，则由于 $T \cap U$ 为 cw_T 在模糊联盟 U 中的 f - 承载，因此，根据定义 4.10 中的公理 F_1 与公理 F_2 可知，$\phi_i(cw_T)(U) = \phi_i(cw_T)(T \cap U) = 0$，$\forall i \notin T$。对于 $\forall i, j \in T$，$i \neq j$，可有

$$cw_T(U_{ij}^U \cap K) = cw_T(K), \forall K \in \mathcal{F}(U)$$

即 U_{ij}^U 为 cw_T 在模糊联盟 U 中的 f - 承载，并且对于任意的 $K \in \mathcal{F}(U_{ij}^U)$，总有

$$cw_T(K) = cw_T(p_{ij}[K])$$

从而由定义 4.10 中的公理 F_3 可得

$$\phi_i(cw_T)(U) = \phi_j(cw_T)(U)$$

于是，由定义 4.10 中的公理 F_1 与公理 F_2 知

$$|T|\phi_i(cw_T)(U) = \sum_{i \in T} \phi_j(cw_T)(U) = cw_T(T \cap U) = c\min_{i \in T} U(i)$$

故有

$$\phi_i(cw_T)(U) = \frac{c\min\limits_{i \in T} U(i)}{|T|}, \forall i \in T$$

证毕。

引理 6.2[11] 设经典合作对策 $v \in G_0(N)$，则对于 $\forall R \in \mathcal{P}(N)$，$\forall i \in R$，有：

$$\sum_{T \in \mathcal{P}(R) \setminus \varnothing} C_T = v(R) \tag{6.34}$$

$$\sum_{T \in \mathcal{P}(R); i \in T} \frac{C_T}{|T|} = \varphi_i(v)(R) \tag{6.35}$$

其中 $C_T = \sum_{S \in \mathcal{P}(T)} (-1)^{|T|-|S|} v(S)$，$\phi(v)(R)$ 为子对策 (R, v) 的 Shapley 值。

引理 6.3 设广义模糊支付合作对策 $\tilde{w} \in \widetilde{G}_{FH}(N)$，$\tilde{w}$ 的相关模糊对策为 $\tilde{v} \in \widetilde{G}_H(N)$，则对于 $\forall \lambda \in [0, 1]$，模糊支付函数 $\tilde{w}$ 可以表示为

$$\tilde{w}_\lambda(U) = \left[\sum_{T \in \mathcal{P}(\mathrm{Supp}U) \setminus \varnothing} C_T^{\lambda-} \cdot w_T(U), \sum_{T \in \mathcal{P}(\mathrm{Supp}U) \setminus \varnothing} C_T^{\lambda+} \cdot w_T(U) \right], \forall U \in \mathcal{F}(N) \tag{6.36}$$

其中，w_T 为式（6.32）定义的模糊联盟合作对策，且有：

$$C_T^{\lambda+} = \sum_{S \in \mathcal{P}(T)} (-1)^{|T|-|S|} \tilde{v}_\lambda^+(S)$$

$$C_T^{\lambda-} = \sum_{S \in \mathcal{P}(T)} (-1)^{|T|-|S|} \tilde{v}_\lambda^-(S)$$

证明：给定 $\forall \lambda \in [0, 1]$，由于 $\tilde{v}_\lambda^+, \tilde{v}_\lambda^- \in G_0(N)$，因此，根据式（6.32）和引理 6.2，对于 $\forall U \in \mathcal{F}(N)$，可有

$$\sum_{T \in \mathcal{P}(\mathrm{Supp}U) \setminus \varnothing} C_T^{\lambda+} \cdot w_T(U)$$

$$= \sum_{T \in \mathcal{P}(\mathrm{Supp}U) \setminus \varnothing} C_T^{\lambda+} \cdot \min_{i \in T} U(i)$$

$$= (r_1 - r_0) \cdot \sum_{T \in \mathcal{P}(U_{r_1}) \setminus \varnothing} C_T^{\lambda-} + (r_2 - r_1) \cdot \sum_{T \in \mathcal{P}(U_{r_2}) \setminus \varnothing} C_T^{\lambda+} + \cdots +$$

$$(r_{q(U)} - r_{q(U)-1}) \cdot \sum_{T \in \mathcal{P}(U_{r_{q(U)}}) \setminus \varnothing} C_T^{\lambda+}$$

$$= (r_1 - r_0) \cdot \tilde{v}_\lambda^+(U_{r_1}) + (r_2 - r_1) \cdot \tilde{v}_\lambda^+(U_{r_2}) + \cdots + (r_{q(U)} - r_{q(U)-1}) \cdot \tilde{v}_\lambda^+(U_{r_{q(U)}})$$

$$= \tilde{w}_\lambda^+(U)$$

即 $\sum_{T \in \mathcal{P}(\mathrm{Supp}U) \setminus \varnothing} C_T^{\lambda+} \cdot w_T(U) = \tilde{w}_\lambda^+(U)$，同理可得：$\sum_{T \in \mathcal{P}(\mathrm{Supp}U) \setminus \varnothing} C_T^{\lambda-} \cdot w_T^U(U) = \tilde{w}_\lambda^-(U)$。证毕。

命题 6.3　式（6.23）定义的函数 $\widetilde{\phi}$ 是 $\widetilde{G}_{FH}(N)$ 上唯一的广义模糊 Shapley 函数。

证明：对于 $\forall \tilde{w} \in \widetilde{G}_{FH}(N)$，$\forall U \in \mathcal{F}(N)$，由命题 6.2 可知，（6.23）定义的 $\widetilde{\phi}(\tilde{w})(U)$ 是 $\tilde{w}$ 在联盟 U 中的广义模糊 Shapley 值。下面，我们证明 $\widetilde{\phi}$ 是 $\widetilde{G}_{FH}(N)$ 上唯一的广义模糊 Shapley 函数。对于 $\forall \lambda \in [0,1]$，由引理 6.3 可知

$$\tilde{w}_{\lambda}^{+}(U) = \sum_{T \in \mathcal{P}(\mathrm{Supp}U) \setminus \varnothing} C_T^{\lambda+} \cdot w_T(U)$$

$$= \sum_{T \in \mathcal{P}(\mathrm{Supp}U) \setminus \varnothing ; C_T^{\lambda+} \geq 0} C_T^{\lambda+} w_T(U) - \sum_{T \in \mathcal{P}(\mathrm{Supp}U) \setminus \varnothing ; C_T^{\lambda+} < 0} [-C_T^{\lambda+} w_T(U)]$$

给定 $\forall j \in N$，假设 $U(j) = r_k$，$1 \leq k \leq q(U)$，则由定义 4.10 中的公理 F_4、引理 6.1 及引理 6.2 可知

$$\phi_j(\tilde{w}_{\lambda}^{+})(U) = \sum_{T \in \mathcal{P}(\mathrm{Supp}U) \setminus \varnothing ; C_T^{\lambda+} \geq 0} \phi_j(C_T^{\lambda+} w_T)(U) - \sum_{T \in \mathcal{P}(\mathrm{Supp}U) \setminus \varnothing ; C_T^{\lambda+} < 0} \phi_j(C_T^{\lambda+} w_T)(U)$$

$$= \sum_{T \in \mathcal{P}(\mathrm{Supp}U) ; C_T^{\lambda+} \geq 0, j \in T} \frac{C_T^{\lambda+} \min\limits_{i \in T} U(i)}{|T|} - \sum_{T \in \mathcal{P}(\mathrm{Supp}U) ; C_T^{\lambda+} < 0, j \in T} \frac{-C_T^{\lambda+} \min\limits_{i \in T} U(i)}{|T|}$$

$$= \sum_{T \in \mathcal{P}(\mathrm{Supp}U) ; j \in T} \frac{C_T^{\lambda+} \min\limits_{i \in T} U(i)}{|T|}$$

$$= (r_1 - r_0) \cdot \sum_{T \in \mathcal{P}(U_{r_1}) ; j \in T} \frac{C_T^{\lambda+}}{|T|} + (r_2 - r_1) \cdot \sum_{T \in \mathcal{P}(U_{r_2}) ; j \in T} \frac{C_T^{\lambda+}}{|T|}$$

$$+ \cdots + (r_k - r_{k-1}) \cdot \sum_{T \in \mathcal{P}(U_{r_k}) ; j \in T} \frac{C_T^{\lambda+}}{|T|}$$

$$= (r_1 - r_0) \cdot \varphi_j(\tilde{v}_{\lambda}^{+})(U_{r_1}) + (r_2 - r_1) \cdot \varphi_j(\tilde{v}_{\lambda}^{+})(U_{r_2})$$

$$+ \cdots + (r_k - r_{k-1}) \cdot \varphi_j(\tilde{v}_{\lambda}^{+})(U_{r_k})$$

由此可知，模糊联盟合作对策 $\tilde{w}_{\lambda}^{+} \in G_c(N)$ 的 Shapley 值 $\phi(\tilde{w}_{\lambda}^{+})(U)$ 唯一存在，具有形式：

$$\phi_j(\tilde{w}_{\lambda}^{+})(U) = (r_1 - r_0) \cdot \varphi_j(v_{\lambda}^{+})(U_{r_1}) + (r_2 - r_1) \cdot \varphi_j(v_{\lambda}^{+})(U_{r_2})$$

$$+ \cdots + (r_k - r_{k-1}) \cdot \varphi_j(\tilde{v}_{\lambda}^{+})(U_{r_k}) \tag{6.37}$$

同理可证，模糊联盟合作对策 $\tilde{w}_{\lambda}^{-} \in G_c(N)$ 的 Shapley 值 $\phi(\tilde{w}_{\lambda}^{-})(U)$ 唯一存在，具有形式

$$\phi_j(\tilde{w}_\lambda^-)(U) = (r_1 - r_0) \cdot \varphi_j(v_\lambda^-)(U_{r_1}) + (r_2 - r_1) \cdot \varphi_j(v_\lambda^-)(U_{r_2})$$

$$+ \cdots + (r_k - r_{k-1}) \cdot \varphi_j(v_\lambda^-)(U_{r_k}) \tag{6.38}$$

对比定义 6.11 和定义 4.10 可知，如果 $\tilde{\phi}'(\tilde{w})(U)$ 为 $\tilde{w}$ 在联盟 U 中的广义模糊 Shapley 值，则一定存在模糊联盟合作对策 $\tilde{w}_\lambda^+$、$\tilde{w}_\lambda^-$ 的 Shapley 值 $\phi(\tilde{w}_\lambda^+)(U)$、$\phi(\tilde{w}_\lambda^-)(U)$ 满足：

$$\phi_i(\tilde{w}_\lambda^+)(U) = (\tilde{\phi}_i'(\tilde{w})(U))_\lambda^+, \forall i \in N$$

$$\phi_i(\tilde{w}_\lambda^-)(U) = (\tilde{\phi}_i'(\tilde{w})(U))_\lambda^-, \forall i \in N$$

又由于模糊联盟合作对策 $\tilde{w}_\lambda^+$、$\tilde{w}_\lambda^-$ 的 Shapley 值唯一存在，因此由式 (6.37) 可知

$$(\tilde{\phi}_j'(\tilde{w})(U))_\lambda^+ = \phi_j(\tilde{w}_\lambda^+)(U) = (r_1 - r_0) \cdot \varphi_j(\tilde{v}_\lambda^+)(U_{r_1}) + (r_2 - r_1) \cdot \varphi_j(\tilde{v}_\lambda^+)(U_{r_2})$$

$$+ \cdots + (r_k - r_{k-1}) \cdot \varphi_j(\tilde{v}_\lambda^+)(U_{r_k}).$$

再根据引理 5.1 可知

$$(\tilde{\phi}_j'(\tilde{w})(U))_\lambda^+ = (r_1 - r_0) \cdot (\tilde{\varphi}_j(\tilde{v})(U_{r_1}))_\lambda^+ + (r_2 - r_1) \cdot (\tilde{\varphi}_j(\tilde{v})(U_{r_2}))_\lambda^+$$

$$+ \cdots + (r_k - r_{k-1}) \cdot (\tilde{\varphi}_j(\tilde{v})(U_{r_k}))_\lambda^+$$

$$= \left(\sum_{m=1}^{q(U)} \tilde{\varphi}_j(\tilde{v})(U_{r_m}) \cdot (r_m - r_{m-1}) \right)_\lambda^+$$

同理有 $(\tilde{\phi}_j'(\tilde{w})(U))_\lambda^- = \left(\sum_{m=1}^{q(U)} \tilde{\varphi}_j(\tilde{v})(U_{r_m}) \cdot (r_m - r_{m-1}) \right)_\lambda^-$。因此，有

$$\tilde{\phi}_j'(\tilde{w})(U) = \sum_{m=1}^{q(U)} \tilde{\varphi}_j(\tilde{v})(U_{r_m}) \cdot (r_m - r_{m-1}) = \tilde{\phi}_j(\tilde{w})(U)$$

证毕。

命题 6.3 说明了任何广义模糊合作对策的广义模糊 Shapley 值都是唯一存在的，并且从命题 6.3 的证明过程可以看出，Choquet 积分模糊对策 $w \in G_c(N)$ 的 Shapley 值也是唯一存在的。

注 6.8 式 (6.23) 定义的广义模糊 Shapley 值 $\tilde{\phi}$ 同样适用于经典合作对策、模糊联盟合作对策、模糊支付合作对策：当广义模糊合作对策退化为经典合作对策时，广义模糊 Shapley 值 $\tilde{\phi}$ 退化为经典 Shapley 值，此时式 (6.23) 等价于式 (3.12)；当广义模糊合作对策退化为模糊联盟合作对策

时，广义模糊 *Shapley* 值 $\tilde{\phi}$ 退化为模糊联盟合作对策的 Shapley 值，此时式（6.23）等价于式（4.18）；当广义模糊合作对策退化为模糊支付合作对策时，广义模糊 Shapley 值 $\tilde{\phi}$ 退化为 H-Shapley 值，此时式（6.23）等价于式（5.18）。

对于 $\tilde{w} \in \widetilde{G}_{FH}(N)$，$\forall i \in N$，令

$$(\tilde{\phi}_i(\tilde{w})(U))_0 = \mathrm{cl}\{x \in R \mid (\tilde{\phi}_i(\tilde{w})(U))(x) > 0\}, \forall U \in \mathcal{F}(N)$$

其中 cl 表示集合的闭包，$(\tilde{\phi}_i(\tilde{w})(U))(x)$ 为模糊数 $\tilde{\phi}_i(\tilde{w})(U)$ 的隶属函数。根据式（6.23）与引理 5.1，我们直接得到如下的结论。

定理 6.4　设 $\tilde{w} \in \widetilde{G}_{FH}(N)$，则对于 $\forall \lambda \in [0,1]$，$\forall U \in \mathcal{F}(N)$，有：

$$\tilde{\phi}_i(\tilde{w}_\lambda)(U) = [\tilde{\phi}_i(\tilde{w})(U)]_\lambda = [\phi_i(\tilde{w}_\lambda^-)(U), \phi_i(\tilde{w}_\lambda^+)(U)], \forall i \in N \quad (6.39)$$

根据式（6.39），我们可以计算置信水平 λ 上的广义模糊 Shapley 值，其中 $\lambda \in [0,1]$。

定理 6.5　设 $\tilde{w} \in \widetilde{G}_{FH}(N)$，$\forall U \in \mathcal{F}(N)$，则广义模糊 Shapley 值 $\tilde{\phi}(\tilde{w})(U)$ 必是对策 $\tilde{w}$ 在模糊联盟 U 中的模糊分配，即 $\tilde{\phi}(\tilde{w})(U) \in \widetilde{E}(U,\tilde{w})$。

证明：要证明 $\tilde{\phi}(\tilde{w})(U) \in \widetilde{E}(U,\tilde{w})$，则需证明 $\tilde{\phi}(\tilde{w})(U)$ 满足定义 6.10。首先，由命题 6.2 可知，广义模糊 Shapley 值 $\sum_{i \in N} \tilde{\phi}_i(\tilde{w})(U) = \tilde{w}(U)$，并且 $\tilde{\phi}_i(\tilde{w})(U) = 0$，$\forall i \notin \mathrm{Supp}U$。因此，要证明 $\tilde{\phi}(\tilde{w})(U) \in \widetilde{E}(U,\tilde{w})$，我们只需证明

$$\tilde{\phi}_j(\tilde{w})(U) \geq \tilde{w}(i_U), \forall j \in \mathrm{Supp}U \quad (6.40)$$

接下来，我们证明式（6.40）成立。设 $\tilde{v} \in \widetilde{G}_H(N)$ 为 $\tilde{w} \in \widetilde{G}_{FH}(N)$ 的相关模糊对策。给定 $\forall i \in \mathrm{Supp}U$，根据定理 5.7 可知，对于 $\forall \lambda \in (0, U(i)]$，H-Shapley 值 $\tilde{\varphi}(\tilde{v})(U_\lambda)$ 是对策 $\tilde{v}$ 在联盟 U_λ 中的模糊分配，从而有 $\tilde{\varphi}(\tilde{v})(U_\lambda) \geq \tilde{v}(\{i\})$；对于 $\forall \lambda \in (U(i),1]$，$\tilde{\varphi}(\tilde{v})(U_\lambda) = 0$。于是有

$$\tilde{\phi}_i(\tilde{w})(U) = \sum_{m=1}^{q(U)} \tilde{\varphi}_i(\tilde{v})(U_{r_m}) \cdot (r_m - r_{m-1})$$

$$= \sum_{m:r_m \leq U(i)} \tilde{\varphi}_i(\tilde{v})(U_{r_m}) \cdot (r_m - r_{m-1})$$

$$\geqslant \sum_{m:r_m \leqslant U(i)} \tilde{v}(\{i\}) \cdot (r_m - r_{m-1})$$

$$= \tilde{w}(i_U)$$

证毕。

定理 6.6 若 $\tilde{w} \in \widetilde{G}_{FH}(N)$ 满足模糊凸性，则对于 $\forall K, U \in \mathcal{F}(N)$，$K \subseteq U$，$\tilde{w}$ 的广义模糊 Shapley 值 $\widetilde{\phi}(\tilde{w})(U)$ 满足

$$\widetilde{\phi}_i(\tilde{w})(U) \geq \widetilde{\phi}_i(\tilde{w})(K), \forall i \in N$$

证明：不难验证，$\tilde{w} \in \widetilde{G}_{FH}(N)$ 为模糊凸的充要条件是 $\tilde{w}$ 的相关模糊对策 $\tilde{v} \in \widetilde{G}_H(N)$ 满足凸性。对于 $\forall \lambda \in (0,1]$，由命题 5.4 可知

$$\widetilde{\varphi}_i(\tilde{v})(U_\lambda) \geq \widetilde{\varphi}_i(\tilde{v})(K_\lambda), \forall i \in N$$

再根据式（6.23）可得，$\widetilde{\phi}_i(\tilde{w})(U) \geq \widetilde{\phi}_i(\tilde{w})(K), \forall i \in N$。证毕。

由定理 4.10 和式（6.39），我们直接可以得出以下结论。

定理 6.7 设广义 Choquet 积分模糊对策 $\tilde{w} \in \widetilde{G}_{FH}(N)$，对于任意的 U，$K \in \mathcal{F}(N)$，定义距离 $d(U,K) = \max_{i \in N} |U(i) - K(i)|$，则广义模糊 Shapley 值 $\widetilde{\phi}_i(\tilde{w})$ 关于局中人参与联盟程度连续，$\forall i \in N$。

综上所述，广义 Choquet 积分模糊对策的广义模糊 Shapley 值不仅是唯一存在的，而且继承了 Choquet 积分模糊对策中 Shapley 值的单调性和连续性，这些性质弥补了 Borkotokey 定义的模糊 Shapley 值的不足。

（三）基于广义模糊 Shapley 值的虚拟企业收益分配策略

在本章第一节第三小节中，我们将 Borkotokey 提出的 δ - 模糊合作对策及其模糊 Shapley 值应用到虚拟企业收益分配问题中，然而，由于很难解释 δ - 模糊合作对策及其模糊 Shapley 值的实际意义，因此采用 Borkotokey 的方法我们没有得到具体的分配策略。有鉴于此，本小节将广义 Choquet 积分模糊对策及其广义 Shapley 值应用到虚拟企业收益分配问题中，以此提出局中人部分参与合作、联盟的收益为模糊信息情况下的虚拟企业收益分配策略。

例 6.4 仍以例 5.1 和例 5.2 为例，假设有三家企业（即局中人集合

$N = \{1,2,3\}$）欲组建虚拟企业联合制造 7 种产品：已知生产 $P_{\{i\}}$（$i = 1,2,$ 3）需要原材料 R_i，生产 $P_{\{i,j\}}$（$i,j = 1,2,3$）需要原材料 R_i 与 R_j，生产 P_N 需要三种原材料 R_1、R_2 和 R_3。

最初，企业 i 拥有 10 吨的资源 R_i，其中 $i = 1$，2，3。如果三家企业投入全部资源用于合作生产，则可制造的各种产品的产量如表 6.1 所示，具体为：如企业 1 单独生产，则可制造 8 吨 $P_{\{1\}}$；如企业 2 单独生产，则可制造 9 吨 $P_{\{2\}}$；如企业 3 单独生产，则可制造 10 吨 $P_{\{3\}}$；如企业 1、企业 2 联合生产，则可制造 18 吨 $P_{\{1,2\}}$；如企业 1、企业 3 联合生产，则可制造 17.5 吨 $P_{\{1,3\}}$；如企业 2、企业 3 联合生产，则可制造 18 吨 $P_{\{2,3\}}$；如三家企业共同合作，则可制造 28 吨 P_N。

表 6.1　产品的产量、单位利润及联盟的总收益

联盟 S	产品 P_S	产量（单位：吨）	单位利润（单位：万元）	联盟 S 的总收益 $\tilde{v}(S)$（单位：万元）
$\{1\}$	$P_{\{1\}}$	8	$(2,0.2,0.2)_T$	$(16,1.6,1.6)_T$
$\{2\}$	$P_{\{2\}}$	9	$(3,0.3,0.2)_T$	$(27,2.7,1.8)_T$
$\{3\}$	$P_{\{3\}}$	10	$(1,0.1,0.2)_T$	$(10,1,2)_T$
$\{1,2\}$	$P_{\{1,2\}}$	18	$(3.1,0.2,0.2)_T$	$(55.8,3.6,3.6)_T$
$\{1,3\}$	$P_{\{1,3\}}$	17.5	$(2.3,0.3,0.3)_T$	$(40.25,5.25,5.25)_T$
$\{2,3\}$	$P_{\{2,3\}}$	18	$(3.2,0.2,0.2)_T$	$(57.6,3.6,3.6)_T$
$\{1,2,3\}$	P_N	28	$(3.5,0.3,0.3)_T$	$(98,8.4,8.4)_T$

在联合生产之前，三家企业对 7 种产品的市场价格进行分析、估计和预测，以评估合作的可行性。然而，由于受产品市场价格、市场需求、相关替代产品的供给等诸多不确定因素的影响，三家企业无法精确地预测每种产品的单位利润，只能给出单位利润的近似估计值，这里用三角模糊数 $(a,l,r)_T$（见定义 2.15）表示，具体数值如表 6.1 所示。

实际问题中，每家企业不必投入其所拥有的全部资源用于合作生产，因此，在联合生产之前，每家企业都要考虑其投入合作生产的资源数量。现假设由于受精力、能力等诸多条件的限制，企业 1 只能投入 5 吨的 R_1、企业 2 只能投入 5 吨的 R_2，此时三人合作生产后该如何分配利润？

此问题正是本章所讨论的具有模糊联盟与模糊支付的合作对策问题，此时，企业 1、企业 2、企业 3 参与该虚拟企业合作的程度分别为 0.5、0.5、1，也就是说，三家企业形成了模糊联盟 $U = (0.5, 0.5, 1)$。

下面，我们利用广义 Choquet 积分模糊对策的广义 Shapley 值解决该虚拟企业收益分配问题。

第一步，根据例 5.1 中的计算结果，我们求得任意清晰联盟 S 的总收益（即联盟 S 的支付函数），如表 6.1 所示。不难验证，模糊支付函数 $\tilde{v}$ 满足式 (5.15)，于是，$\tilde{v} \in \widetilde{G}_H(N)$。

第二步，将企业 1、企业 2、企业 3 的在模糊联盟 U 中的参与程度按照升序排列为

$$r_1 = 0.5, \ r_2 = 1$$

此时，有

$$Q(U) = \{0.5, 1\}, \ q(U) = |Q(U)| = 2$$

第三步，按照式 (6.17)，计算广义 Choquet 积分模糊对策的模糊支付函数 $\tilde{w}(U)$。

（1）由于三家企业的最小参与率为 0.5，所以先安排企业 1、企业 2、企业 3 以 $r_1 - r_0 = 0.5$ 的参与率共同合作生产 P_N，取得的收益为：

$$\tilde{v}(N) \times (r_1 - r_0) = (98, 8.4, 8.4)_T \times 0.5 = (49, 4.2, 4.2)_T$$

（2）再安排企业 3 以 $r_2 - r_1 = 0.5$ 的参与率单独生产 $P_{\{3\}}$，取得的收益为

$$\tilde{v}(\{3\}) \times (r_2 - r_1) = \tilde{v}(\{3\}) \times (r_3 - r_2) = (10, 1, 2)_T \times 0.5 = (5, 0.5, 1)_T$$

于是，我们得到模糊联盟 U 的模糊收益为

$$\tilde{w}(U) = \tilde{v}(N) \times (r_1 - r_0) + \tilde{v}(\{3\}) \times (r_2 - r_1) = (54, 4.7, 5.2)_T$$

第四步，根据例 5.2 中的计算结果，我们得到 $\tilde{v} \in \widetilde{G}_H(N)$ 的 H-Shapley 值 $\widetilde{\varphi}(\tilde{v})$ 与其子对策 $(\{3\}, \tilde{v})$ 的 H-Shapley 值 $\widetilde{\varphi}(\tilde{v})(\{3\})$：

$$\widetilde{\varphi}(\tilde{v})(\{3\}) = (0, 0, (10, 1, 2)_T)$$

$$\widetilde{\varphi}(\tilde{v}) = ((28.64, 2.99, 2.98)_{\mathrm{T}}, (42.82, 2.72, 2.25)_{\mathrm{T}}, (26.54, 2.69, 3.17)_{\mathrm{T}})$$

第五步，根据式（6.23），计算广义 Choquet 积分模糊对策 $\tilde{w}$ 的广义模糊 Shapley 值：

$$\begin{aligned}
\widetilde{\phi}_1(\tilde{w})(U) &= \widetilde{\varphi}_1(\tilde{v}) \times (r_1 - r_0) \\
&= (28.64, 2.99, 2.98)_{\mathrm{T}} \times 0.5 \\
&= (14.32, 1.495, 1.49)_{\mathrm{T}}
\end{aligned}$$

$$\begin{aligned}
\widetilde{\phi}_2(\tilde{w})(U) &= \widetilde{\varphi}_2(\tilde{v}) \times (r_1 - r_0) \\
&= (42.82, 2.72, 2.25)_{\mathrm{T}} \times 0.5 \\
&= (21.41, 1.36, 1.125)_{\mathrm{T}}
\end{aligned}$$

$$\begin{aligned}
\widetilde{\phi}_3(\tilde{w})(U) &= \widetilde{\varphi}_3(\tilde{v}) \times (r_1 - r_0) + \widetilde{\varphi}_3(\tilde{v})(\{3\}) \times (r_2 - r_1) \\
&= (26.54, 2.69, 3.17)_{\mathrm{T}} \times 0.5 + (10, 1, 2)_{\mathrm{T}} \times 0.5 \\
&= (18.27, 1.845, 2.585)_{\mathrm{T}}
\end{aligned}$$

因此，我们求得广义 H-Shapley 值为

$$\widetilde{\varphi}(\tilde{w})(U) = ((14.32, 1.495, 1.49)_{\mathrm{T}}, (21.41, 1.36, 1.125)_{\mathrm{T}}, (18.27, 1.845, 2.585)_{\mathrm{T}})$$

第六步，根据式（6.39），计算不同置信水平 λ 上的广义模糊 Shapley 值 $\widetilde{\phi}(\tilde{w}_\lambda)(U)$，其中 $\lambda \in [0, 1]$。以置信水平 0.3、0.7 为例，可得 $\widetilde{\phi}(\tilde{w}_{0.3})(U)$、$\widetilde{\phi}(\tilde{w}_{0.7})(U)$ 分别为：

$$\begin{cases}
\widetilde{\phi}_1(\tilde{w}_{0.3})(U) = [13.274, 15.363] \\
\widetilde{\phi}_2(\tilde{w}_{0.3})(U) = [20.458, 22.198] \\
\widetilde{\phi}_3(\tilde{w}_{0.3})(U) = [16.98, 20.079]
\end{cases}$$

$$\begin{cases}
\widetilde{\phi}_1(\tilde{w}_{0.7})(U) = [13.872, 14.767] \\
\widetilde{\phi}_2(\tilde{w}_{0.7})(U) = [21.002, 21.748] \\
\widetilde{\phi}_3(\tilde{w}_{0.7})(U) = [17.716, 19.045]
\end{cases}$$

于是，我们得到在不同置信水平上的虚拟企业收益分配策略：在企业 1、企业 2 分别提供 50% 的资源用于合作生产的情况下，如果置信水平 $\lambda = 0.3$，则企业 1、企业 2、企业 3 的报酬分别在 13.274 万 ~ 15.363 万元、

20.458 万 ~ 22.198 万元、16.98 万 ~ 20.079 万元；如果置信水平 $\lambda = 0.7$，则企业 1、企业 2、企业 3 的报酬分别在 13.872 万 ~ 14.767 万元、21.002 万 ~ 21.748 万元、17.716 万 ~ 19.045 万元。

四　小结

本章定义了具有模糊联盟和模糊支付的合作对策及其广义模糊 Shapley 值，并重点讨论了广义 Choquet 积分模糊对策的广义模糊 Shapley 值，提出了基于广义模糊 Shapley 值的虚拟企业收益分配策略。

首先，总结了 Borkotokey 的研究成果，重点分析了 Borkotokey 定义的 δ - 模糊合作对策及其模糊 Shapley 值，指出 δ - 模糊合作对策不一定满足超可加性，并且其模糊 Shapley 值不唯一存在、不具有明显的实际意义。

其次，针对 Borkotokey 定义的 δ - 模糊合作对策存在的问题，笔者利用模糊数表示模糊支付函数，给出了具有模糊联盟和模糊支付的合作对策的一般模型及其相关概念。由于 Borkotokey 定义的模糊 Shapley 值公理体系只是模糊联盟合作对策的 Shapley 值公理体系（见定义 4.10）的部分推广，笔者重新定义广义模糊合作对策的模糊 Shapley 值，并称之为广义模糊 Shapley 值，指出广义模糊 Shapley 值可适用于经典合作对策、模糊联盟合作对策、模糊支付合作对策。这部分内容体现了本书方法上的创新。

最后，通过 H - 模糊支付合作对策，笔者重新扩展了 Tsurumi 定义的 Choquet 积分模糊对策，定义了广义 Choquet 积分模糊对策，指出该模糊合作对策继承了 Choquet 积分模糊对策的连续性和单调性。为了给出广义 Choquet 积分模糊对策的解，笔者利用 H-Shapley 值构造了广义 Choquet 积分模糊对策的广义模糊 Shapley 值，并证明了该广义模糊 Shapley 值的唯一存在性。在此基础上，笔者提出了基于广义模糊 Shapley 值的虚拟企业收益分配策略。这部分内容是本书的又一创新点。

综上所述，本章的创新之处为：（1）指出了 Borkotokey 定义的模糊合作对策及其模糊 Shapley 值存在的问题，利用模糊数表示模糊支付函数，定义了广义模糊合作对策及其广义模糊 Shapley 值，并指出广义模糊合作对策包括经典合作对策、模糊联盟合作对策、模糊支付合作对策以及具有模糊联盟和模糊支付的合作对策；（2）推广了 Tsurumi 定义的模糊联盟合作对策，以此提出了广义 Choquet 积分模糊对策，给出了广义 Choquet 积分模糊对策的广义模糊 Shapley 值计算式，并证明了广义模糊 Shapley 值的唯一存在性。

第七章

多目标线性生产规划的模糊合作对策
及其分配策略

在经典合作对策中，联盟中的局中人均需完全参与合作，且合作的目标只有一个，但是，现实中的对策问题往往不满足经典合作对策的假设条件，而更多的情况是局中人分别以不同的参与率或参与程度参加多个联盟，并且合作的目标也不止一个。例如，在生产规划问题中，参与合作的生产商可能只投入其所拥有的一部分原材料用于合作生产，并且有多个合作目标，如利润最大化、排放污染物最少等。

合作对策的研究可分为很多方向，其中有两个重要的方面：（1）局中人参与联盟程度模糊化条件下合作对策的求解；（2）具有多个目标的 n – 人合作对策的求解。研究方向（1）即是本书第四章阐述的内容；在研究方向（2）中，也有很多学者做过研究[203 - 208]，但是，所涉及的联盟是清晰的，即不允许局中人以一定的参与率参与联盟。因此，至今还没有学者对多目标 n – 人模糊合作对策展开研究。

本章主要研究具有多目标和模糊联盟的合作对策，即多目标 n – 人模糊合作对策，并结合 Choquet 积分和多目标对策的求解方法，对经典的多目标合作对策进行扩展，以此给出了多目标 n – 人模糊合作对策的收益分配方案。

一 多目标线性生产规划的合作对策

（一）多目标 n – 人合作对策的基本概念

一般意义上的 n – 人合作对策，往往是指单目标的合作对策，其中的

特征函数值 $v(S)$ 表示的是联盟 S 的收益值，取值为一个确定的实数；而在多目标 n – 人合作对策中，联盟 S 的特征函数用一个集合 $V(S)$ 表示，集合中的元素是向量。多目标 n – 人合作对策的相关概念具体介绍如下。

令 n 为给定的正整数，$N = \triangleq \{1,2,\cdots,n\}$ 为局中人的集合，则 N 中的元素 i 称为局中人 i，N 的子集 S 称为联盟。再令 l 为给定的正整数，$K \triangleq \{1,2,\cdots,l\}$ 为所有目标的集合，元素 $k \in K$ 表示对策的第 k 个目标。

对于联盟 $S \subseteq N$，多目标 n – 人合作对策特征函数集合 $V(S)$ 需满足以下两个条件。

（1）$V(S)$ 是 R_+^l 的非空闭子集，其中有

$$R_+^l \triangleq \{x \in R^l \mid x = (x^1, x^2, \cdots, x^l), x^k \geq 0, k = 1, 2, \cdots, l\}$$

（2）令 $y \in V(S)$，若 $x \leq y$，且 $x \in R^l$，则 $x \in V(S)$，其中 $x \leq y$ 当且仅当对于所有的 $k = 1, 2, \cdots, l$，$x_k \leq y_k$。

$V(S)$ 的第一个条件表示的是上有界性，而第二个条件表示的是完备性。对于集合族 $\wp \triangleq \{V(S) \mid S \subseteq N\}$，假设每一个多目标特征向量 $v = (v^1, v^2, \cdots, v^l) \in V(S)$ 均可分配给联盟 S 中的成员，即对于分配向量 $x = (x^1, x^2, \cdots, x^l) \in R^{n \times l}$，$x^k = (x_1^k, x_2^k, \cdots, x_n^k) \in R^n$，$k = 1, 2, \cdots, l$，有 $v^k \geq \sum_{i \in S} x_i^k$，$k = 1, 2, \cdots, l$。我们称 $V(S)$ 为特征集合，而一个多目标 n – 人合作对策可以表示为 $(N, \wp)$。

一般情况下，经典的单目标合作对策 (N, v) 均满足超可加性（Supperadditive），即若 $S, T \subseteq N$，且 $S \cap T = \varnothing$，则有 $v(S) + v(T) \leq v(S \cup T)$。仿照一般意义的超可加性，则可定义多目标 n – 人合作对策的超可加性，即对所有的 $S, T \subseteq N$，若 $S \cap T = \varnothing$，则有

$$V(S) + V(T) \subseteq V(S \cup T) \tag{7.1}$$

其中，$V(S) + V(T) = \{x + y \mid \forall x \in V(S), \forall y \in V(S)\}$。

（二）多目标线性生产规划对策

本小节主要研究生产规划中的多目标 n – 人合作对策问题。一般的多目标生产规划问题可描述如下：令 $N = \{1, 2, \cdots, n\}$ 为决策者（局中人）

的集合，任意决策者 $i \in N$ 拥有的资源量为 $b^i = (b_1^i, b_2^i, \cdots, b_m^i)$，决策者合作生产 p 种产品，联盟 $S \subseteq N$ 拥有 r 种资源的数量是：

$$b_r(S) = \sum b_r^i \qquad (7.2)$$

1 单位的第 j 种产品需要 a_{rj} 单元的第 r 种资源，$j = 1, 2, \cdots, p, r = 1, 2, \cdots, m$，并且相对于第 k 个目标，1 单位的第 j 种产品的价值是 c_{kj}。

此类多目标生产问题是典型的 l – 目标的线性生产规划问题。对于联盟 $S \subseteq N$，l – 目标的线性规划问题可描述为：

$$
\left.
\begin{aligned}
\text{maximize} \quad & z_1(u) = c_{11}u_1 + c_{12}u_2 + \cdots + c_{1p}u_p \\
\text{maximize} \quad & z_2(u) = c_{21}u_1 + c_{22}u_2 \cdots + c_{2p}u_p \\
& \cdots \\
\text{maximize} \quad & z_l(u) = c_{l1}u_1 + c_{12}u_2 + \cdots + c_{lp}u_p \\
\text{subject to} \quad & a_{11}u_1 + a_{12}u_2 + \cdots + a_{1p}u_p \leqslant b_1(S) \\
& a_{21}u_1 + a_{22}u_2 + \cdots + a_{2p}u_p \leqslant b_2(S) \\
& \cdots \\
& a_{m1}u_1 + a_{m2}u_2 + \cdots + a_{mp}u_p \leqslant b_m(S) \\
& u_j \geqslant 0, j = 1, 2, \cdots, p
\end{aligned}
\right\} \qquad (7.3)
$$

等价形式为：

$$
\left.
\begin{aligned}
\text{maximize} \quad & z(u) = Cu \\
\text{subject to} \quad & u \in T_S \triangleq \{u \mid Au \leqslant b(S)\}, u \in R_+^p
\end{aligned}
\right\} \qquad (7.4)
$$

其中 "maximize" 表示向量的最大化，$u = (u_1, u_2, \cdots, u_p)^T$ 是决策变量的向量，其中 u_j 表示产品 j 的产量，C 为 $l \times p$ 维目标函数的系数矩阵，A 为 $m \times p$ 维约束系数矩阵，而 $b(S) = (b_1(S), b_2(S), \cdots, b_m(S))^T$ 为 m 维的常数向量。

若令

$$\hat{T}_S = \{z \in R^l \mid z = Cu, \forall u \in T_S\} \qquad (7.5)$$

并把多目标线性生产规划问题（7.4）的所有 Pareto 最优值的集合表示为 $P_{\max}\hat{T}_S$，则可组成多目标对策 $(N, \wp)$，其中 N 为决策者（局中人）的集

合，而特征集合为

$$V(S) = \{v \mid \exists v' \in P_{\max} \hat{T}_s \text{ 满足 } v \le v'\} \cap R_+^i, \forall S \subseteq N \qquad (7.6)$$

我们称此多目标 n – 人合作对策为多目标线性生产规划对策。

定理 7.1　若多目标线性生产规划对策由问题（7.4）产生，并且对策的特征集合为式（7.6），那么该对策满足超可加性。

证明：可分下面两种情况进行证明。

（1）令 $v(S) \in V(S)$，$v(T) \in V(T)$，且 u_s 和 u_t 为问题（7.4）的可行解，即令 $v(S) = Cu_s$，$v(T) = Cu_t$，其中 C 是问题（7.4）中的 $l \times p$ 维矩阵。则有 $u_s \in T_s$，$u_t \in T_T$，其中 T_s 和 T_T 是问题（7.4）的可行域，即 u_s 和 u_t 分别满足下面的两个不等式：

$$Au_s \le b(S)$$
$$Au_t \le b(T)$$

其中 A 和 $b(S)$ 分别为问题（7.4）的 $m \times p$ 维矩阵和 m 维列向量。因此，可得：

$$Au_s + Au_t \le b(S) + b(T)$$

再由式（7.2）可得

$$A(u_s + u_t) \le b(S \cup T)$$

因而，$u_s + u_t \in T_{S \cup T}$。令 $u_s + u_t = u_{s+t}$，则有：

$$Cu_s + Cu_t = Cu_{s+t}$$
$$v(S) + v(T) = Cu_{s+t}$$

由于 $v(S) + v(T) = Cu_{s+t}$ 等价于 $v(S) + v(T) \in V(S \cup T)$，所以 $v(S) + v(T) \in V(S \cup T)$ 成立。

（2）若 $v'(S) \in V(S)$，$v'(T) \in V(T)$，但是 u_s 和 u_t 不为问题（7.4）的可行解，则存在 $v(S) \in V(S)$，$v(T) \in V(T)$，满足 $v'(S) \le v(S)$，$v'(T) \le v(T)$，并且 u_s 和 u_t 是问题（7.4）的可行解。因此，根据情况（1）中证明的结论可知，$v(S) + v(T) \in V(S \cup T)$。再根据式（7.6），可得 $v'(S) +$

$v'(T) \in V(S \cup T)$。证毕。

为了求解多目标线性生产规划对策，我们可以将多目标对策转化为单目标的对策，以此许多单目标对策的求解方法均可以直接运用。对于任意的联盟 $S \subseteq N$，若 $V(S)$ 只包含一个点，则对策 $(N, \wp)$ 可直接转化为 l 个单目标的合作对策 (N, v^k)，$k = 1, 2, \cdots, l$，即若 $V(S) = v(S) \in R^l$，$v(S) = [v^1(S), v^2(S), \cdots, v^l(S)]$，则多目标对策 $(N, \wp)$ 可转化为单目标对策 (N, v^k)，$k = 1, 2, \cdots, l$，其中 $v^k = \{v^k(S) | S \subseteq N\}$，$S \subseteq N$，$k = 1, 2, \cdots, l$。但是，由于 $V(S)$ 满足条件（1）和（2），往往并不只包含一个点，因此如何从 $V(S)$ 中选取适当的参考点便成了多目标线形生产规划对策向单目标对策转化时的关键问题。

加权系数法是求解多目标线形规划问题中最常用的一种方法。下面我们将此方法用于在 $V(S)$ 中选取参考点。令权重系数为

$$w_S \in W \triangleq \{w \in R^l | w^k > 0, k = 1, 2, \cdots, l, \sum_{k=1}^{l} w^k = 1\}$$

则此问题可表示如下：

$$\begin{cases} \text{maximize} & w_S v \\ \text{subject to} & v \in V(S) \end{cases} \tag{7.7}$$

设 $\hat{v}_S = (\hat{v}_S^1, \hat{v}_S^2, \cdots, \hat{v}_S^l)$ 为问题（7.7）的最优解。

若引入权重系数 $\overline{W} \triangleq \{w_S | \forall S \subseteq N\}$，并令 $v(S) = \hat{v}_S$，$S \subseteq N$，即

$$v^k(S) = \hat{v}_S^k, k = 1, 2, \cdots, l, S \subseteq N \tag{7.8}$$

则多目标 n - 人合作对策则可简化成 l 个单目标合作对策 (N, v^k)，其中 $v^k = \{v^k(S) | S \subseteq N\}$，$k = 1, 2, \cdots, l$。

命题 7.1　对于任意的联盟 $S \subseteq N$，令权重系数 $w_S = w$，且令 $\hat{v}_S = (\hat{v}_S^1, \hat{v}_S^2, \cdots, \hat{v}_S^l)$ 为问题

$$\begin{cases} \text{maximize} & wv \\ \text{subject to} & v \in V(S) \end{cases} \tag{7.9}$$

的最优解。若多目标对策 $(N, \wp)$ 的特征集合 $V(S)$ 满足超可加性，则由多目标对策 $(N, \wp)$ 转化的 l 个单目标合作对策 (N, v^k) 对策均满足超可

加性, $k = 1,2,\cdots,l$。

证明：令任意的联盟 $S,T \subseteq N$，且 $S \cap T = \varnothing$。由题意可知，$V(S) + V(T) \subseteq V(S \cup T)$。令 $Q \triangleq S \cup T$，取任意的 $v(S) \in V(S)$，$v(T) \in V(T)$，则一定存在 $v(Q) \in V(Q)$，且满足 $v(S) + v(T) \leq v(Q)$。因此，有

$$v^k(S) + v^k(T) \leq v^k(S \cup T)$$

证毕。

若令多目标线性生产规划对策由问题（7.4）产生，对策的特征集合 $V(S)$ 为式（7.6），并且令 $\hat{v}_S = (\hat{v}_S^1, \hat{v}_S^2, \cdots, \hat{v}_S^l)$ 为问题（7.7）的最优解，则 l 个单目标合作对策 (N,v^k) 均满足超可加性，其中 $v^k(S) = \hat{v}_S^k$，$v^k \triangleq \{v^k(S) | S \subseteq N\}$，$k = 1,2,\cdots,l$。因此，经过这样的简化处理后，各种单目标对策的求解方法均可用于处理此 l 个单目标合作对策，其中 Shapley 值[17]是最常用的一种解的概念。

定理 7.2 在 l 单目标合作对策 (N,v^k) 中，$k = 1,2,\cdots,l$，存在唯一的函数 $g^k:v \to R^n$，即

$$g_i^k(v^k)(N) = \sum_{i \in S \subseteq N} \pi_S [v^k(S) - v^k(S - \{i\})], \forall i \in N \quad (7.10)$$

满足以下公理。

公理 1（有效性）$\sum_{i \in N} g_i^k(v^k) = v^k(N)$。

公理 2（对称性）若局中人 $i,j \in N$，对于任意联盟 $S \subseteq N - \{i,j\}$，总有 $v^k(S \cup \{i\}) = v^k(S \cup \{j\})$，则 $g_i^k(v^k) = g_j^k(v^k)$。

公理 3（哑元性）若对于所有包含 i 的子集 S 都有 $v^k(S) = v^k(S - \{i\})$，则 $g_i^k(v^k) = 0$。

公理 4（可加性）对于任意两个合作对策 (N,v_1^k) 和 (N,v_2^k)，若存在一个合作对策 $(N,v_1^k + v_2^k)$，对于任意联盟 $S \subseteq N$，总有 $(v_1^k + v_2^k)(S) = v_1^k(S) + v_2^k(S)$，则 $g_i^k(v_1^k + v_2^k) = g_i^k(v_1^k) + g_i^k(v_2^k)$，$i \in N$。

则称 $g = ((g_1^1, g_2^1, \cdots, g_n^1), (g_1^2, g_2^2, \cdots, g_n^2), \cdots, (g_1^l, g_2^l, \cdots, g_n^l))$ 为 l 单目标合作对策 (N,v^k) 的 Shapley 值。式（7.10）中 $\pi_S = (n - s)!(s - 1)!/n!$ 为局中人不同联盟组合的概率，s 为联盟 S 中的人数。

二 多目标线性生产规划的模糊联盟对策

所谓模糊联盟对策，即允许局中人以一定的参与率参与联盟，局中人不再限定为"参加"或"不参加"联盟，而是可以任意选择参与合作的程度。若令 $N = \{1,2,\cdots,n\}$ 为全体局中人集合，N 的全部模糊子集组成的集合为 $\mathcal{F}(N)$，则 $\mathcal{F}(N)$ 中的任意元素 U 为模糊联盟，即：$U:N\rightarrow[0,1]$，其 $U(i)$ 是模糊联盟 U 的隶属度函数，即 $U(i)\rightarrow[0,1]$，$i\in \mathrm{Supp}(U)$，$\mathrm{Supp}(U) = \{i\in N\mid U(i)>0\}$。单目标的模糊联盟对策的特征函数 $v(U)$ 表示模糊联盟 U 的期望收益，v 是 $\mathcal{F}(N)$ 到实数集 R_+ 的一个映射，即 $v:\mathcal{F}(N)\rightarrow R_+$，且满足 $v(\varnothing) = 0$。

仿照单目标模糊联盟对策的特征函数的定义方法，可定义多目标线性生产规划的联盟对策的特征函数值。通过权重系数法，若将多目标线性生产规划的清晰联盟对策转化为 l 个单目标对策 (N, v^k)，$k = 1,2,\cdots,l$，则可如下定义多目标线性生产规划的模糊联盟对策的特征函数值。

定义 7.1 给定 $U\in \mathcal{F}(N)$，令 $Q(U) = \{U(i)\mid U(i)>0, i\in N\}$，$q(U)$ 为 $Q(U)$ 中元素的个数，将 $Q(U)$ 中的元素按非减序列排列为 $h_1 \leqslant h_2 \leqslant \cdots \leqslant h_{q(U)}$，则多目标线性生产规划的模糊联盟对策的特征向量 γ 是模糊联盟 $\mathcal{F}$ 到 R_+^l 的一个映射，具有形式

$$\gamma(S) = \sum_{j=1}^{q(U)} v([U]_{h_j})(h_j - h_{j-1}) \tag{7.11}$$

式中：$h_0 = 0$；$[U]_{h_i} = \{i\in N\mid U(i)\geqslant h_j\}$ 为参与程度 $U(i)\geqslant h_j$ 的所有局中人组成的清晰联盟；$v([U]_{h_i}) = (v^1([U]_{h_i}), v^2([U]_{h_i}), \cdots, v^l([U]_{h_i}))$ 为问题（7.9）中由参与程度 $U(i)\geqslant h_j$ 的所有局中人组成的清晰联盟的所对应的最优解，即 $v([U]_{h_i})$ 为

$$\begin{cases} \text{maximize} & wv \\ \text{subject to} & v\in V([U]_{h_i}) \end{cases} \tag{7.12}$$

的最优解，其中 w 为给定的目标权系数向量。

很明显，式（7.11）是一个从 S 到 $\gamma(S)$ 的 Choquet 积分函数。若令

$\aleph \triangleq \{\gamma(U) \mid U \in \mathcal{F}(N)\}$，则多目标线性生产规划的模糊联盟对策可表示为 $(N, \aleph)$。

对于模糊联盟 U，$H \in L(N)$，本书采取如下的并、交运算：

$$(U \cup H)(i) = \max\{U(i), H(i)\} \qquad \forall i \in N$$
$$(U \cap H)(i) = \min\{U(i), H(i)\} \qquad \forall i \in N$$

命题 7.2　在多目标线性生产规划的模糊联盟对策 $(N, \aleph)$ 上，特征向量 γ 具有性质：

（1）$\gamma(\varnothing) = 0$；

（2）对于 $U, H \in L(N)$ 且 $[U]_\alpha \cap [H]_\alpha = \varnothing$，$\alpha \in (0, 1]$，则有 $\gamma(U) + \gamma(H) \leqslant \gamma(U \cup H)$。

证明：已知 $[U]_\alpha$ 表示参与程度 $U(i) \geqslant \alpha$ 的局中人组成的清晰联盟，因此根据命题 7.2，若联盟 $[U]_\alpha$，$[H]_\alpha \subseteq N$，且满足 $[U]_\alpha \cap [H]_\alpha = \varnothing$，则有 $v^k([U]_\alpha) + v^k([H]_\alpha) \leqslant v^k([U]_\alpha \cup [H]_\alpha)$，其中 $k = 1, 2, \cdots, l$。故有：

$$\gamma(\varnothing) = \sum_{j=1}^{q(S)} v([\varnothing]_{h_j})(h_j - h_{j-1}) = 0$$

$$\begin{aligned}
\gamma(U) + \gamma(H) &= \sum_{j=1}^{q(S)} v([U]_{h_j})(h_j - h_{j-1}) + \sum_{j=1}^{q(S)} v([H]_{h_j})(h_j - h_{j-1}) \\
&= \sum_{j=1}^{q(S)} \{v([U]_{h_j}) + v([H]_{h_j})\}(h_j - h_{j-1}) \\
&\leqslant \sum_{j=1}^{q(S)} v([U \cup H]_{h_j})(h_j - h_{j-1}) \\
&= \gamma(U \cup H)
\end{aligned}$$

证毕。

可以看出，对策 $(N, \aleph)$ 可看成 l 个超可加的单目标模糊联盟对策 (N, γ^k)，其中 $\gamma^k = \{\gamma^k(U) \mid U \in L(N)\}$，$k = 1, 2, \cdots, l$。而对于超可加的单目标模糊联盟对策 (N, γ^k)，$k = 1, 2, \cdots, l$，Tsurumi 等[56]给出了模糊 Shapley 值的求解方法，此方法能保证分配函数相对于模糊联盟的连续性和单调性，是一种相对比较好的方法。因此，对策 $(N, \aleph)$ 的求解，我们仍将采用模糊 Shapley 值法。但是，有所不同的是，这里需要求解的是 l 单目标模糊联盟的对策 (N, γ^k)，$k = 1, 2, \cdots, l$。令 $U \in L(N)$，$H \subseteq U$，首先定义如下符号：

$$H_{ij}^U(k) = \begin{cases} \min\{H(i), U(j)\}, & k=i \\ \min\{H(j), U(i)\}, & k=j \\ H(k), & \text{其他} \end{cases} \quad p_{ij}[H](k) = \begin{cases} H(j), & k=i \\ H(i), & k=j \\ H(k), & \text{其他} \end{cases}$$

定义 7.2 对于 l 单目标模糊联盟的对策 (N, γ^k)，$k=1,2,\cdots,l$，$U \in \mathcal{F}(N)$，模糊 Shapley 函数 $f^k : \gamma \to R_+^n$ 应该满足如下几个公理。

公理 F1 $\sum_{i \in supp(U)} f_i^k(\gamma)(U) = \gamma^k(U)$。

公理 F2 若 $\gamma^k(U_{ij}^U \cap H) = \gamma^k(H)$，$\forall H \subseteq U$，且 $\gamma^k(L) = \gamma^k(p_{ij}[L])$，$\forall L \subseteq U_{ij}^U$，则 $f_i^k(\gamma^k)(U) = f_j^k(\gamma^k)(U)$。

公理 F3 若 $\gamma^k(U \cap H) = \gamma^k(H)$，$\forall K \subseteq U$，则 $f_i^k(v^k)(U) = f_i^k(v^k)(H)$，$\forall i \in N$。

公理 F4 对于任意两个合作对策 (N, γ_1^k) 和 (N, γ_2^k)，若存在一个合作对策 $(N, \gamma_1^k + \gamma_2^k)$，对于任意联盟 $H \in L(N)$，总有 $(\gamma_1^k + \gamma_2^k)(H) = \gamma_1^k(H) + \gamma_2^k(H)$，则 $f_i^k(v_1^k + v_2^k)(U) = f_i^k(v_1^k)(U) + f_i^k(v_2^k)(U)$，$\forall i \in N$。

定理 7.3 给定联盟 $U \in L(N)$，令 $Q(U) = \{U(i) | U(i) > 0, i \in N\}$，$q(U)$ 为 $Q(U)$ 中元素的个数，将 $Q(U)$ 中的元素按照非减顺序排列为 $h_1 \leq h_2 \leq \cdots \leq h_{q(U)}$，则存在满足定义 7.2 中四条公理的模糊 Shapley 值函数 $f = (f^1, f^2, \cdots, f^l) : \gamma \to R^{n \times l}$，即

$$f^k(\gamma^k) = \sum_{j=1}^{q(S)} g^k(v^k)([U]_{h_j})(h_j - h_{j-1}), \tag{7.13}$$

式中：$h_0 = 0$；$j = 1, 2, \cdots, q(U)$；$[U]_{h_i} = \{i \in N | U(i) \geq h_j\}$ 表示参与联盟程度 $U(i) \geq h_j$ 的所有局中人组成的清晰联盟，$g^k(v^k)([U]_{h_i})$ 为参与程度 $U(i) \geq h_j$ 的所有局中人组成的清晰联盟 l 单目标合作对策的 Shapley 值，即式 (7.10)。

证明：给定任意目标 k，$1 \leq k \leq l$，Tsurumi 在文献[56]中已证明了单目标模糊联盟对策 (N, v^k) 的模糊 Shapley 函数为：$f_i^k(\gamma^k) = \sum_{j=1}^{q(U)} g_i^k(v^k)([U]_{hi})(h_j - h_{j-1})$，$i \in N$。

若令 $f^k = (f_1^k, f_2^k, \cdots, f_n^k)$，$k = 1, 2, \cdots, l$，则第 k 个目标的 Shapley 值即为 f^k。由 k 的任意性可知：l 单目标模糊联盟的对策 (N, γ^k) 的模糊 Shapley 函数即为 $f = (f^1, f^2, \cdots, f^l)$。证毕。

三　多目标线性生产规划对策的收益分配策略

假设现有三位决策者（局中人）$N = \{1, 2, 3\}$ 计划合作生产两种商品 P_1 和 P_2。每个决策者最初都拥有一定数量的三种资源 R_1，R_2 和 R_3。在制订生产计划时，三位决策者考虑下述两个目标：

首先，希望总利润尽可能大；

其次，生产中污染物的排放量尽量小。

最初每个局中人所拥有的资源量 b^i（$i = 1, 2, 3$）如表 7.1 所示；目标函数系数和生产污染物的代价 c_{kj}（$k, j = 1, 2$）如表 7.2 如示；技术参数 a_{rj}（$r = 1, 2, 3$，$j = 1, 2$）如表 7.3 所示。

表 7.1　初始资源量

单位：吨

资源	局中人			大联盟 N
	1	2	3	
R_1	139	181	110	$b_1(N) = 430$
R_2	140	87	183	$b_2(N) = 410$
R_3	130	225	215	$b_3(N) = 570$

表 7.2　目标函数系数

目标	产品		单位
	P_1	P_2	
价格	2.5	5	万元
污染物	3	2	吨

表 7.3　技术系数

单位：吨

资源	产品	
	P_1	P_2
R_1	2	9
R_2	6	4
R_3	8	9

首先，以上的两个目标的线性生产规划问题的联盟是清晰的，即假设三个局中人完全参加合作，此时可建立如下的线性生产规划模型：

$$
\left.
\begin{aligned}
\text{maximize} \quad & z_1(u) = 2.5u_1 + 5u_2 \\
\text{maximize} \quad & z_2(u) = 3u_1 + 2u_2 \\
\text{subject to} \quad & 2u_1 + 9u_2 \leqslant 430 \\
& 6u_1 + 4u_2 \leqslant 410 \\
& 8u_1 + 9u_2 \leqslant 570 \\
& u_1, u_2 \geqslant 0
\end{aligned}
\right\}
\tag{7.14}
$$

其中，u_1、u_2 分别为产品 P_1 和 P_2 的生产数量；$z_1(u)$、$z_2(u)$ 是目标函数，分别代表利润和污染物排放。

其次，由式（7.6）可计算此多目标线性生产规划对策（$N, \wp$）的特征集合如下：

$$V(\{1,2,3\}) = \{v \in R_+^2 \mid v_1 \leqslant 271.3, v_2 \leqslant 205, 11v_1 + 17.5v_2 \leqslant 5700\}$$

$$V(\{1,2\}) = \{v \in R_+^2 \mid v_1 \leqslant 185.9, v_2 \leqslant 113.5, 11v_1 + 17.5v_2 \leqslant 3550\}$$

$$V(\{1,3\}) = \{v \in R_+^2 \mid v_1 \leqslant 160.6, v_2 \leqslant 161.5, 11v_1 + 17.5v_2 \leqslant 3450\}$$

$$V(\{2,3\}) = \{v \in R_+^2 \mid v_1 \leqslant 196.2, v_2 \leqslant 135, 11v_1 + 17.5v_2 \leqslant 4400\}$$

$$V(\{1\}) = \{v \in R_+^2 \mid v_1 \leqslant 75.1, v_2 \leqslant 70, 11v_1 + 17.5v_2 \leqslant 1300\}$$

$$V(\{2\}) = \{v \in R_+^2 \mid v_1 \leqslant 110.7, v_2 \leqslant 43.5\}$$

$$V(\{3\}) = \{v \in R_+^2 \mid v_1 \leqslant 85.4, v_2 \leqslant 91.5, 11v_1 + 17.5v_2 \leqslant 2150\}$$

然后，根据式（7.9），分别取权重系数 $w_1 = (0.5, 0.5)$，$w_2 = (0.25, 0.75)$，使两目标线性生产规划对策（$N, \wp$）转化为两个单目标的多人合作对策（N, v^1）和（N, v^2），结果如表 7.4 所示；运用 Shapley 值法，可计算这两个单目标的多人合作对策（N, v^1）和（N, v^2）的分配策略，把表 7.4 中的数据依次代入公式（7.10）可得以下内容。

（1）当 $w_1 = (0.5, 0.5)$ 时，Shapley 值为：

$$g = ((g_1^1, g_2^1, g_3^1), (g_1^2, g_2^2, g_3^2)) = ((75.1, 110.8, 85.4), (29.7, 53.8, 71.7)) \tag{7.15}$$

（2）当 $w_2 = (0.25, 0.75)$ 时，Shapley 值为：

$$g = ((g_1^1, g_2^1, g_3^1), (g_1^2, g_2^2, g_3^2)) = ((10.8, 127.1, 54.2), (70, 43.5, 91.5)) \quad (7.16)$$

表 7.4 单目标多人合作对策不同权重下的特征值

联盟结构	$w_1 = (0.5, 0.5)$		$w_2 = (0.25, 0.75)$	
	(N, v^1)	(N, v^2)	(N, v^1)	(N, v^2)
$\{1,2,3\}$	271.3	155.2	192.1	205
$\{1,2\}$	185.9	86	142.2	113.5
$\{1,3\}$	160.6	96.2	56.7	161.5
$\{2,3\}$	196.2	128.1	185.3	135
$\{1\}$	75.1	27.1	6.8	70
$\{2\}$	110.7	43.5	110.7	43.5
$\{3\}$	85.4	69.2	49.9	91.5

假若在合作生产期间，局中人 1 由于某种原因已不能提供原计划数量的生产资料。但是局中人 1 现已提供了原计划生产资料的一半，此时三人合作生产后该如何分配利润？

此问题正是本书所讨论的模糊联盟问题，因此，我们可根据公式（7.11），计算模糊联盟的特征函数值。

（1）当 $w_1 = (0.5, 0.5)$ 时，有：

$$\gamma^1(U) = 0.5v^1(N) + 0.5v^1(\{2,3\}) = 0.5(271.3 + 196.2) = 233.75$$
$$\gamma^2(U) = 0.5v^2(N) + 0.5v^2(\{2,3\}) = 0.5(155.2 + 128.1) = 141.65$$

（2）当 $w_2 = (0.25, 0.75)$ 时，有：

$$\gamma^1(U) = 0.5v^1(N) + 0.5v^1(\{2,3\}) = 0.5(192.1 + 185.3) = 188.7$$
$$\gamma^2(U) = 0.5v^2(N) + 0.5v^2(\{2,3\}) = 0.5(205 + 135) = 170$$

同理，可依次计算其他联盟形式下，模糊联盟的特征函数值，这里不一一列举。最后，可根据公式（7.13），计算模糊模糊 Shapley 值，并提供合理的分配方案如下。

（1）当 $w_1 = (0.5, 0.5)$ 时，有

$$f^1(\gamma^1) = 0.5g^1(v^1)(\{2,3\}) + 0.5g^1(v^1)(N)$$
$$= 0.5(0, 110.7, 85.5) + 0.5(75.1, 110.8, 85.4)$$
$$= (37.55, 110.75, 85.45)$$

同理，有

$$f^2(\gamma^2) = 0.5g^2(v^2)(\{2,3\}) + 0.5g^2(v^2)(N)$$
$$= (14.85, 52.5, 74.3)$$

因此，模糊 Shapley 值为

$$f = ((37.55, 110.75, 85.45), (14.85, 52.5, 74.3)) \qquad (7.17)$$

（2）当 $w_2 = (0.25, 0.75)$ 时，有：

$$f^1(\gamma^1) = 0.5g^1(v^1)(\{2,3\}) + 0.5g^1(v^1)(N) = (5.4, 125.075, 58.225)$$
$$f^2(\gamma^2) = 0.5g^2(v^2)(\{2,3\}) + 0.5g^2(v^2)(N) = (35, 43.5, 91.5)$$

因此，模糊 Shapley 值为

$$f = ((5.4, 125.075, 58.225), (35, 43.5, 91.5)) \qquad (7.18)$$

综合以上分析，我们可得出不同目标权重系数下的利润分配策略，分别如下。

（1）当 $w_1 = (0.5, 0.5)$ 时，由式（7.15）和式（7.17）可知：

若局中人 1、2 和 3 完全提供其原材料合作生产商品 P_1 和 P_2 时，分配分别为 75.1 万元、110.8 万元和 85.4 万元；若局中人 2、3 不改变合作策略，即仍提供全部原材料用于合作，而局中人 1 只提供一半原计划量的原材料时，局中人 1、2 和 3 的分配分别为 37.55 万元、110.75 万元和 85.45 万元。

（2）当 $w_2 = (0.25, 0.75)$ 时，由式（7.16）和式（7.18）可知：

若局中人 1、2 和 3 完全提供其原材料合作生产商品 P_1 和 P_2 时，分配分别为 10.8 万元、127.1 万元和 54.2 万元；若局中人 2、3 不改变合作策略，即仍提供全部原材料用于合作，而局中人 1 只提供一半原材料时，局中人 1、2 和 3 的分配分别为 5.4 万元、125.075 万元和 58.225 万元。

总之，从以上结果可以看出，局中人 2 和 3 的利润分配基本上没受局中人 1 的中途退出影响。但是两种不同目标权重系数下，局中人 1 利润分配变化很大。因此，当"总利润最大化"和"减小污染物排放"两目标同等重要的情况下，三个局中人可以考虑一起合作生产产品 P_1 和 P_2；当"减小污染物排放"目标的权重高于"总利润最大化"的目标时，局中人 1 就没有合作的必要了，但是局中人 1 的中途退出对局中人 2 和 3 的利润影响不大。

四　小结

在经典合作对策中，局中人完全参与到联盟当中，且合作的目标是唯一的，但是，在现实中的对策问题原型往往不符合上述的理想情况，现实中更多的情况是局中人分别以不同的参与率或参与程度参加多个联盟，并且合作的目标不仅仅是一个。例如，在生产规划问题中，参与合作的生产商可能只投入其所拥有的一部分资料用于合作生产，并且合作的目标也不仅仅是利润最大化，可能还要包括排放污染物最少等。

对于合作对策的研究，现有文献的研究重点主要集中在以下两个方面：（1）局中人参与联盟程度模糊化条件下合作对策的求解；（2）具有多个目标的 n – 人合作对策的求解。

针对多目标线性生产规划问题，本章提出了多目标线性生产规划的模糊联盟对策的模型，并给出了多目标对策化为 l 个单目标对策的权重分析法。结合 Choquet 积分的单调性和连续性，提出了求解多目标模糊联盟对策的方法。最后，结合多目标线性生产规划问题，给出了不同权重系数下局中人合作的收益分配方法。该方法可为决策者提供不同目标权重下的分配策略，是决策者制订合作计划的依据。

参考文献

[1] Von Neumann, J., Morgenstern, O. Theory of Games and Economic Behavior [M]. Princeton: Princeton University Press, 1944.

[2] Owen, G. Game Theory [M]. Academic Press, 1982.

[3] Tijs, S. Introduction to Game Theory [M]. New Delhi: Hindustan Book Agency, 2003.

[4] Nash, J. F. Equilibrium Points in N – Person Games [C]. Proceedings of the National Academy of Sciences of the United States of America, 1950, 36: 48 – 49.

[5] Nash, J. F. Non-cooperative Games [J]. Annals of Mathematics, 1951, 54 (2): 286 – 295.

[6] Nash, J. F. The Bargaining Problem [J]. Econometrica, 1950, 18 (2): 155 – 162.

[7] Nash, J. F. Two Person Cooperative Games [J]. Econometrica, 1953, 21 (7): 128 – 140.

[8] Tucker, A. W. A Two-Person Dilemma [R]. California: Stanford University, 1950.

[9] Selten, R. Re-examination of the Perfectness Concept for Equilibrium Points in Extensive Game [J]. International Journal of Game Theory, 1975, 4: 25 – 55.

[10] Harsanyi, J. C. Games with Incomplete Information Played by Bayesian Players, Parts I, II and III [J]. Management Science, 1967 – 1968, 14: 159 – 182, 320 – 334, 486 – 502.

［11］ Shapley, L. S. A Value for N-person Games ［M］. In: Kuhn, H. W, Tuck-er, A. W. (eds.) Contributions to the Theory of Games, II (Annals of Mathematics Studies No. 28). Princeton: Princeton University Press, 1953: 307 - 317.

［12］ Roth, A. E. (ed.). The Shapley Value: Essays in Honor of Lloyd S. Shap-ley ［M］. Cambridge: Cambridge University Press, 1988.

［13］ Gillies, D. B. Some Theorems on N-person Games ［D］. Princeton: Princeton University, 1953.

［14］ Aumann, R. J. Acceptable Points in General Cooperative N-person Games ［M］. In: Contributions to the Theory of Games, Volume IV (Tuker, A. W. and Luce, R. D. eds.). Princeton: Princeton University Press, 1959: 287 - 324.

［15］ Aumann, R. J., Peleg, B. Von Neumann-Morgenstern Solutions to Cooperative Games without Side Payments ［J］. Bulletin of American Mathematical Society, 1960, 66 (3): 173 - 179.

［16］ Aumann, R. J. Markets with a Continuum of Traders ［J］. Ecomometrica, 1964, 32 (1 - 2): 39 - 50.

［17］ Aumann, R. J., Shapley, L. S. Values of Non-atomic Games, Part I: The Axiomatic Approach ［R］. Santa Monica: Rand Corp., 1968.

［18］ Aumann, R. J., Shapley, L. S. Values of Non-atomic Games, Part II: The Random Order Approach ［R］. Santa Monica: Rand Corp., 1969.

［19］ Aumann, R. J., Shapley, L. S. Values of Non-atomic Games, Part III: Values and Derivatives ［R］. Santa Monica: Rand Corp., 1970.

［20］ Aumann, R. J., Shapley, L. S. Values of Non-atomic Games, Part IV: The Value and the Core ［R］. Santa Monica: Rand Corp., 1970.

［21］ Aumann, R. J., Shapley, L. S. Values of Non-atomic Games, Part V: Monetary Economics ［R］ Santa Monica: Rand Corp., 1970.

［22］ Aumann, R. J., Shapley, L. S. Values of Non-atomic Games ［M］. Princeton: Princeton University Press, 1974.

[23] Aumann, R. J. , Hart, S. Handbook of Game Theory with Economic Applications [M]. New York: Elsevier Science Publishers, 1992, 1994 and 2002.

[24] Schelling, T. C. The Strategy of Conflict [M]. MA, Cambridge: Harvard University Press, 1960.

[25] Schelling, T. C. Arms and Influence [M]. New Haven: Yale University Press, 1966.

[26] Schelling, T. C. Micromotives and Macrobehavior [M]. MA, Cambridge: Harvard University Press, 1978.

[27] Isaacs, R. Differential Games [R]. Santa Monica: Rand Corp. , 1954.

[28] Friedman, A. Different Games [M]. Chichester: Wiley-Interscience, 1972.

[29] Smith, M. J. Game Theory and the Evolution of Fighting [M]. Edinburgh: Edinburgh University Press, 1972: 8 – 28.

[30] Owen, G. Multilinear Extensions of Games [J]. Management Sciences, 1972, 18 (5): 64 – 79.

[31] Aubin, J. P. Coeur et Valeur des Jeux Flous à Paiements Latéraux [C]. Comptes Rendus Hebdomadaires des Séances de 1' Académie des Sciences, 1974, (279 – A): 891 – 894.

[32] Aubin, J. P. Cooperative Fuzzy Games [J]. Mathematical Operation Research, 1981, 6 (1): 1 – 13.

[33] Aubin, J. P. Mathematical Methods of Game and Economic Theory (revised edition) [M]. Amsterdam: North-Holland, 1982.

[34] Aubin, J. P. Cooperative Fuzzy Games: The Static and Dynamic Points of View [J]. Studies in Management Sciences, 1984, 20: 407 – 428.

[35] Butnariu, D. Fuzzy Games: A Description of the Concept [J]. Fuzzy Sets and Systems, 1978, 1 (3): 181 – 192.

[36] Butnariu, D. Solution Concepts for N-persons Fuzzy Games [M]. In: Advances in Fuzzy Set Theory and Applications. North-Holland, Amsterdam, 1979: 339 – 359.

［37］ Butnariu, D. Stability and Shapley Value for An N-person Fuzzy Games [J]. Fuzzy Sets and Systems, 1980, 4 (1): 63 – 72.

［38］ Butnariu, D. , Kroupa, T. Shapley Mapping and the Cumulative Value for N-person Games with Fuzzy Coalition [J]. European Journal of Operational Research, 2008, 186 (1): 288 – 299.

［39］ Butnariu, D. , Klement, E. P. Triangular Norm-based Measures and Games with Fuzzy Coalitions [M]. Dordrecht: Kluwer Academic Publishers, 1993.

［40］ Butnariu, D. , Klement, E. P. Core, Value and Equilibria for Market Games: On a Problem of Aumann and Shapley [J] . International Journal of Game Theory, 1996: 149 – 160.

［41］ Mertens, J. F. Values and Derivatives [J]. Mathematics of Operations Research, 1980, 5 (4): 523 – 552.

［42］ Mertens, J. F. The Shapely Value in the Non-differentiable Case [J]. International Journal of Game Theory, 1988, 17 (1): 1 – 65.

［43］ Sakawa, M. , Nishizaki, I. A Solution Concept Based on Fuzzy Decision in N-person Cooperative Game [C]. Sin-gapore: World Scientific Publishing, Cybernetics and Systems Research'92, 1992: 423 – 430.

［44］ Sakawa, M. , Nishizaki, I. A Lexicographical Concept in an N-person Cooperative Fuzzy Game [J]. Fuzzy Sets and Systems, 1994, 61 (3): 265 – 275.

［45］ Nishizaki, I. , Sakawa, M. Fuzzy Cooperative Games Arising from Linear Production Programming Problem with Fuzzy Parameters [J]. Fuzzy Sets and Systems, 2000, 114 (1): 11 – 21.

［46］ Nishizaki, I. , Sakawa, M. Fuzzy and Multiobjective Games for Conflict Resolution [M]. Heidelberg: Physica-Verlag, 2001.

［47］ Mareš, M. Coalition Forming Motivated by Vague Profits [C]. Proceedings of the Transactions, Mathematical Methods in Economy, Ostrava, 1995: 114 – 119.

［48］ Mareš, M. Fuzzy Coalition Forming [C]. Proceedings of 7th IFSA World

Congress, Prague, 1997, 3: 70 – 73.

[49] Mareš, M. Fuzzy Shapley Value [C]. Proceedings of Transactions of IP-MU 2000, Madrid, 2000, 3: 1368 – 1372.

[50] Mareš, M. Fuzzy Coalition Structures [J]. Fuzzy Set and Systems, 2000, 114 (1): 23 – 33.

[51] Mareš, M. Fuzzy Cooperative Games: Cooperation with Vague Expectations [M]. Physica-Verlag, New York, 2001.

[52] Molina, E., Tejada, J. The Equalizer and Lexicographical Solutions for Cooperative Fuzzy Games: Characterization and Properties [J]. Fuzzy Sets and Systems, 2002, 125 (3): 369 – 387.

[53] Branzei, R., Dimitrov, D., Tijs, S. Convex Fuzzy Games and Participation Monotonic Allocation Schemes [J]. Fuzzy Set and Systems, 2003, 139 (2): 267 – 281.

[54] Branzei, R., Dimitrov, D., Tijs, S. Hypercubes and Compromise Values for Cooperative Fuzzy Games [J]. European Journal of Operational Research, 2004, 155 (3): 733 – 740.

[55] 陈雯. 基于模糊合作对策的动态联盟伙伴企业收益分配策略研究 [D]. 北京: 北京理工大学, 2007.

[56] Tsurumi, M., Tanino, T., Inuiguchi, M. A Shapley Function on a Class of Cooperative Fuzzy Games [J]. European Journal of Operational Research, 2001, 129 (3): 596 – 618.

[57] Li, S., Zhang, Q. A Simplified Expression of the Shapley Function for Fuzzy Game [J]. European Journal of Operational Research, 2009, 196 (1): 234 – 245.

[58] Huang, Y.-A., Liao, Y.-H. The Consistent Value of Fuzzy Games [J]. Fuzzy Set and Systems, 2009, 160 (5): 644 – 656.

[59] 陈雯, 张强. 模糊合作对策的 Shapley 值 [J]. 管理科学学报, 2006, 9 (5): 50 – 55.

[60] 黄礼健, 吴祈宗, 张强. 具有模糊联盟值的 n 人合作博弈的模糊

Shapley 值 [J]. 北京理工大学学报, 2007, 27 (8): 740 – 744.

[61] 黄礼健. 具有模糊联盟值的合作博弈研究 [D]. 北京: 北京理工大学, 2007.

[62] Tijs, S., Branzei, R., Ishihara, S., Muto, S. On Cores and Stable Sets for Fuzzy Games [J]. Fuzzy Sets and Systems, 2004, 146 (2): 285 – 296.

[63] Azrieli, Y., Lehrer, E. On Some Families of Cooperative Fuzzy Games [J]. International Journal of Game Theory, 2007, 36 (1): 1 – 15.

[64] Hwang, Y. -A. Fuzzy Games: A Characterization of the Core [J]. Fuzzy Sets and Systems, 2007, 158 (22): 2480 – 2493.

[65] Hwang, Y. -A., Liao, Y. -H. Max-consistency, Complement-consistency and the Core of Fuzzy Games [J]. Fuzzy Sets and Systems, 2008, 159 (2): 152 – 163.

[66] Butnariu, D., Kroupa, T. Enlarged Cores and Bargaining Schemes in Games with Fuzzy Coalitions [J]. Fuzzy Sets and Systems, 2009, 160 (5): 635 – 643.

[67] 高作峰, 徐东方, 鄂成国, 等. 重复模糊合作对策的核心和稳定集 [J]. 运筹与管理, 2006, 15 (4): 68 – 72.

[68] Borkotokey, S. Cooperative Games with Fuzzy Coalitions and Fuzzy Characteristic Functions [J]. Fuzzy Sets and Systems, 2008, 159 (2): 138 – 151.

[69] 陈剑, 冯蔚东. 虚拟组织构建与管理 [M]. 北京: 清华大学出版社, 2002.

[70] Dubois, D., Prade, H. Fuzzy Sets and Systems: Theory and Applications [M]. New York: Academic Press, 1980.

[71] Dubois, D., Prade, H. Ranking of Fuzzy Numbers in the Setting of Possibility Theory [J]. Information Sciences, 1983, 30 (3): 183 – 224.

[72] 李荣钧. 模糊多准则决策理论与应用 [M]. 北京: 科学出版社, 2002.

［73］ Robinson, L. A Comment on Gerchak and Guptas "On Apportioning Costs to Customers in Centralized Continuous Review Systems" ［J］. Journal of Operations Management, 1993, 11: 99 – 102.

［74］ Gerchak, Y. , Gupta, D. On Apportioning Costs to Customers in Centralized Continuous Review Systems ［J］. Journal of Operations Management, 1991, 10 (4): 546 – 551.

［75］ Hartman, B. C. , Dror M. Cost Allocation in Continuous Review Inventory Models ［J］. Naval Research Logistics, 1996, 43 (4): 549 – 561.

［76］ Raghunathan, S. Impact of Demand Correlation in the Value of and Incentives for Information Sharing in a Supply Chain ［J］. European Journal of Operational Research, 2003, 146 (3): 634 – 649.

［77］ Grano, D. , Sošić, G. A Three Stage Model for a Decentralized Distribution System of Retailers ［J］. Operations Research, 2003, 51 (5): 771 – 784.

［78］ Reinhardt, G. , Dada, M. Allocating the Gains from Resource Pooling with the Shapley Value ［J］. Journal of the Operational Research Society, 2005, 56 (8): 997 – 1000.

［79］ Kemahhoğlu Ziya, E. Formal Methods of Value Sharing in Supply Chains ［D］. Atlanta: School of Industries and Systems Engineering, Georgia Institute of Technology, 2004.

［80］ Leng, M. , Parlar, M. Allocation of Cost Savings in a Three Level Supply Chain with Demand Information Sharing: A Cooperative-game Approach ［R］. Working Paper, McMaster University, Hamilton, 2009.

［81］ 叶飞, 郭东风, 孙东川. 虚拟企业成员之间利益分配方法研究 ［J］. 统计与决策, 2000, (7): 11 – 12.

［82］ 戴建华, 薛恒新. 基于 Shapley 值法的动态联盟伙伴企业利益分配策略 ［J］. 中国管理科学, 2004, 12 (4): 33 – 36.

［83］ 叶飞. 基于合作对策的供应链协作利益分配方法研究 ［J］. 计算机集成制造系统, 2004, 10 (12): 4250 – 4257.

［84］马士华，王鹏．基于 Shapley 值法的供应链伙伴间收益分配机制 ［J］．工业工程管理，2006，(4)：34－36，49.

［85］刘浪，唐海军，陈仲君．Shapley 值在动态联盟利益分配博弈分析中 的应用 ［J］．工业工程，2006，9 (6)：118－121.

［86］吴辉球．企业动态联盟利润分配模型及其应用 ［J］．长春工业大学学 报 (自然科学版)，2006，27 (1)：78－81.

［87］林琳．基于企业动态联盟的审货模型及利益分配问题研究 ［D］．沈 阳：东北大学，2006.

［88］刘卫华，赵潘．基于 Shapley 值法的供应链联盟企业利益分配问题研 究 ［J］．安徽农业科学，2007，35 (26)：8361－8362.

［89］沙亚军．供应链上合作博弈解研究 ［D］．济南：山东大学，2007.

［90］张润红，罗荣桂．基于 Shapley 值法的共同配送利益分配研究 ［J］． 武汉理工大学学报，2008，30 (1)：150－153.

［91］孙世民，张吉国，王继永．基于 Shapley 值法和理想点原理的优质猪 肉供应链合作伙伴利益分配研究 ［J］．运筹与管理，2008，17 (6)： 87－91.

［92］李震，邓培林，王宇奇，等．基于 Shapley 值法模型的供应链联盟企业 利益分配修正算法 ［J］．安徽农业科学，2008，36 (29)：12907－ 12909.

［93］Chen Wen，Zhang Qiang，Wang Mingzhe. Profit Allocation Scheme a-mong Partners in Virtual Enterprises Based on Shapley Values with Fuzzy Payoffs ［J］. International Journal of Logistics Economics and Globaliza-tion，2007，1 (1)：49－62.

［94］杜河建．动态联盟收益分配合作博弈分析 ［D］．长沙：国防科学技 术大学，2006.

［95］Hartman，B. C.，Dror，M，Shaked，M. Cores of Inventory Centralization Games ［J］. Games and Economic Behavior，2000，31 (1)：26－49.

［96］Hartman，B. C.，Dror，M. Optimizing Centralized Inventory Operations in a Cooperative Game Theory Setting ［J］. IIE Transactions，2003，35

(3): 243 – 257.

[97] Müller, A., Scarsini, M., Shaked, M. The Newsvendor Game has a Nonempty Core [J]. Games and Economic Behavior, 2002, 38 (1): 118 – 126.

[98] Slikker, M., Fransoo, J., Wouters, M. Cooperation between Multiple News-vendors with Transshipments [J]. European Journal of Operational Research, 2005, 167 (2): 370 – 380.

[99] Chen, X., Zhang, J. A Stochastic Programming Duality Approach to Inventory Centralization Games [R]. Working Paper, University of Illinois, Urbana-Champaign, IL, 2006.

[100] Hartman, B. C., Dror, M. Allocation of Gains from Inventory Centralization in Newsvendor Environments [J]. IIE Transactions, 2005, 37 (2): 93 – 107.

[101] Hartman, B. C., Dror, M. Shipment Consolidation: Who Pays for it and How Much [R]. Working Paper, The University of Arizona, AZ, 2004.

[102] Klijn, F., Slikker, M. Distribution Center Consolidation Games [J]. Operations Research Letters, 2005, 33 (3): 285 – 288.

[103] Özen, U., Fransoo, J, Norde, H, Slikker, M. Cooperation between Multiple Newsvendors with Warehouses [R]. Working Paper, TUE, Eindhoven, The Netherlands, 2004.

[104] Özen, U., Sošić, G. A Multi-retailer Decentralized Distribution System with Updated Demand Information [R]. Working Paper, TUE, Eindhoven, The Netherlands, 2006.

[105] Ben-Zvi, N. Inventory Centralization When Shortage Costs Differ: Priorities and Cost Allocations [D]. M. Sc. thesis, Tel-Aviv University, Tel-Aviv, Israel, 2004.

[106] Ben-Zv, N., Gerchak, Y. Inventory Centralization When Shortage Costs Differ: Priorities and Cost Allocations [R]. Working Paper, Tel-Aviv

University, Tel-Aviv, Israel, 2006.

[107] Özen, U. , Norde, H. , Slikker, M. On the Convexity of Newsvendor Games [R]. Working Paper, TUE, Eindhoven, The Netherlands, 2005.

[108] Guardiola, Luis A. Meca, A. , Timmer, J. Cooperation and Profit Allocation in Distribution Chains [J]. Decision Support Systems, 2007, 44 (1): 17 – 27.

[109] 尹钢, 邓飞其, 李兴厚. 基于合作对策的供应链利益分配模型 [J]. 武汉科技大学学报 (自然科学版), 2003, 26 (4): 430 – 432.

[110] 王春琦, 雷勋平. 供应链环境下联盟企业间的利益分配 [J]. 安徽工业大学学报, 2005, 22 (3): 301 – 303, 307.

[111] 杨金钢. 基于博弈的供应链订货定价策略及分配机制方法研究 [D]. 天津: 天津大学, 2005.

[112] Kohli, R. , Park, H. A Cooperative Game Theory Model of Quantity Discounts [J]. Management Science, 1989, 35 (6): 693 – 707.

[113] Reyniers, D. J. , Tapiero, C. S. The Delivery and Control of Quality in Supplier-Producer Contracts [J]. Management Science, 1995, 41 (10): 1581 – 1589.

[114] Van Mieghem, J. Coordinating Investment, Production and Subcontracting [J]. Management Science, 1999, 45 (7): 954 – 971.

[115] Chod, J, Rudi, N. Strategic Investments, Trading and Pricing under Forecast Updating [R]. Working Paper, University of Rochester, Rochester, NY, 2003.

[116] Bernstein, F. , Marx, L. Reservation Profit Levels and the Division of Supply Chain Profit [R]. Working Paper, Duke University, Durham, NC, 2005.

[117] 孙东川, 叶飞. 动态联盟利益分配的谈判模型研究 [J]. 科研管理, 2001, 22 (2): 91 – 95.

[118] 卢少华, 陶志祥. 动态联盟企业的利益分配博弈 [J]. 管理工程学报, 2004, 18 (3): 56 – 60.

［119］陈伟. 虚拟生产收益分配问题的分析 ［D］. 西安：西安交通大学，2003.

［120］牛娇红. 虚拟企业合作伙伴及收益分配的研究 ［D］. 西安：西安电子科技大学，2005.

［121］刘兴旺. 基于博弈论的供应链企业收益分配问题研究 ［D］. 长沙：长沙理工大学，2007.

［122］Cachon, G., Lariviere, M. A. Supply Chain Coordination with Revenue Sharing Contracts: Strengths and Limitations ［R］. Working Paper, the Wharton School of Business, University of Pennsylvania, Philadelphia, 2000.

［123］Giannoccaro, I. Pontrandolfo, P. Supply Chain Coordination by Revenue Sharing Contracts ［J］. International Journal of Production Economics, 2004, 89 (2): 131 – 139.

［124］吴宪华. 动态联盟的分配格局研究 ［J］. 系统工程，2001，19 (3): 34 – 38.

［125］岳超源. 决策理论与方法 ［M］. 北京：科学出版社，2003.

［126］刘松. 基于可拓理论的虚拟企业供应链分配方法研究 ［D］. 哈尔滨：哈尔滨理工大学，2005.

［127］刘松，宋加升，高长元. 基于虚拟供应链的可拓利益分配方法研究 ［J］. 管理科学，2005，18 (2): 14 – 19.

［128］吴育华，赵强，王初. 基于多人合作理论的供应链库存利益分配机制研究 ［J］. 中国管理科学，2002，10 (6): 53 – 56.

［129］陈菊红，汪应洛，孙林岩. 虚拟企业收益分配问题博弈研究 ［J］. 运筹与管理，2002，11 (1): 11 – 16.

［130］叶春，谢科范，王先甲. 面向供应链的虚拟企业利润分配机制研究 ［J］. 武汉理工大学学报（信息与管理工程版），2008，30 (1): 118 – 120，131.

［131］李晔. 旅游企业动态联盟收益分配研究 ［D］. 南昌：江西财经大学，2005.

［132］兰天，徐剑. 企业动态联盟利益分配的机制与方法 ［J］. 东北大学

学报（自然科学版），2008，29（2）：301 - 304.

[133] 闫威，陈林波. 累积创新中动态联盟的利益分配 [J]. 科技进步与对策，2008，25（1）：114 - 116.

[134] 韩建军，郭耀煌. 基于事前协商的动态联盟利润分配机制 [J]. 西南交通大学学报，2003，38（6）：785 - 788.

[135] 张向阳，杨敏才，刘华明，等. 供应链管理中风险分担与利益分配机制研究 [J]. 华中科技大学学报（社会科学版），2004，（5）：49 - 52.

[136] 姜大鹏，和炳全. 企业动态联盟利润分配模型构建 [J]. 昆明理工大学学报（理工版），2005，30（1）：94 - 96.

[137] 王晓萍，赵晓军. 基于博弈论的逆向供应链合作利润分配研究 [J]. 工业技术经济，2007，26（11）：521 - 523.

[138] Sakawa, M., Nishizaki, I., Uemura, Y. Fuzzy Programming and Profit and Cost Allocation for a Production and Transportation Problem [J]. European Journal of Operation Research, 2001, 131 (1): 1 - 15.

[139] 杨晶，江可申，邱强. 基于TOPSIS的动态联盟利益分配方法 [J]. 系统工程，2008，26（10）：22 - 25.

[140] 张捍东，严钟，王健. 对企业动态联盟利益分配问题的思考 [C]. 北京：第八届中国管理科学学术年会. 中国管理科学专辑，2006：665 - 668

[141] Zadeh, L. A. Fuzzy Sets [J]. Information and Control, 1965, 8 (3): 338 - 353.

[142] 罗承忠. 模糊集引论 [M]. 北京：北京师范大学出版社，1989.

[143] 张文修，王国俊，刘旺金，等. 模糊数学引论 [M]. 西安：西安交通大学出版社，1991.

[144] 韩立岩，汪培庄. 应用模糊数学 [M]. 北京：首都经济贸易大学出版社，1998.

[145] 彭祖赠，孙韫玉. 模糊数学及其应用 [M]. 武汉：武汉大学出版社，2002.

[146] 朱剑英. 智能系统非经典数学方法 [M]. 武汉：华中科技大学出版

社，2001.

[147] 胡宝清. 模糊理论基础 [M]. 武汉：武汉大学出版社，2004.

[148] 郭嗣琮. 基于结构元理论的模糊数学分析原理 [M]. 沈阳：东北大学出版社，2004.

[149] 陈水利，李敬功，王向公. 模糊集理论及其应用 [M]. 北京：科学出版社，2005.

[150] Zadeh, L. A. The Concept of a Linguistic Variable and Its Application to Approximate Reasoning [M]. American Elsevier Publishing Company, 1973.

[151] Puri, M. L. , Ralescu, D. A. Fuzzy Random Variables [J]. Journal of Mathematical Analysis and Applications, 1986, 114 (2): 409 – 422.

[152] Banks, H. T. , Jacobs, M. Q. A Differential Calculus for Multifunctions [J]. Journal of Mathematical Analysis and Applications, 1970, 29 (2): 246 – 272.

[153] Dubois, D. , Prade, H. Fuzzy Set-theoretic Differences and Inclusions and Their Use in the Analysis of Fuzzy Equations [J]. Control and Cybernetics, 1984, 13 (3): 129 – 146.

[154] Zhao, R. , Govind, R. Solution of Algebraic Equations Involving Generalized Fuzzy Numbers [J]. Information Sciences, 1991, 56 (1 – 3): 199 – 243.

[155] Dubois, D. , Kerre, E. , Mesiar, R. , Prade, H. Fuzzy Interval Analysis [M]. In: Dubois D. , Prade H. (eds.), The Handbook of Fuzzy Sets: Volume I Fundamentals of Fuzzy Sets. Dordrecht: Kluwer Academic Publishers, 2000: 483 – 581.

[156] Sanchez, E. Solution of Fuzzy Equations with Extended Operations [J]. Fuzzy Sets and Systems, 1984, 12 (3): 237 – 248.

[157] Biacino, L. , Lettieri, A. Equations with Fuzzy Numbers [J]. Information Sciences, 1989, 47: 63 – 76.

[158] Boukezzoula, R, Galichet, S, Foulloy, L. Inverse Arithmetic Operators

for Fuzzy Intervals ［C］. EUSFLAT Conf. 2，2007：279 - 286.

［159］ Puri, M. L., Ralescu, D. A. Differentials of Fuzzy Functions ［J］. Journal of Mathematical Analysis and Applications, 1983, 91 (2): 552 - 558.

［160］ Wu, H. C. The Karush-Kuhn-Tucker Optimality Conditions in an Optimization Problem with Interval-valued Objective Function ［J］. European Journal of Operational, 2009, 196 (1): 49 - 60.

［161］ 吴丛炘, 马明, 方锦暄. 模糊分析学的结构理论 ［M］. 贵阳: 贵州科技出版社, 1994.

［162］ 吴丛炘, 马明. 模糊分析学基础 ［M］. 北京: 国防工业出版社, 1991.

［163］ 郭嗣琮, 刘海涛. 模糊数的相等、同一与等式限定运算 ［J］. 模糊系统与数学, 2008, 22 (6): 76 - 82.

［164］ Wang, X. Z., Kerre, E. Reasonable Properties for the Ordering of Fuzzy Quantities (I), (II) ［J］. Fuzzy Sets and Systems, 2001, 118 (3): 375 - 405.

［165］ Dubois, D, Prade, H. System of Linear Fuzzy Constraints ［J］. Fuzzy Sets and Systems, 1980, 3 (1): 37 - 48.

［166］ 张广全. 模糊集测度论 ［M］. 北京: 清华大学出版社, 1998.

［167］ Gong, Z., Wu, C. X. Bounded Variation, Absolute Continuity and Absolute Integrability for Fuzzy-number-valued Functions ［J］. Fuzzy Sets and Systems, 2002, 129 (1): 83 - 94.

［168］ Wu, C. X., Wu, C. The Supremum and Infimum of the Set of Fuzzy Numbers and Its Application ［J］. Journal of Mathematical Analysis and Applications, 1997, 210 (2): 499 - 511.

［169］ Ramík, J, Římánek, J. Inequality Relation between Fuzzy Numbers and Its Use in Fuzzy Optimization ［J］. Fuzzy Sets and Systems, 1985, 16 (2): 123 - 138.

［170］ Furukara, N. A Parametric Total Order on Fuzzy Numbers and a Fuzzy Shortest Route Problem ［J］. Optimization, 1994, 30 (4): 367 - 377.

［171］ 王熙照. 模糊测度和模糊积分及在分类技术中的应用 ［M］. 北京：科学出版社，2008.

［172］ Grabisch, M. , Murofushi, T. , Sugeno, M. Fuzzy Measures and Integrals Theory and Applications ［M］. New York：Physica-Verlag, 2000.

［173］ Wang, Z. , Xu, K. , Heng, P. A. , et al. Indeterminate Integral with Respect to Nonadditive Measures ［J］. Fuzzy Sets and Systems, 2003, 138（3）：485-495.

［174］ Yang, R. , Wang, Z. Y. , Heng, P. A. , et al. Fuzzy Numbers and Fuzzification of the Choquet Integral ［J］. Fuzzy Sets and Systems, 2005, 153（1）：95-113.

［175］ 张德利，郭彩梅. 模糊积分论 ［M］. 长春：东北师范大学出版社，2004.

［176］ Peleg, B. , Sudhölter, P. Introduction to The Theory of Cooperative Games ［M］. Boston：Kluwer Academic publishers, 2003.

［177］ 侯定丕. 博弈论导论 ［M］. 合肥：中国科学技术大学出版社，2004.

［178］ 谢政. 对策论 ［M］. 湖南长沙：国防科技大学出版社，2004.

［179］ 张盛开，张亚东. 现代对策论与工程决策方法 ［M］. 大连：东北财经大学出版社，2005.

［180］ 施锡铨. 博弈论 ［M］. 上海：上海财经大学出版社，2000.

［181］ 王建华. 对策论 ［M］. 北京：清华大学出版社，1986.

［182］ 刘德铭，黄振高. 对策论及其应用 ［M］. 长沙：国防科技大学出版社，1995.

［183］ Grabisch, M. , Roubens, M. An Axiomatic Approach to the Concept of Interaction Among Players in Cooperative Games ［J］. International Journal of Game Theory, 1999, 28（4）：547-565.

［184］ Sprumont, Y. Population Monotonic Allocation Schemes for Cooperative Games with Transferable Utility ［J］. Games and Economic Behavior, 1990, 2（4）：378-394.

［185］ Preiss, K. Goldman, S. L. Nagel, R. N. 21st Century Manufacturing Enterprises Strategy: An Industry-Led View ［R］. Lacocca Institute, Lehigh University, 1991.

［186］ 李瑜玲. 动态联盟若干问题的研究 ［J］. 商业研究, 2003, 24: 71 - 74.

［187］ 王硕. 虚拟企业理论与实务 ［M］. 合肥工业大学出版社, 2005.

［188］ 叶飞, 孙东川. 面向全生命周期的虚拟企业组建与运作 ［M］. 机械工业出版社, 2005.

［189］ 叶丹, 战德臣, 徐晓飞, 等. 敏捷虚拟企业组织形态及描述方法 ［J］. 高技术通讯, 1997, (7): 26 - 30.

［190］ 王成恩, 尹朝万, 罗焕佐, 等. 可重构制造系统 ［M］. 沈阳: 东北大学出版社, 2000.

［191］ 罗利, 鲁若愚. 产学研合作对策模型研究 ［J］. 管理工程学报, 2000, 14 (2): 1 - 5.

［192］ 李登峰. 模糊多目标多人决策与对策 ［M］. 北京: 国防工业出版社, 2003.

［193］ Yu, Xiao-Hui, Zhang, Qiang. An Extension of Cooperative Fuzzy Games ［J］. Fuzzy Sets and Systems, 2010, 161 (11): 1614 - 1634.

［194］ Yu, Xiao-Hui, Zhang, Qiang. A Study on Nash Equilibrium of Fuzzy Noncooperative Games ［J］. Journal of Systems Engineering and Electronics, 2010. 21 (1): 47 - 56.

［195］ Yu, Xiao-Hui, Zhang, Qiang. The Fuzzy Core in Games with Fuzzy Coalitions ［J］. Journal of Computational and Applied Mathematics, 2009, 230 (1): 173 - 186.

［196］ Yu, Xiao-Hui, Zhang, Qiang. The Shapley Value for Fuzzy Bi-cooperative Games ［J］. International Journal of Computational Intelligence Systems, 2007, 57 (1): 81 - 95.

［197］ Yu, Xiao-Hui, Zhang, Qiang. Profit Allocation Scheme Among Players in Supply-Chain Based on Shapley Values of Fuzzy Bi-cooperative Games

[J]. Journal of Beijing Institute of Technology, 2009, 18（1）: 106 – 111.

[198] 于晓辉, 张强. 多目标线性生产规划的模糊联盟对策 [J]. 运筹与管理, 2009, 18（2）: 66 – 73.

[199] 于晓辉, 张强. 基于区间 Shapley 值的生产合作利益分配研究 [J]. 北京理工大学学报（自然科学版）, 2008, 28（7）: 655 – 658.

[200] Yu, Xiao-Hui, Zhang, Qiang. Shapley Value for Cooperative Games with Fuzzy Coalition [J]. Journal of Beijing Institute of Technology, 2008, 17（2）: 249 – 252.

[201] 于晓辉, 张强. 具有区间支付的合作对策的区间 Shapley 值 [J]. 模糊系统与数学, 2008, 22（5）: 151 – 156.

[202] 于晓辉, 张强. 模糊支付合作对策的核心及其在收益分配问题中的应用 [J]. 模糊系统与数学, 2010. 6: 65 – 75.

[203] Bergstresser, K., Yu, P. L. Domination Structure and Multicriteria Problems in *n*-person Games [J]. Theory and Decision, 1977, 8: 5 – 48.

[204] Hwang, C. L., Lin, M. J. Group Decision Making under Multiple Criteria: Methods and Applications Lecture Notes in Economics and Mathematical Systems [M]. Berlin: Springer-Verlag, 1987.

[205] Tanino, T., Muranaka, Y., Tanaka, M. On Multiple Criteria Characteristic Mapping Games [C]. Proceedings of MCDM'92, Taipei, 1992: 63 – 72.

[206] Lind, M. Cooperative Game Theory and Multiple Criteria Decision Making [D]. University of Aarhus, 1996.

[207] Jornsten, K., Lind, M., Tind, J. Stable Payment Schemes of TU-games with Multiple Criteria [J]. Optimization, 1997, 40: 57 – 78.

[208] Sakawa, M., Nishizaki, I. Fuzzy and Multiobjective Games for Conflict Resolution [M]. New York: Physica-Verlag, 2001.

图书在版编目（CIP）数据

基于模糊合作对策的虚拟企业收益分配策略 / 于晓
辉，张强著. -- 北京：社会科学文献出版社，2018.8
ISBN 978 - 7 - 5201 - 2736 - 3

Ⅰ.①基⋯　Ⅱ.①于⋯ ②张⋯　Ⅲ.①虚拟公司 - 企
业管理 - 收入分配 - 研究 - 中国　Ⅳ.①F276.6

中国版本图书馆 CIP 数据核字（2018）第 097716 号

基于模糊合作对策的虚拟企业收益分配策略

著　　者 / 于晓辉　张　强

出 版 人 / 谢寿光
项目统筹 / 恽　薇　田　康
责任编辑 / 田　康

出　　版 / 社会科学文献出版社·经济与管理分社 （010）59367226
　　　　　　地址：北京市北三环中路甲 29 号院华龙大厦　邮编：100029
　　　　　　网址：www.ssap.com.cn
发　　行 / 市场营销中心 （010）59367081　59367018
印　　装 / 三河市尚艺印装有限公司

规　　格 / 开　本：787mm × 1092mm　1/16
　　　　　　印　张：14.5　字　数：221 千字
版　　次 / 2018 年 8 月第 1 版　2018 年 8 月第 1 次印刷
书　　号 / ISBN 978 - 7 - 5201 - 2736 - 3
定　　价 / 79.00 元

本书如有印装质量问题，请与读者服务中心（010 - 59367028）联系